ZU TISCH
IN PALÄSTINA

ZU TISCH IN PALÄSTINA

Reem Kassis

EINLEITUNG

Von Jerusalem in die Welt

Meine Eltern stammen aus unterschiedlichen Regionen Palästinas: Meine Mutter, eine palästinensische Muslima, kommt aus Jaljulija, einem Dorf im Zentrum, das bekannt ist für Obstanbau und eine herzhafte Küche. Mein Vater ist palästinensischer Christ und kommt aus Rameh, einem Bergdorf ganz im Norden, berühmt für seine Olivenhaine und das feine Öl.

Aufgewachsen bin ich in Jerusalem, einem Schmelztiegel der Religionen, Kulturen und Küchen, in einer Gesellschaft, in der Heiraten immer noch als eines der erstrebenswertesten Ziele für eine Frau galt. Aber meine Eltern wollten etwas anderes für mich. Immer wieder trichterten sie mir ein, wie wichtig Bildung ist: für Gleichberechtigung, als Türöffner und Eintrittskarte für ein besseres Leben.

Obwohl ich mich gern in die Küche stahl, wenn meine Mutter nicht da war, um dies und das auszuprobieren, konzentrierte ich mich im Wesentlichen doch auf die Schule. Folglich war es nicht weiter überraschend, als ich mit 17 die Zulassungsschreiben mehrerer Top-Unis in den USA mit nach Hause brachte.

Kurz darauf sagte ein Bekannter im Scherz zu meinem Vater: „Warum so eine teure Ausbildung finanzieren, wenn sie doch wie alle arabischen Frauen in der Küche landen wird?“

Als ich das hörte, war ich wütend – und gleichzeitig entmutigt. Tatsächlich hatte ich ja meine Großmütter, meine Mutter und viele Tanten gesehen, die trotz Ausbildung ihre Tage mit Kneten, Rühren, Braten und Essen servieren verbrachten. Etwas in mir fragte sich voller Panik, ob das auch mein Schicksal sein sollte. Aber ich war entschlossen, einen anderen Weg einzuschlagen.

Also ging ich in die USA mit dem Vorsatz, anders als die tollen Frauen in meiner Familie nicht in der Küche zu enden.

Folglich ging ich mit 17 zum Studieren in die USA nach Pennsylvania. Natürlich liebte ich meine Familie und meine Heimat, aber ich hatte auch Träume. Ich wollte die Welt jenseits der engen Grenzen einer bunten und wunderbaren, aber sehr traditionsverhafteten Kultur entdecken.

Zehn Jahre arbeitete ich hart, um zu zeigen, was ich kann, und um erfolgreich zu sein. Das habe ich auch geschafft: Universitätsabschluss, tolle Jobs, lange Arbeitstage und ein hektischer Alltag. Und ich verliebte mich – in einen Palästinenser. Wir teilten die Begeisterung für Essen und Kultur, und wir waren beide ziemlich ehrgeizig. Wir zogen nach London, heirateten, und ein Jahr später war ich mit unserer ersten Tochter Yasmeen schwanger.

Ich hatte es in quasi allen Bereichen geschafft. Trotz meines glücklichen Schicksals hatte ich immer wieder das Gefühl, dass mir etwas fehlte. In solchen Momenten grübelte ich meist über die Ereignisse, Zufälle und Entscheidungen, die mich dahin geführt hatten, wo ich war.

Links
Die Altstadt von Jerusalem.

Richtungswechsel
Meine Kochkarriere begann eigentlich schon, als ich Jerusalem verließ. Damals kochte ich, um mich zurück in die Küche meiner Familie zu versetzen und mir die Wärme und Liebe, die ich vermisste, in Erinnerung zu rufen. Ich hütete unsere Familienrezepte und fand, wenn mich weit weg von zu Hause das Heimweh packte, Trost darin, sie nachzukochen.

Viele Jahre kochte ich, um die Geschmackserlebnisse meiner Kindheit wiederaufleben zu lassen, experimentierte aber auch mit Zutaten, wenn sie nicht zu bekommen waren. Ich verkürzte und vereinfachte. Ich probierte neue Rezepte und Techniken und kam auf bewährte Klassiker zurück. Ich kochte für meine eigene Familie, für Bekannte und Freunde. Aber ich hatte eigentlich immer vor, wieder ins „richtige" Arbeitsleben einzusteigen, das ich mir erschaffen hatte.

So sehr ich es auch vermeiden wollte, das Thema Essen durchdrang jeden Aspekt meines Lebens. Wenn ich essen ging oder Freunde mir „arabische" Lokale empfahlen, die ich mal ausprobieren sollte, war ich immer enttäuscht und erstaunt darüber, dass gewöhnliche Mezze- und Grill-Restaurants ein Synonym für die nahöstliche Küche waren. Scheinbar war es Trend, Gerichte mit Granatapfelkernen und Za'atar (auch Zatar genannt) zu bestreuen und sie dann als „arabisch" zu bezeichnen. Diese Vereinfachung ärgerte mich sehr, weil unsere palästinensische Küche viel zu eigen ist, um mit lauter arabischen Varianten in einen Topf geworfen zu werden. Sie ist viel abwechslungsreicher als ein paar international bekannte Gerichte und viel mehr als nur einige drübergestreute Gewürze.

Ich wollte, dass die Menschen erfuhren, was authentisches palästinensisches Essen ist, dass sie es so erleben wie ich in meiner Kindheit, so wie unsere Mütter und Großmütter es zubereiteten, um Körper und Geist ihrer Lieben zu nähren, und ich hatte den Wunsch, dass sie beim Genießen dieser Gerichte dasselbe Glücksgefühl spürten wie ich.

Vor allem aber wollte ich, dass meine Kinder mit palästinensischem Essen aufwachsen und unsere Familienrezepte kennenlernen, die ein sehr wichtiger Bestandteil meines Lebens waren und sind.

Als meine erste Tochter Yasmeen geboren wurde, nahm ich mir eine kleine berufliche Auszeit. Zum ersten Mal war die Motivation, etwas zu tun, das Glück eines anderen Menschen und nicht mein eigenes. Trotz des wenigen Schlafs verbrachte ich immer mehr Zeit in der Küche und dachte über unser Essen nach und was es mir bedeutete.

Als ich daran dachte, wieder arbeiten zu gehen, fragte mich mein Mann: „Wenn du die Wahl hättest, was würdest du tun?"

„Ich würde schreiben", antwortete ich. „Ich würde schreiben, mit Menschen sprechen, und ich würde kochen. Ich mag Kochen."

„Warum machst du's denn nicht?", fragte er mich so neutral, wie er konnte.

Es gibt viele Argumente dagegen, dachte ich mir: Ich hatte

zu hart für meine Karriere gearbeitet. Ich hatte keine klassische Kochausbildung. Ich zählte noch tausend weitere Gründe auf. Aber tief in mir wusste ich, dass er recht hatte.

Ich dachte an die zurückliegenden Jahre, in denen ich meine Mutter angerufen hatte, um mir ihren Rat beim Kochen zu holen. Ich hatte Geschichten gehört, Rezepte gesammelt und mit Menschen nicht nur aus meiner Familie gesprochen. Auf diese Weise habe ich viele Rezepte von meiner Mutter, meinen Großmüttern, Tanten, Nachbarn, Freunden und Verwandten zusammentragen können – Rezepte aus Dörfern, Städten und Stadtvierteln, und zu jedem Rezept gab es eine kleine Erzählung, eine Momentaufnahme des Lebens, der Geschichte und der Familien. In meinem Kopf waren sie alle vereint und erzählten die Geschichte meiner Heimat und seiner Menschen.

Ich kam zu dem Schluss, dass diese Rezepte nicht meiner Familie allein gehörten. Es sind Gerichte, die mit verschiedenen Jahreszeiten und Ereignissen, Freude und Trauer, Zeiten des Friedens und des Krieges verbunden sind – sie sind eine palästinensische Chronik, ein Zeugnis der Identität. Ich wollte die Rezepte und Geschichten zurückgeben und mit der Welt teilen, um zu einem besseren Verständnis der palästinensischen Kultur, ihrer Lebensart und Speisen beizutragen.

Die Frauen meiner Familie, die mich beim Kochen inspirierten

Teta Asma

„Wo ist Teta Asma?", fragte ich an einem Morgen, als ich meine Großmutter väterlicherseits nicht an ihrem Platz am Frühstückstisch vorfand. „Sie ist zur Dorfhalle gegangen, um das Essen für die Hochzeit heute Abend zu probieren", war die Antwort.

Ich war damals nicht älter als vier, aber ich erinnere mich, wie frustriert ich war, dass meine Großmutter nicht zum Frühstück da war, und nicht verstehen konnte, warum man ein Hochzeitsessen vorher probieren musste bzw. warum ausgerechnet Teta Asma es tun musste. Jahre später erfuhr ich, warum. Meine Großmutter musste das Essen für jeden größeren Anlass im Dorf testen, weil sie als die beste Köchin mit dem besten Geschmackssinn in Rameh galt.

Teta Fatima

„Fatima hat ganz bestimmt ein Geheimnis, das sie nicht verraten will", hatte ich die Tratschtanten im Dorf vor der Hochzeit meines Onkels spötteln gehört. Deshalb löcherte ich meine Mutter, weil ich wissen wollte, was diese Frauen über meine Großmutter mütterlicherseits tratschten, bekam aber nur die Anweisung, an diesem Abend nicht in die Küche zu kommen, weil alle viel zu beschäftigt mit der Zubereitung von Speisen für die Henna-Nacht waren. Am nächsten Tag aber erklärte sie mir, was damit gemeint war: Teta Fatima galt als die beste Köchin in Jaljulija und dass sie tatsächlich ein Geheimnis hatte. Ich war sieben und wartete gespannt auf eine märchenartige Enthüllung, war aber ein wenig enttäuscht, als meine Mutter sagte: „Es ist einfach Liebe, Reem. Fatima kocht mit Liebe."

Mama
„Nisreen kocht!“, hörte ich oft meine Cousins, Schulfreunde, Lehrer, Nachbarn und Freunde aufgeregt sagen. Ich konnte nicht ganz verstehen, warum die Aussicht auf Essen von meiner Mutter bei Menschen solche Vorfreude auslöste. Ich aß ihr Essen schließlich jeden Tag, und es versetzte weder mich noch meinen Bruder oder meinen Vater in sonderlich große Begeisterung. Erst als ich mit 17 von zu Hause auszog, um in den USA zu studieren, und viel in Mensen, Restaurants und in fremden Küchen aß, wurde mir langsam klar, was an „Nisreen kocht!“ so besonders war.

Mein ganzes Leben lang hatte ich das Privileg, am Tisch dieser bemerkenswerten Frauen zu essen. Lange war das ganz normal für mich. Dann kochte ich mit ihnen, lernte von ihnen oder genoss einfach ihre Gesellschaft und ihr Essen. Damals war es mir nicht klar, aber rückblickend ist mir sehr bewusst, dass meine Persönlichkeit und mein Lebensweg sehr durch diese außergewöhnlichen Frauen geprägt wurde.

Der palästinensische Tisch
In meiner Kindheit gab es das Essen, das auf unseren Küchentisch in Jerusalem kam, und das Essen bei meinen Großmüttern in ihren Dörfern. Es war lecker und mit Liebe zubereitet – es war unser Essen. Dass dieses Essen echt palästinensisch sein sollte, war damals schwer fassbar. Erst als ich ins Ausland ging, begriff ich die Bedeutung kulinarischer Gerichte für eine nationale Identität.

Während meiner verschiedenen Stationen, die letztlich zu diesem Buch geführt haben, wurde mir eines sehr klar: Es gibt nicht die eine palästinensische Küche. Sie reicht von den Bergen in Galiläa im Norden bis in die Täler des Südens, von der Küste von Jaffa bis hin zur West Bank. Sie erstreckt sich über den ganzen Globus und setzt sich aus Erinnerungen an eine Zeit zusammen, als die meisten von uns noch in der Heimat lebten. Was die palästinensische Küche trotz der politischen Umstände und der weltweiten Diaspora verbindet, ist mehr als nur gutes Essen:
Es ist der Aspekt „Heimat“, der Geist der Großzügigkeit, die Bedeutung der Familie und der ideelle Wert, Menschen zusammenzubringen.

Zu den wenigen Dingen, die ich an meinem Leben im Ausland bedauere, gehört, dass meine Töchter nicht in den Genuss dieser gemächlichen Lebensart mit einer Schar von Tanten, Großmüttern und Familienköchen kommen werden, die sich um einen großen, mit Essen beladenen palästinensischen Familientisch versammeln, mit all dem Lachen und den Gesprächen, Wissen und den Tausenden von Geschichten, die über die Generationen weitervermittelt wurden. Durch die Rezepte und Geschichten in diesem Buch hoffe ich, dass meine Töchter unsere Geschichte, unser Essen, unsere Kultur und unsere Heimat im Herzen überall hin mitnehmen und ein gedeckter palästinensischer Tisch nie zu weit weg von ihnen sein wird.

Links
Mokkakännchen auf einem Markt in der Jerusalemer Altstadt.

Wie wir kochen

Wer je versucht hat, ein Rezept von einer palästinensischen Mutter oder Großmutter zu bekommen, kennt das Drama, präzise Mengenangaben zu erhalten. Wenn ich mit meiner Mutter zusammenkam, um Rezepte zu testen, belehrte sie mich oft, warum exakte Mengenangaben nicht funktionieren.

„Aber Mama, das ist ein Kochbuch!“, versuchte ich zu erklären. „Ich kann nicht schreiben: ‚einfach so viel Mehl dazugeben, bis der Teig so weich ist wie ein Ohrläppchen‘ oder ‚kochen, bis es am Topfboden brutzelt‘ oder ‚eine Teetasse und keinen Kaffeebecher verwenden‘.“ Bei den ersten Zusammenkünften wog ich also bei vielen Rezepten die Trockenzutaten genau ab, gab sie meiner Mutter, wartete, wie viel sie davon brauchte, und wog wieder ab. Sie musste die Rezepte nach Gefühl, Augenmaß, Geruch und Geräusch kochen. Fast alle, die ich von zu Hause kenne, kochen so. Meine Mutter und Großmütter bestanden darauf, dass Rezepte nur so gelingen können.

Diesbezüglich sind palästinensische Gerichte sehr unkompliziert – etwas mehr hiervon oder etwas weniger davon verändert das Resultat nicht dramatisch, und das Würzen und Abschmecken bleibt eh dem eigenen Geschmack überlassen. Während die einen Salatsauce so sauer mögen, dass es einem das Gesicht verzieht, vertragen die anderen höchstens einen Spritzer Zitronensaft.

Ich möchte Ihnen helfen, Gerichte nachzukochen, die möglichst nah an den Originalen sind, die ich zu Hause genossen habe. Deshalb habe ich die Zutaten peinlich genau gemessen und gewogen, damit die Rezepte gelingen. Ich beschreibe auch, wie etwas schmecken soll, wie salzig oder sauer, knackig oder weich etwas sein muss und was für ein Ergebnis dabei herauskommen sollte. Wenn möglich, habe ich auch Ersatzzutaten aufgeführt und angemerkt, welche anderen Alternativen praktikabel sind. Wenn Sie den wichtigsten Schritten eines Rezepts folgen, ist der Rest Intuition. Je mehr Sie kochen, desto besser kommen Sie mit den Rezepten klar und wissen, wie sie Ihnen am besten schmecken.

Links
Blumenkohl auf einem Gemüsemarkt in Jerusalem.

NO SMOKING

Wie wir essen

Tunken
Das Tunken oder Dippen ist eine der gebräuchlichsten Essmethoden in der ganzen arabischen Welt. Damit ist aber nicht nur gemeint, ein Stück Brot in Hummus oder Ähnliches zu stippen. Für Palästinenser ist es eine Lebensart. Brot ist ein Hilfsmittel zum Aufnehmen von Essen, ob es nun Eier, Fleisch, Eintöpfe oder Dips und frische Salate sind. Dabei wird das Brot nicht einfach ins Essen getunkt. Vielmehr wird es zu einer Art Schaufel geformt, um das Essen damit aufzunehmen. Deshalb wird in vielen Rezepten Brot als Beilage angegeben.

Die Zusammenstellung eines Essens
Palästinensische Mahlzeiten können ganz einfach oder sehr aufwendig sein und, je nach Anlass, aus einem einzigen oder auch 15 Gerichten bestehen. Aber auch ein ganz einfaches Essen besteht nie aus einem Gericht allein, da es fast immer mit einer Schale Oliven oder eingelegtem Gemüse und oft auch mit selbst gemachtem Joghurt oder frischem Gemüse auf den Tisch kommt. Zu den Beilagen eines Hauptgerichts gehören oft verschiedene Salate oder diverse Aufstriche – und natürlich Brot.

Mahlzeiten aus einem oder mehreren Gerichten werden von allen geteilt, es wird also nicht einzeln serviert. Die verschiedenen Komponenten bilden zusammen eine feine Balance aus Aromen, Texturen und Gewürzen. *Maqluba* (Seite 198) beispielsweise wird fast immer mit selbst gemachtem Joghurt und Palästinensischem Salat (Seite 104) serviert. *Kafta*-Gerichte (Seite 147–153) werden gern mit Reis und sauer Eingemachtem gereicht. Getreidegerichte wie Freekeh (Seite 162) schmecken am besten mit frischen Aromen wie Tomatensalat mit Knoblauch und Sumach (Seite 99).

Die Auswahl variiert von Familie zu Familie und auch von Tag zu Tag. Wenn Palästinenser Gäste haben oder viele Personen am Tisch sitzen, steigen Zahl und Variantenreichtum der Gerichte beträchtlich. Die Rezepte in diesem Buch enthalten deshalb Servier- und Beilagenvorschläge, damit das Gericht auch allein serviert werden kann.

Portionsmengen
Weil man in Palästina im Familienkreis isst und eine Mahlzeit oft mehrere Gerichte umfasst, ist es schwierig anzugeben, für wie viele Personen ein Gericht ausreicht. Meine Rezepte sind in der Regel recht großzügig bemessen und reichen für mindestens vier Personen, insbesondere wenn sie mit Reis, Brot oder anderen Beilagen serviert werden.

Für die meisten Rezepte lassen sich die Zutatenmengen problemlos halbieren oder verdoppeln, und viele Gerichte schmecken auch am nächsten Tag noch genauso gut, wenn nicht besser.

Links
Restaurantgäste in Jerusalem.

Hochwertige Zutaten

Der beste Tipp, den ich Ihnen für das Nachkochen aus diesem Buch geben kann, ist, hochwertige Zutaten zu verwenden.

Beste Zutaten sind die beste Voraussetzung für leckere Gerichte, und nirgends lässt sich das besser herausschmecken als bei einfachen Zubereitungen, bei denen die Aromen der wenigen Zutaten zur Geltung kommen.

Damit auch Ihre Gerichte möglichst frisch und lecker schmecken, sollten Sie also Folgendes beachten:

- Gewürze ganz kaufen, dann rösten und frisch mahlen. Das ist nicht nur kostengünstiger (Gewürzmühlen sind nicht teuer und ganze Gewürze preiswerter als bereits gemahlene), sondern man weiß auch, was im Essen landet. Zudem schmecken frisch gemahlene Gewürze prickelnder und haben ein intensiveres Aroma.
- Brühe (Hühner- oder Rinderbrühe oder Lammfond) in größeren Mengen selbst zubereiten und portionsweise einfrieren. Eine gute Brühe macht einen großen Unterschied. Sie kann durch Einkochen auch konzentriert werden, damit sie weniger Volumen hat, und nach dem Auftauen wieder mit Wasser verdünnt werden. Alternativ einen hochwertigen Fond aus dem Glas verwenden. Achten Sie dabei auf ein möglichst natürliches Produkt ohne Geschmacksverstärker und Konservierungsstoffe (Zutatenliste aufmerksam lesen).
- Möglichst frische Produkte verwenden. Alternativ auf hochwertige Tiefkühlware, insbesondere bei „exotischeren" Gemüsesorten (zum Beispiel Okra, Mloukhia oder Bohnen und Erbsen), getrocknete Produkte (Minze, Za'atar, Mloukhia) oder Konserven (Tomaten) zurückgreifen.
- Fleisch und Fisch möglichst als frische Ware beim Metzger, Fisch- und Geflügelhändler und keine abgepackte Ware kaufen. Lassen Sie Hackfleisch in der Metzgerei ganz frisch durch den Fleischwolf drehen, und zwar aus Fleischstücken, die Sie selbst auswählen.
- Besonders wichtig ist es, in hochwertiges Olivenöl zu investieren, das Sie für alles außer Frittieren verwenden sollten. Auch wenn die Versuchung groß ist, ein günstigeres kalt gepresstes Olivenöl zu kaufen, sollten Sie davon Abstand nehmen, denn die Qualitätsunterschiede bei nativem Olivenöl sind doch recht groß, und der Preis ist ein guter Indikator für die Qualität. Meine Familie produziert selbst Olivenöl, weshalb ich es sehr selten selbst kaufen muss. Wenn doch, greife ich zu einem Öl mit kräftiger Farbe, abgefüllt in dunklen Flaschen und mit Herstellungsdatum versehen, das nicht in Massen produziert ist und entweder aus Palästina stammt oder eine geschützte Herkunftsbezeichnung hat.

Links
Gemüse an einem Marktstand in Jerusalem.

Nächste Doppelseite
Ziegen-Bauernhof in den Bergen bei Rameh in Galiläa; Schäfer Aref mit einer seiner Ziegen auf seinem Bauernhof.

Grundrezepte

Jerusalem, die Stadt, in der ich aufgewachsen bin, hat einen eigenen Zauber, der mit allen Sinnen aufgenommen werden muss, um die ganze Vielfalt zu erfahren – von den in Thawbs gekleideten Frauen, die Körbe mit frischen Produkten auf ihren Köpfen tragen, bis hin zum Rattern von *ka'ak*-Wagen (Brotwagen) auf dem Kopfsteinpflaster der Straßen und Gassen, von den Rufen der Händler, die ihre Waren zu den Klängen des Muezzin anpreisen, bis zum Läuten der Kirchenglocken. Aber für mich sind es die Gerüche und Düfte, die diese Stadt wirklich zum Leben erwecken: gemahlene Gewürze, frisch gebrühter Minzetee und ofenfrisches Taboon-Brot.

Ähnlich vielfältig ist auch die palästinensische Küche geprägt von komplexen Aromen, die sich in den Gerichten vereinen. Deshalb scheint es mir sehr wichtig, die Grundlagen unserer Küche kennenzulernen, bevor Sie sich mit diesem Buch auf eine kulinarische Reise begeben. In diesem Kapitel stelle ich Ihnen einige Grundrezepte vor, die Ihnen vielleicht banal und wenig aufregend erscheinen mögen – wie eine Gewürzmischung, eine Brühe oder geröstete Nüsse –, doch sind sie für viele Gerichte in diesem Buch wichtige Bestandteile, die für ein intensiveres, komplexeres Aroma sorgen.

Vieles, was ich über diese Nuancen der palästinensischen Küche weiß, habe ich gelernt, indem ich die Frauen in meiner Familie bei der Arbeit beobachtete. In drei Küchen – von Jerusalem bis Galiläa – konnte ich aus Gesprächsfetzen viele Tricks, Tipps und Küchengeheimnisse für die beste palästinensische Küche aufschnappen: „Den Joghurt beim Kochen immer rühren, sonst gerinnt er", „Reisgerichte müssen immer ausdampfen, bevor sie auf den Tisch kommen", „Joghurt in Tahinisauce rühren, damit sie leichter wird" usw. Aber in den Küchen meiner Familie durfte ich vor allem lernen, was das wahre Geheimnis des Kochens ist: Liebe – Liebe für das, was man gerade tut, für die Zutaten, für die Zubereitung und vor allem die Liebe zu den Menschen, für die man kocht.

Stellen Sie sich also die Grundrezepte in diesem Kapitel als Komponenten vor, die den anderen Gerichten in diesem Buch mehr Liebe geben können. Lammfleisch mit Zwiebeln und Gewürzen (Seite 30) zum Beispiel wird in vielen anderen Gerichten als Füllung verwendet. Das süßliche Aroma der Zwiebeln sorgt zusammen mit der Schärfe der Gewürze und den knackigen Nüssen für verschiedene Texturen und komplexe Aromen. Das Neun-Gewürze-Pulver (Seite 24) ist fast wie eine magische Zutat, die den meisten gegarten Gerichten in diesem Buch ein typisches palästinensisches Aroma verleiht. Die Gewürzte Brühe (Seite 34) ist vielseitig einsetzbar und sorgt bei Eintöpfen, Pilaws und Schmorgerichten für geschmackliche Tiefe, während mit dem Aromatisierten Zuckersirup (Seite 35) die meisten unserer Desserts gesüßt und geschmacklich verfeinert werden.

Links
Verkaufsstände in einer Altstadtgasse von Jerusalem.

Neun-Gewürze-Pulver

تسع بهارات

Vorbereitungszeit: 5 Minuten
Zubereitungszeit: 15 Minuten
Ergibt etwa 100 g

- 6 EL Pimentbeeren
- 6 Zimtstangen
- 3 EL Koriandersamen
- 1 EL schwarze Pfefferkörner
- 1 TL Kardamomsamen
- ½ TL Kreuzkümmelsamen
- 10 Gewürznelken
- 2 Mazis (Muskatblüten)
- ½ Muskatnuss, zerstoßen

Ich erinnere mich noch, wie ich als Kind mit meiner Mutter durch die Jerusalemer Altstadt von Händler zu Händler ging, um verschiedene Gewürze zu kaufen. Meine Mutter röstete sie immer zu Hause, und das ganze Haus duftete dann nach frischen, erdigen Gewürzen. Das machte sie auch noch Jahre, nachdem ich ausgezogen war, und schickte mir regelmäßig frisch geröstete, gemahlene Gewürze. Heute röste ich meine Gewürze selbst, und wenn ich es tue, erinnert mich der Duft immer an meine Kindheit.

Alle Zutaten in eine große Pfanne geben. Bei niedriger bis mittlerer Hitze etwa 10 Minuten rösten, bis die Gewürze zu duften beginnen. Dabei gelegentlich mit einem Holzlöffel rühren, damit die Gewürze nicht anbrennen.

Die Pfanne vom Herd nehmen und die Gewürze etwa 1 Stunde vollständig erkalten lassen. Das ist sehr wichtig, denn wenn die Gewürze noch warm gemahlen werden, entsteht eher eine Paste als ein Pulver.

Alle Gewürze in eine leistungsstarke Gewürzmühle geben und mahlen, bis ein feines Pulver entstanden ist. Die Gewürzmischung in ein dicht schließendes Schraubglas füllen. Die Mischung hält sich mehrere Monate, wenngleich sie zunehmend an Aroma verliert.

Hinweis: Diese Gewürzmischung wird für viele Gerichte in diesem Buch verwendet, da sie ihnen einen typischen palästinensischen Geschmack verleiht. Das Rezept stammt von meiner Mutter, Sie können die Zutaten und Zutatenmengen aber nach Ihrem Geschmack variieren oder das Neun-Gewürze-Pulver durch *baharat* (arabische Gewürzmischung) aus dem Handel ersetzen, die auch ein tolles, wenngleich etwas anderes Geschmacksprofil hat.

Labaneh

لبنه

Vorbereitungszeit: 5 Minuten
Zubereitungszeit: 12 Stunden, inklusive Abtropfen
Ergibt 1–1,5 kg

- 2 kg Naturjoghurt (Ziegenjoghurt ist besonders traditionell, aber jeder andere Naturjoghurt ist ebenfalls geeignet, solange er keine Zusätze wie Verdickungsmittel oder Ähnliches enthält)
- 1 EL feines Salz
- Olivenöl, zum Beträufeln (optional)

Labaneh oder Labneh ist ein einfacher leicht salzig-säuerlicher Frischkäse, der in der palästinensischen Küche sehr vielseitig eingesetzt wird. Mein Vater isst diesen Frischkäse aus abgetropftem Joghurt seit nunmehr 65 Jahren jeden Tag zum Frühstück, selbst wenn er auf Reisen ist. Er beträufelt ihn mit Olivenöl und genießt die Köstlichkeit mit frischem Gemüse und Oliven. Die Varianten, Labaneh zu servieren, sind endlos. Sie können ihn ja erst einmal auf einer Scheibe Brot kosten, bestreut mit Za'atar und beträufelt mit Olivenöl, als Dip zu knackigem Gemüse servieren oder zu kleinen Kugeln geformt in Olivenöl einlegen. So hält sich der Frischkäse monatelang.

Den Joghurt in eine große Schüssel geben und mit dem Salz verrühren. Ein Sieb mit einem Käseleinen (Musselin) auslegen und den Joghurt einfüllen. Die vier Tuchecken über den Joghurt schlagen, sodass er vollständig abgedeckt ist. Einen Gegenstand wie einen Teller mit einem Stein darauflegen und das Sieb auf eine große Schüssel setzen, um die abtropfende Flüssigkeit aufzufangen. Alternativ den Joghurt auf das Käsetuch geben und die gegenüberliegenden Tuchecken verknoten. Den so entstandenen Sack zum Abtropfen am Küchenwasserhahn oder an einem langstieligen Kochlöffel über einer großen Schüssel befestigen.

Den Joghurt über Nacht abtropfen lassen (siehe Hinweis). Den eingedickten Labaneh in eine Schüssel geben. Nach Belieben mit Salz nachwürzen und mit einem Löffel cremig rühren.

Der Frischkäse hält sich in einem dicht schließenden Behälter bis zu 2 Wochen im Kühlschrank, wenn er mit einer dünnen Schicht Olivenöl bedeckt wird, sogar 4 Wochen.

Hinweis: Wie fest der Labaneh wird, hängt davon ab, wie lange der Joghurt abtropfen kann. Je länger, desto fester und trockener wird der Labaneh: Wenn er als Aufstrich verwendet wird, sollte er nicht allzu trocken sein. Wenn er in Olivenöl eingelegt werden soll, sollte so viel Flüssigkeit wie möglich abtropfen, damit der Frischkäse möglichst fest wird und zu Kugeln gerollt werden kann, die auch im Olivenöl ihre Form bewahren.

Tahinisauce

صلصة طحينه

Vorbereitungszeit: 5 Minuten
Zubereitungszeit: 5 Minuten
Ergibt etwa 300 ml

- 120 g Tahini
- 4 EL Zitronensaft
- 50 g Naturjoghurt
- ½ TL Salz

Diese vielseitige Sauce kann allein oder als Grundlage für Salate und Aufstriche verwendet werden. Für die allereinfachste Version wird nur Tahini mit Zitronensaft und Wasser verrührt. Ich gebe noch gerne etwas Joghurt dazu, weil er die Sauce meiner Meinung nach leichter macht und geschmacklich abrundet. Die Sauce kann als Dip für Kibbeh (Seite 90), Sauce für Falafel (Seite 68) oder auch als Sandwichcreme verwendet werden. Sie schmeckt außerdem großartig als Aufstrich mit Petersilie oder Koriander (Seite 76) und im Gemüsesalat (Seite 104), der Tomaten und Gurken enthält, oder, wenn Sie so wie ich drauf sind, einfach pur gelöffelt – natürlich mit der Ausrede, dass die Sauce abgeschmeckt werden muss.

Alle Zutaten mit 4 Esslöffeln Wasser in eine Schüssel geben und glatt verrühren. Wenn die Sauce dickflüssiger werden soll, das Wasser esslöffelweise unterrühren, bis die gewünschte Konsistenz erreicht ist.

Die Sauce hält sich abgedeckt mindestens 3 Tage im Kühlschrank.

Gekochte Joghurtsauce

لبن مطبوخ

Vorbereitungszeit: 5 Minuten
Zubereitungszeit: 25 Minuten
Ergibt etwa 1,5 Liter

900 g – 1 kg Ziegen- oder Schafsmilchnaturjoghurt (siehe Hinweis)
1–2 TL Salz
1 EL Olivenöl
7–10 Knoblauchzehen, zerdrückt

Diese Sauce, eher eine Joghurtsuppe, ist eine vielseitige Grundlage für viele Gerichte wie beispielsweise Lamm-Reis-Topf mit Joghurt (Seite 206). Traditionell wird die Sauce mit *kishek* (bzw. *kishk*, *kesehk* oder *kaschk*) oder *jameed*, wie wir ihn zu Hause nennen, zubereitet. Dabei handelt es sich um runde Blöcke aus getrocknetem fermentiertem Schafsjoghurt. Durch das Trocknen und Salzen erhält *kishek* ein konzentriertes Aroma und verleiht der Sauce einen feinsäuerlichen, salzigen Geschmack. Es lohnt sich durchaus, nach *kishek* in orientalischen Lebensmittelgeschäften zu suchen oder ihn online zu bestellen. Alternativ können Sie Ziegen- oder Schafsmilchjoghurt verwenden, die für ein ähnliches, wenngleich weniger intensives Aroma sorgen. In diesem Rezept gehe ich davon aus, dass Sie Joghurt und nicht *kishek* verwenden. Wenn Sie aber doch *kishek* auftreiben können, beachten Sie den Hinweis.

Den Joghurt mit 250 ml Wasser und 1 Teelöffel Salz in einem Topf verrühren und bei mittlerer bis starker Hitze zum Kochen bringen, dabei unbedingt ständig rühren, damit der Joghurt nicht gerinnt.

Das Olivenöl in einer kleinen Pfanne erhitzen. Den Knoblauch darin bei mittlerer Hitze 1–2 Minuten braten, bis er zu duften beginnt, aber noch nicht braun ist. Den Knoblauch unter die Joghurtsauce rühren und den Topf vom Herd nehmen. Die Sauce sollte recht salzig und säuerlich schmecken, deshalb gegebenenfalls entsprechend abschmecken.

Hinweis: Es macht einen großen Unterschied, wenn Sie Ziegen- oder Schafsmilchnaturjoghurt für diese Sauce verwenden, nicht nur weil sie geschmacklich dem traditionellen *jameed* deutlich näherkommt als Kuhmilchjoghurt, sondern auch weil sie weniger zum Gerinnen neigt, wenn mal kurz nicht gerührt wird. Wenn Sie nur Kuhmilchnaturjoghurt finden können, rühren Sie, bevor die Mischung erhitzt wird, noch 1 Esslöffel Speisestärke unter und geben Sie nach dem Aufkochen einen Spritzer Zitronensaft dazu. Wenn Sie *jameed* verwenden, mischen Sie eine Scheibe davon mit 475 ml Wasser in einem leistungsstarken Mixer, bevor Sie die Masse erhitzen.

Lammfleisch mit Zwiebeln und Gewürzen

حوسه

Vorbereitungszeit: 10 Minuten
Zubereitungszeit: 15 Minuten
Ergibt etwa 500 g

- 4 EL Olivenöl
- 1 Rezeptmenge Geröstete Pinienkerne (optional, Seite 31)
- 2 Zwiebeln, fein gewürfelt
- 500 g Lamm- oder Rinderhackfleisch (oder eine Mischung aus beiden)
- 1 TL Neun-Gewürze-Pulver (Seite 24)
- 1 TL Salz

Zwar wird *hosseh* meistens als Füllung für verschiedene Gemüsegerichte und Pasteten verwendet. Aber wann immer ich morgens rieche, dass meine Mutter das Lammfleisch zubereitet, bestehe ich darauf, einen Teller davon mit geröstetem Pita-Brot abzukriegen. Die knackigen Nüsse, das vollmundige Olivenöl und Fleisch und die Wärme der Zwiebeln und Gewürze vereinen sich auf magische Weise. Diese Grundversion besteht aus Hackfleisch, Zwiebeln und Gewürzen. Ich gebe aber fast immer noch Pinienkerne und manchmal auch Walnüsse dazu. Die Nüsse sollten vorher angebraten und dann mit einem Schaumlöffel aus dem Topf genommen und zunächst beiseitegelegt werden, bevor die restlichen Zutaten in die Pfanne kommen.

Das Olivenöl in einer Pfanne erhitzen. Falls verwendet, die Pinienkerne darin bei mittlerer bis starker Hitze anbraten. Mit einem Schaumlöffel auf einen Teller heben.

Die Zwiebeln in die Pfanne geben und bei mittlerer bis starker Hitze 3–5 Minuten unter Rühren garen, bis sie glasig sind und anfangen zu bräunen. Das Hackfleisch mit Gewürzmischung und Salz zugeben und 6–8 Minuten unter häufigem Rühren braten, bis das Fleisch trocken und schön gebräunt ist. Größere Klumpen in der Pfanne mit einem Holzlöffel zerdrücken.

Die Pfanne vom Herd nehmen und die Pinienkerne, falls verwendet, untermischen. Nun kann die Mischung wie in einem Rezept angegeben weiterverarbeitet werden. Alternativ erkalten lassen und bis zu 3 Tage im Kühlschrank oder 1 Monat im Gefrierfach aufbewahren.

Geröstete Pinienkerne oder Mandeln

لوز أو صنوبر مقلي

Vorbereitungszeit: 5 Minuten
Zubereitungszeit: 5 Minuten
Ergibt 120 g

Pflanzenöl oder Butter, zum Braten
120 g Pinienkerne oder Mandelblättchen (nicht beide zusammen in die Pfanne geben, da die Garzeiten andere sind)

Bei gerösteten Nüssen gerate ich gern in Versuchung. Sie sorgen für viel Textur, und es gibt ganz wenige Gerichte, die durch Nüsse nicht eine Verbesserung erfahren. Sie können sie als Garnierung für Reis- oder Schmorgerichte verwenden, unter Füllungen mischen, Salate damit bestreuen oder einfach so knabbern. Ich brate sie in der Regel in Olivenöl an, aber Pflanzenöl oder Butter sind auch geeignet. Achten Sie darauf, die Pfanne vom Herd zu nehmen, wenn die Nüsse noch eine Nuance heller sind, als Sie es wünschen, weil sie noch kurz weitergaren bzw. -bräunen.

Eine kleine Pfanne bei mittlerer bis starker Hitze auf den Herd setzen und etwa 1 Esslöffel oder mehr Öl zugießen, bis der Boden bedeckt ist (alternativ 1 Esslöffel Butter zerlassen). Pinienkerne oder Mandelblättchen zugeben und wenden, bis sie gleichmäßig mit Fett überzogen sind. Die Hitze reduzieren und weiterrühren, bis Pinienkerne oder Mandelblättchen leicht gebräunt sind.

Die Pfanne vom Herd nehmen und die Nüsse auf einem mit Küchenpapier ausgelegten Teller abtropfen lassen. Sofort verwenden oder erkalten lassen und in einem luftdicht schließenden Behälter bis zu 2 Wochen im Kühlschrank aufbewahren.

Hinweis: Pinienkerne eignen sich perfekt für Gerichte wie den würzigen Reispilaw mit Lamm und Nüssen (Seite 166), Freekeh-Pilaw mit Lamm und Pinienkernen (Seite 162) oder Lammfleisch mit Zwiebeln und Gewürzen (Seite 30), da sie ihren knackigen Biss behalten – anders als Mandeln, die tendenziell weich werden, wenn sie in anderen Gerichten gegart werden. Deshalb sollten Mandeln immer erst vor dem Servieren über das Gericht gestreut werden.

Reis mit Vermicelli

رز بشعريه

Vorbereitungszeit: 10 Minuten + Einweichen
Zubereitungszeit: 15–20 Minuten
Für 4–6 Personen

400 g Reis (Jasmin- oder Rundkornreis)
2 EL Olivenöl
1 EL Butter oder Ghee
100 g Vermicelli (Fadennudeln), in 3–5 cm lange Stücke gebrochen
550 ml Wasser
1 TL Salz

Zu den meisten Eintöpfen und Schmorgerichten der palästinensischen Küche wird Reis mit Vermicelli gereicht. Früher sagte man, dass Vermicelli nur von Frauen, die nicht gut kochen können, unter den Reis gemischt wurden. Denn die Fadennudeln sind eine todsichere Methode, damit der Reis nicht klumpig wird. Die Wahrheit ist aber, dass der Reis dadurch nur besser und vollmundiger schmeckt. Das Mengenverhältnis von Reis und Fadennudeln ist Ermessenssache. Ich nehme normalerweise einen Teil Vermicelli auf vier Teile Reis; Sie können aber auch zwei oder drei Teile Vermicelli verwenden. Meine Garmethode für Reis habe ich aus meiner Zeit in Frankreich übernommen, sie macht weniger Arbeit. Der Reis wird dabei eher gedämpft und gelingt jedes Mal perfekt luftig-locker.

Den Reis unter fließendem kaltem Wasser abspülen, bis das Wasser klar bleibt. Dann 15–30 Minuten in Wasser einweichen und schließlich abtropfen lassen.

Öl und Butter oder Ghee in einem Topf erhitzen. Die Vermicelli darin bei mittlerer Hitze etwa 5 Minuten unter Rühren goldbraun braten. Den Reis zugeben und rühren, bis die Körner mit Fett überzogen sind und glänzen.

Mit dem Wasser ablöschen. Das Salz unterrühren, zum Kochen bringen und 2–3 Minuten kochen. Noch einmal umrühren, dann ein sauberes Küchentuch auf den Topf legen, den Deckel aufsetzen und den Topf vom Herd nehmen. Den Reis 10–15 Minuten dämpfen und quellen lassen. Deckel und Tuch abnehmen. Den Reis mit einer Gabel auflockern und sofort servieren.

Variante: Früher war Reis in Palästina nicht so gebräuchlich. Eintöpfe und Schmorgerichte wurden deshalb meistens mit Bulgur serviert, eine ebenso schmackhafte Alternative zu Reis und noch einfacher zuzubereiten. Den Reis einfach durch dieselbe Menge Bulgur (grob geschroteter Weizen; muss nicht abgespült und eingeweicht werden) ersetzen und zu den gebratenen Vermicelli geben. Bulgur benötigt allerdings mehr Wasser als Reis. Deshalb 1 Liter Wasser zugießen, das Salz unterrühren und zum Kochen bringen. Nach 3–5 Minuten den Bulgur prüfen: Wenn das Wasser verkocht, der Bulgur aber immer noch recht bissfest ist, noch etwas Wasser unterrühren und weitergaren, bis die Körner gar sind. Dabei regelmäßig eine Garprobe machen. Die Wassermenge hängt von der Bulgurqualität und der Hitze ab. Ich brauche normalerweise 1,25–1,5 Liter Wasser. Der Bulgur sollte nach 15–20 Minuten luftig-weich sein.

Gewürzte Brühe

مرقه

Vorbereitungszeit: 5 Minuten
Zubereitungszeit: 1 Stunde 30 Minuten
Ergibt 2 Liter

2 EL Olivenöl
2–3 Stücke Mastix (Seite 248)
3 Lorbeerblätter
2 Zimtstangen
10 Pimentbeeren
10 schwarze Pfefferkörner
5 Gewürznelken
4–5 Kardamomkapseln
1 Suppenhuhn, in 8 Teile zerteilt
1 Zwiebel
2 Knoblauchzehen
2,5 l Wasser
2 EL Salz

Alle paar Monate kauft mein Vater ein ganzes Lamm und verbringt den Nachmittag damit, es für die verschiedenen Verwendungszwecke zu zerlegen und zu parieren. Meine Mutter nimmt dann die Knochen, um daraus eine köstliche Brühe zuzubereiten, die als Grundlage für viele unserer Gerichte dient. Das Rezept hier ist für Hühnerbrühe, kann aber auch mit Rindfleisch oder Lamm zubereitet werden. Ich habe ein Suppenhuhn verwendet, aber Sie können auch Hühnerkarkassen (oder Lamm- oder Rinderknochen) nehmen, wobei das Anbraten dann entfällt. Bei Fleischstücken wie Lammhaxe, Rinderquerrippe oder Ähnliches, die hinterher noch serviert werden sollen, sorgt dagegen das scharfe Anbraten für zusätzliche Röstaromen in der Brühe. Sie können die hier angegebenen Gewürze durch 2 Esslöffel Neun-Gewürze-Pulver (Seite 24) ersetzen, sobald das Wasser kocht und der Schaum abgeschöpft ist.

Das Olivenöl in einem großen, schweren Topf auf hoher Stufe erhitzen. Mastix (hilft, eventuelle unangenehme Fleischgerüche zu neutralisieren) und die anderen ganzen Gewürze ins heiße Öl geben. Die Hühnchenteile mit der Haut nach unten hineingeben und etwa 3 Minuten von jeder Seite goldbraun braten. Zwiebel und Knoblauch zugeben und die Zutaten wenden. Mit dem Wasser ablöschen. Das Salz zugeben und zum Kochen bringen.

Etwa 5 Minuten kochen, dabei regelmäßig den Schaum von der Oberfläche abschöpfen. Die Hitze auf niedrige bis mittlere Stufe reduzieren und die Brühe 1–1½ Stunden köcheln lassen, bis das Hühnchenfleisch durchgegart ist, aber noch nicht vom Knochen fällt. Die Hühnchenteile auf einen Teller heben. Sie können später gegrillt oder für die Verwendung in Salaten oder als Suppeneinlage kalt gestellt werden.

Die Brühe etwas abkühlen lassen, dann durch ein feines Sieb in eine Schüssel gießen. Die im Sieb verbleibenden Gewürze entsorgen. Die Brühe vollständig erkalten lassen, dann in dicht schließende Behälter füllen. Die Brühe hält sich bis zu 4 Tage im Kühlschrank und bis zu 6 Monate im Gefrierfach.

Aromatisierter Zuckersirup

قطر

Vorbereitungszeit: 5 Minuten
Zubereitungszeit: 5 Minuten
Ergibt 475 ml

400 g extrafeiner Zucker
350 ml Wasser
1 Spritzer Zitronensaft
½ TL Orangenblütenwasser
½ TL Rosenwasser

Die meisten traditionellen arabischen Süßspeisen werden mit Zuckersirup (Läuterzucker) gesüßt, der grundsätzlich mit Rosen- oder Orangenblütenwasser aromatisiert wird. Die Intensität von Rosen- und Orangenblütenwasser ist von Marke zu Marke unterschiedlich. Deshalb sollten Sie das Produkt immer nur in kleinen Portionen zugeben, damit der Zuckersirup nicht penetrant nach Rosen oder Orangenblüten schmeckt. Ein weiterer wichtiger Aspekt bei der Verwendung von Zuckersirup für Desserts ist, dass, wenn nicht anders angegeben, entweder das Dessert oder der Zuckersirup heiß sein sollte: Man gibt also entweder den heißen Sirup über eine erkaltete Zubereitung oder kalten Sirup über eine (noch) heiße Speise.

Den Zucker mit Wasser und Zitronensaft in einen Topf geben und bei mittlerer bis starker Hitze zum Kochen bringen. Die Hitze reduzieren und den Zucker etwa 5 Minuten köcheln lassen, bis der Sirup leicht eingedickt ist.

Den Topf vom Herd nehmen. Orangenblüten- und Rosenwasser in den Sirup rühren und erkalten lassen. In eine sterilisierte Flasche füllen und gut verschließen. Der Zuckersirup hält sich bis zu 2 Monate im Kühlschrank.

Hinweis: Für einen dünnflüssigeren Zuckersirup einen Teil Zucker und einen Teil Wasser, für einen dickflüssigeren Zuckersirup zwei Teile Zucker auf einen Teil Wasser verwenden.

Brot und herzhaftes Gebäck

Als ich zum ersten Mal von meiner Uni in den USA wieder nach Hause kam, wurde mir klar, wie sehr meine Vorstellung von Heimat mit Essen verbunden war. Wenn ich mich an den ersten Morgen zu Hause erinnere, habe ich immer noch den Duft von frisch gebackenem Brot in der Nase. Sofort wusste ich, dass meine Mutter Taboon-Brot buk. Mit Jetlag und knurrendem Magen stolperte ich in die Küche und sah meine Mutter an ihrem Brotofen. Mein Vater presste Orangen aus. Hinter ihm auf dem Küchentisch stand eine Schale mit grün glänzendem Olivenöl. Mit diesem einfachen Frühstück aus selbst gebackenem Brot, Olivenöl, frischem Gemüse und frisch gepresstem Orangensaft sagten mir meine Eltern auch ohne Worte, wie sehr sie mich vermisst hatten. Dieses Frühstück war wie eine herzliche Umarmung, die sagen wollte „willkommen zu Hause".

Je länger ich von zu Hause weg war, desto mehr wurde Essen das Medium, das mich mit zu Hause verband. An Tagen mit großem Heimweh nahm ich ein paar Za'atarblätter, die mir meine Mutter immer einpackte, und zerrieb sie zwischen den Fingern. Der Duft brachte mich sofort zurück in ihre Küche. Wenn ich mich heute nach der Heimat sehne oder meine Töchter *ajdschin* (Teig) sagen, weil sie meine Mutter jedes Mal Teig zubereiten sehen, wenn sie uns besuchen kommt, backe ich eine Portion Pita-Brot und fühle die Präsenz meiner Mutter. Mittlerweile ist mir klar, dass egal, wohin das Leben uns führt, Essen etwas ist, das uns verbindet. Es ist ein integraler Bestandteil unseres Lebens, nicht nur, um satt zu werden, sondern auch wegen der Erfahrungen, die wir generationenübergreifend miteinander teilen.

Nirgends ist das offensichtlicher als in den folgenden alten Rezepten, mit denen ich großgeworden bin. Da sind vor allem Pita-Brot (Seite 38) und Taboon-Brot (Seite 42), die Grundlagen für viele Mahlzeiten und eine tolle Beilage für Dips, Salate und Schmorgerichte. Aufwendigere Teigtaschen wie mit Spinat (Seite 49) oder mit Za'atar und Käse (Seite 48) sind super zum Mitnehmen, während *manakish* (Seite 44) und *sfiha* (Seite 52) auch als eigenständige Mahlzeit mit einem unkomplizierten Dip oder Salat serviert werden können. Mit ihrem Duft und Geschmack führen alle Rezepte in diesem Kapitel zurück in eine einfache, frühere Zeit, in der die Wärme und Atmosphäre der palästinensischen Familienküche spürbar werden.

Links
Wagen mit Sesamkringeln in der Jerusalemer Altstadt.

Pita-Brot

خبز

Vorbereitungszeit: 30 Minuten + Ruhen
Zubereitungszeit: 5–10 Minuten
Ergibt 8 Pita-Brote

- 250 g Weizenmehl (Type 405), plus etwas mehr zum Bestäuben
- 250 g Weizenmehl Tipo 00 (oder Weizenmehl Type 405)
- 250 g Weizenvollkornmehl
- 4 EL Milchpulver (optional)
- 2 TL Salz
- 1 TL Zucker
- 2 EL Olivenöl, plus etwas mehr zum Einfetten
- 1 EL Trockenbackhefe
- 500–600 ml warmes Wasser

Ich kann mich beim besten Willen nicht daran erinnern, dass bei uns oder überhaupt bei jemandem, den wir kannten, kein Brot zum Essen auf dem Tisch stand. Wenn es nicht direkter Bestandteil des Essens war, so gab es doch immer ein kleines Stück Brot mit Oliven, um die Mahlzeit abzurunden. Bis heute steht bei mir Brot immer griffbereit, um Labaneh oder Sauce vom Teller aufzunehmen, für ein schnelles Sandwich für eine meiner Töchter oder um es mit etwas Olivenöl oder Käse nach einem Essen zu genießen.

Alle Mehlsorten mit Milchpulver, falls verwendet, Salz und Zucker in einer großen Schüssel vermengen. Eine Vertiefung in die Mitte drücken, dann Öl, Hefe und die Hälfte des Wassers hineingeben. Von Hand vermengen und dabei nach und nach weiteres Wasser zufügen und kneten, bis die Zutaten gebunden sind. Wenn der Teig zu klebrig ist, 5 Minuten stehen lassen und dann weiterkneten. Den Vorgang ein- bis zweimal wiederholen, bis ein weicher Teig entstanden ist. Alternativ den Teig in einer Küchenmaschine auf mittlerer Stufe kneten. Dabei gerade so viel Wasser zufügen, bis die Teigzutaten gebunden sind.

Den Teig mit etwas Öl bestreichen. Die Schüssel mit einem feuchten Küchentuch oder Frischhaltefolie bedecken und den Teig an einem warmen Ort gehen lassen, bis sich sein Volumen verdoppelt hat. Den Teig noch mal kurz durchkneten, in acht gleich große Portionen teilen und auf eine leicht bemehlte Arbeitsfläche legen. Mit einem Küchentuch bedecken, damit der Teig nicht austrocknet.

Den Backofen auf 240°C vorheizen. Eine Teigportion zu einer Kugel formen und mit einem Teigroller zu einem etwa 10 cm großen Kreis ausrollen. Mit etwas Mehl bestäuben, wenden und weiter ausrollen, bis ein etwa 20 cm großer Fladen entstanden ist.

Wenn alle Teigportionen ausgerollt sind, je 2–3 Fladen auf ein Backblech heben und im vorgeheizten Ofen 5–10 Minuten backen, bis sie aufgegangen und leicht gebräunt sind. Wenn ein Pizzastein vorhanden ist, die Teigfladen nacheinander etwa 5 Minuten darauf backen, bis sie schön aufgegangen und leicht gebräunt sind.

Die Pita-Brote auf einem Kuchengitter abkühlen lassen. Pita-Brot lässt sich sehr gut bis zu 1 Monat einfrieren, weshalb ich oft die dreifache Menge zubereite, damit ich genug Brot für einige Wochen im Gefrierfach habe.

Sesamkringel aus Jerusalem

كعك القدس

Vorbereitungszeit: 30 Minuten + Ruhen
Zubereitungszeit: 15–20 Minuten
Ergibt 6 Kringel

Für den Teig
500 g Weizenmehl (Type 405) oder helles Brotmehl, plus etwas mehr zum Bestäuben
2 EL Zucker
2 TL Salz
350 ml lauwarme Vollmilch (3,5% Fett)
1 EL Trockenbackhefe
1 TL Backpulver
Olivenöl, zum Bestreichen

Für den Belag
150 g geschälte Sesamsaat
1–2 EL Traubensirup (siehe Hinweis Seite 70)

Ich weiß nicht, ob es tatsächlich stimmt, dass alle Palästinenser finden, dass diese ovalen Sesamkringel in Jerusalem besser schmecken als in den anderen palästinensischen Gebieten. Wir nennen sie sogar „Jerusalem-Kringel". Vielleicht liegt es an den traditionellen alten Holzöfen oder an dem Flair der Altstadt, in der sie gebacken werden, oder daran, dass die Brote unverzichtbar für alle Jerusalemer sind. Verkäufer schieben ihre *ka'ak*-beladenen Holzkarren durch die Straßen und rufen laut *„kaaaaaa'aaaaaak"* und jeder, ob Schulkind, Arbeiter oder Ladenbesitzer, ja selbst Touristen, drängen sich darum. Diese leckeren, sättigenden Brotkringel hier schmecken nicht genauso wie jene, die es in Jerusalem gibt. Aber bis Sie selbst die Jerusalemer Altstadt besucht haben werden, sind sie ein toller, leckerer Ersatz.

Für den Teig bis auf das Olivenöl alle Teigzutaten in die Schüssel der Küchenmaschine geben. Auf mittlerer Stufe mit dem Knethaken zu einem weichen, elastischen, aber dennoch kompakten Teig verarbeiten. Alternativ von Hand kneten. Wenn der Teig zu fest wirkt, noch etwas Milch einarbeiten. Mit Olivenöl bestreichen. Die Schüssel mit einem feuchten Küchentuch oder Frischhaltefolie bedecken und den Teig etwa 1 Stunde gehen lassen, bis sich das Volumen verdoppelt hat.

Inzwischen für den Belag den Sesam mit Traubensirup und 1 Esslöffel Wasser in einer flachen breiten Schüssel verrühren. Bei Bedarf weiteres Wasser einarbeiten, bis die Mischung feucht, aber nicht zu klebrig und dick ist, sodass sie klumpt, aber auch nicht zu dünnflüssig wird. Die Sesamsamen sollten gut auf dem Teig haften bleiben.

Den Teig nochmals kurz durchkneten und in sechs gleich große Portionen teilen. Auf einer leicht bemehlten Arbeitsfläche zu einem 20–30 cm langen Strang rollen und ziehen. Die Enden zusammendrücken, sodass ein Ring entsteht. Weitere 15 Minuten gehen lassen.

Den Backofen auf 230 °C vorheizen. Die Teigringe in die Sesammischung drücken, zu langen Ovalen formen, auf Backbleche setzen und noch mal 10 Minuten gehen lassen.

Im vorgeheizten Ofen 15–20 Minuten backen, bis die Kringel goldbraun sind. Auf einem Kuchengitter abkühlen lassen.

Warm mit Za'atar (Seite 244) oder mit Käse und Gemüse und einem süßen Tee (Seite 236–237) servieren. Die Kringel lassen sich bis zu 1 Monat einfrieren. Vor dem Servieren im Ofen aufbacken.

Rechts
Im Uhrzeigersinn von oben links: Oliven, eingelegte Rüben (Seite 241), Dukka (Seite 244), Falafel (Seite 68), eigelegte Gurken, Za'atar (Seite 244), Sesamkringel.

TABOON-BROT

خبز طابون

Vorbereitungszeit: 30 Minuten + Ruhen
Zubereitungszeit: 5–10 Minuten (für 1 Brot)
Für 8 Personen

- 500 g Weizenmehl (Type 405), plus etwas mehr zum Bestäuben
- 350 g Weizenvollkornmehl
- 2 TL Salz
- 1 TL Zucker
- 2 EL Olivenöl, plus etwas mehr zum Bestreichen
- 1 EL Trockenbackhefe
- 500–900 ml lauwarmes Wasser

Taboon ist ein Lehmofen, der im Nahen Osten seit vorbiblischen Zeiten zum Kochen und Brotbacken dient. Viele backen dieses Brot noch heute in einem Brotofen oder auf einer Lage Kieselsteinen in einem normalen Backofen, damit das Brot seine traditionelle Form erhält. Der Brotteig wird auch für das Hähnchen auf Zwiebel-Sumach-Fladenbrot (Seite 194) verwendet, eines der palästinensischen Nationalgerichte.

Beide Mehlsorten mit Salz und Zucker in einer großen Schüssel vermengen. Eine Vertiefung in die Mitte drücken, dann Öl, Hefe und 500 ml Wasser hineingeben. Von Hand vermengen, dabei nach und nach weiteres Wasser einarbeiten und kneten, bis die Zutaten gebunden sind. Wenn der Teig zu klebrig ist, 5 Minuten ruhen lassen und dann weiterkneten. Den Vorgang ein- bis zweimal wiederholen, bis ein weicher Teig entstanden ist. Alternativ den Teig in einer Küchenmaschine auf mittlerer Stufe kneten. Dabei gerade so viel Wasser zufügen, bis die Zutaten binden. Der Teig sollte recht weich und leicht klebrig sein.

Den Teig zu einer Kugel formen und mit etwas Öl bestreichen. Die Schüssel mit einem feuchten Küchentuch oder Frischhaltefolie bedecken und den Teig an einem warmen Ort etwa 1 Stunde gehen lassen, bis sich sein Volumen verdoppelt hat. Den Teig noch mal kurz durchkneten, in acht gleich große Portionen teilen und zu Kugeln formen. Auf einer leicht bemehlten Arbeitsfläche mit einem Küchentuch bedecken und weitere 15 Minuten gehen lassen.

Inzwischen den Backofen auf 240°C vorheizen, dabei ein Backblech mit hineinschieben und dieses mit trockenen, sauberen Kieselsteinen bedecken. Eine Teigkugel unter dem Tuch hervornehmen, auf einer leicht bemehlten Arbeitsfläche flach drücken und mit weiterem Mehl bestäuben. Zu einem 10–15 cm großen Kreis ausrollen. Mit etwas Mehl bestäuben, wenden und zu einem 20–30 cm großen Fladen ausziehen.

Bei der Verwendung von Kieseln die Ofentür öffnen und das Backblech halb herausziehen. Den Teigfladen kreisrund leicht über die Kiesel spannen. Wenn das Brot direkt auf dem Blech gebacken wird, den Fladen auf das Blech legen, aber nicht ausziehen, sondern mit den Daumen kleine Dellen hineindrücken, damit das Brot eine ähnliche Form erhält. 5–10 Minuten backen, bis der Fladen leicht gebräunt ist. Auf einem Kuchengitter abkühlen lassen. In der Zwischenzeit den nächsten Fladen vorbereiten und backen. So fortfahren, bis alle Fladen gebacken sind.

Abgedeckt halten sich die Brote ca. 1 Tag, eingefroren mehrere Wochen.

Vegetarische Fladenbrote

مناقيش

Vorbereitungszeit: 1 Stunde + Ruhen
Zubereitungszeit: 10 Minuten
Ergibt etwa 10 Stück

Für den Teig
750 g Weizenmehl (Type 405), plus etwas mehr zum Bestäuben
250 g Weizenvollkornmehl
1½ TL Salz
1 TL Zucker
120 ml Pflanzenöl, plus etwas mehr zum Einfetten
1 EL Trockenbackhefe
750 ml lauwarmes Wasser

Topping 1: Za'atar
50 g Za'atar (Seite 244)
150 ml Olivenöl

Topping 2: Käse
250 g Halloumi, geraspelt
1 EL griechischer Naturjoghurt
1 TL Schwarzkümmelsamen (optional)
1 TL getrocknete Za'atar-, Oregano- oder Majoranblätter (optional)

Topping 3: Paprika
120 ml Olivenöl, plus etwas mehr nach Bedarf
2 Zwiebeln, fein gehackt
5–6 rote Paprika, entkernt und klein gewürfelt
1 frische rote Chili, entkernt und fein gehackt (optional)
1 EL Tomatenmark
½ TL Salz
1 EL Schwarzkümmelsamen (optional)

Manakish ist für Palästinenser, was für Italiener die Pizza ist, und vielleicht sogar noch mehr. Die Brote werden im ganzen Nahen Osten zum Frühstück, Mittagessen oder Abendessen serviert. Hier stelle ich Ihnen drei verschiedene Toppings vor, die jeweils für eine Rezeptmenge Teig ausreichen. Reduzieren Sie die Zutatenmengen bei mehreren Toppings entsprechend.

Für den Teig beide Mehlsorten mit Salz und Zucker in einer großen Schüssel vermengen. Eine Vertiefung in die Mitte drücken, dann Öl, Hefe und die Hälfte des Wassers hineingeben. Von Hand vermengen, dabei nach und nach weiteres Wasser einarbeiten und kneten, bis die Zutaten gebunden sind. Wenn der Teig zu klebrig ist, 5 Minuten ruhen lassen und dann weiterkneten. Den Vorgang ein- bis zweimal wiederholen, bis ein kräftiger, weicher Teig entstanden ist. Den Teig mit etwas Öl bestreichen. Die Schüssel mit einem feuchten Küchentuch oder Frischhaltefolie bedecken und den Teig an einem warmen Ort etwa 1 Stunde gehen lassen, bis sich sein Volumen verdoppelt hat.

Inzwischen für den Za'atar- und den Käsebelag alle Zutaten jeweils in einer Schüssel vermengen. Für den Paprikabelag das Olivenöl in einer Pfanne erhitzen. Die Zwiebeln darin bei mittlerer Hitze etwa 5 Minuten unter gelegentlichem Rühren weich dünsten. Paprika und Chili, falls verwendet, zugeben und etwa 10 Minuten rühren, bis die Paprika weich ist und die Mischung einzudicken beginnt. Tomatenmark und Salz untermischen und weitere 2–3 Minuten garen. Die Pfanne vom Herd nehmen und die Schwarzkümmelsamen, falls verwendet, unterrühren. Wenn die Masse zu trocken wirkt, 1–2 Esslöffel Olivenöl unterrühren.

In der Zwischenzeit den Backofen auf 240 °C vorheizen. Den Teig kurz durchkneten, in zehn gleich große Portionen teilen, zu Kugeln formen und abdecken. Einzeln auf eine leicht bemehlte Arbeitsfläche legen und flach drücken. Mit einem Teigroller zu etwa 10 cm großen Kreisen ausrollen. Mit etwas Mehl bestäuben, wenden und zu etwa 20 cm großen Fladen ausrollen. Mit einem Küchentuch bedecken, damit die fertigen Fladen nicht austrocknen, bis alle ausgerollt sind.

2–3 der zuerst ausgerollten Teigfladen auf ein Backblech heben oder auf einen vorgeheizten Pizzastein setzen. Mit den Fingern einige kleine Dellen eindrücken, damit der Teig beim Backen flach bleibt. Mit einem Belag nach Wahl bestreuen bzw. bestreichen. 5–10 Minuten im Ofen backen, bis die Teigränder schön gebräunt sind. Fortfahren, bis alle Fladen gebacken sind. Auf einem Kuchengitter abkühlen lassen. Die Brote können bis zu 1 Monat eingefroren werden.

Fladenbrote mit Za'atar-Füllung

أقراص زعتر

Vorbereitungszeit: 40 Minuten + Ruhen
Zubereitungszeit: 7–12 Minuten
Ergibt 10 Stück

Für den Teig

- 500 g Weizenmehl (Type 405), plus etwas mehr zum Bestäuben
- 250 g Weizenvollkornmehl
- 2 TL Salz
- 1 TL Zucker
- 2 EL Olivenöl, plus etwas mehr zum Einfetten
- 1 EL Trockenbackhefe
- 500–600 ml lauwarmes Wasser

Für die Füllung

- 100 g frische Za'atarblätter (ersatzweise frische Oregano- und/oder Majoran- und Thymianblätter)
- 8 Frühlingszwiebeln, fein gehackt
- 1 TL Salz
- 120 ml Olivenöl
- ¼ TL gemahlener schwarzer Pfeffer

Diese Fladenbrote gehören zu den traditionsreichsten palästinensischen Broten. Sie haben für meine Familie auch eine emotionale Bedeutung: Der Onkel meiner Mutter, Yousef, musste mit 20 Jahren aus politischen Gründen in die USA emigrieren. Erst 20 Jahre später gab es ein Wiedersehen mit einem Familienmitglied, und zwar als mich meine Mutter in den Staaten besuchte. Er hatte nur einen Wunsch: ein paar von seiner Mutter gebackene *akras za'atar.*

Für den Teig beide Mehlsorten mit Salz und Zucker in einer großen Schüssel vermengen. Eine Vertiefung in die Mitte drücken, dann Öl, Hefe und die Hälfte des Wassers hineingeben. Von Hand vermengen, dabei nach und nach weiteres Wasser einarbeiten und kneten, bis die Zutaten gebunden sind. Wenn der Teig zu klebrig ist, 5 Minuten ruhen lassen und dann weiterkneten. Den Vorgang ein- bis zweimal wiederholen, bis ein weicher Teig entstanden ist. Alternativ den Teig auf mittlerer Stufe in einer Küchenmaschine kneten. Dabei gerade so viel Wasser zufügen, bis die Teigzutaten binden. Den Teig mit etwas Öl bestreichen. Die Schüssel mit einem feuchten Küchentuch oder Frischhaltefolie bedecken und den Teig an einem warmen Ort 1 Stunde gehen lassen.

Inzwischen für die Füllung alle Zutaten in einer Schüssel vermengen. Beiseitestellen. Den Teig noch mal kurz durchkneten und in zehn gleich große Portionen teilen. Ein großes Stück Frischhaltefolie einfetten und die Teigstücke darauf weitere 5–10 Minuten gehen lassen.

Ein Teigstück von Hand flach drücken. Etwa ein Zehntel der Füllung gleichmäßig auf der Mitte des Teigfladens verteilen. Erst das obere Teigdrittel, dann das untere über die Mitte schlagen, sodass ein Rechteck entsteht. Dabei jede Lage nach dem Falten mit Öl einfetten. Nun das rechte, dann das linke Teigdrittel in die Mitte schlagen und jeweils mit Öl bestreichen, sodass ungefähr ein Quadrat entsteht. Erneut mit Öl bestreichen, auf ein geöltes Blech setzen und mit geölter Frischhaltefolie abdecken. Mit den restlichen Teigportionen ebenso verfahren. Die Teiglinge erneut 15 Minuten gehen lassen. Inzwischen den Backofen auf 240°C vorheizen.

Die Teiglinge mit geölten Händen zu 20 x 20 cm großen Quadraten ausziehen bzw. drücken und auf Backbleche heben. 7–12 Minuten im Ofen backen, bis die Fladenbrote leicht gebräunt sind. Die Unterseite prüfen; wenn sie nicht ebenfalls gebräunt ist, die Brote wenden und weitere 2 Minuten backen. Die Brote auf einem Kuchengitter abkühlen lassen. Warm mit Halloumi oder Labaneh (Seite 26), frischem Gemüse und süßem Minzetee (Seite 237) servieren.

Teigtaschen mit Za'atar und Käse

فطاير زعتر وجبنه

Vorbereitungszeit: 40 Minuten + Ruhen
Zubereitungszeit: 5–10 Minuten
Ergibt etwa 25 Stück

Für den Teig
300 g Weizenmehl (Type 405)
200 g Weizenvollkornmehl
1 EL Schwarzkümmelsamen
1 TL Salz
1 TL Zucker
¼ TL gemahlene Kurkuma
120 ml Olivenöl, plus etwas mehr zum Einfetten
1 TL Trockenbackhefe
1 TL Backpulver
15 g getrocknete Za'atarblätter (siehe Hinweis)
150 g Naturjoghurt
150 ml Wasser

Für die Füllung
250 g Halloumi, fein gerieben

Teigtaschen mit unterschiedlichen Füllungen sind in der Küche der Levante sehr weit verbreitet. Sie sind praktisch für unterwegs oder wenn man spontanen Besuch erhält. Dies sind meine Lieblings-Teigtaschen – besonders köstlich zu mit Meersalz bestreuten frischen Tomaten.

Für den Teig beide Mehlsorten mit Schwarzkümmelsamen, Salz, Zucker und Kurkuma in einer großen Schüssel mischen. Das Olivenöl zugießen und von Hand vermengen. Hefe, Backpulver, Za'atarblätter, Joghurt und Wasser zufügen und von Hand kneten, bis ein glatter, klebriger Teig entstanden ist. Den Teig etwa 5 Minuten stehen lassen, dann weiterkneten, bis er nicht mehr klebt. Gegebenenfalls muss der Teig mehrere Male einige Minuten ruhen, bevor er weitergeknetet wird. Wenn der Teig dann immer noch klebrig ist, nach und nach etwas Mehl einarbeiten (die Menge hängt von vielen Faktoren wie Luftfeuchtigkeit oder Mehlbeschaffenheit ab). Wenn der Teig zu fest wird, noch etwas Wasser einarbeiten. Der Teig sollte weich, aber nicht klebrig sein.

Den Teig zu einer Kugel formen und mit etwa 1 Esslöffel Olivenöl bestreichen. Die Schüssel mit einem feuchten Küchentuch oder Frischhaltefolie bedecken und den Teig an einem warmen Ort 1–2 Stunden gehen lassen, bis sich sein Volumen verdoppelt hat.

Den Backofen auf 240°C vorheizen. Den Teig kurz durchkneten, in etwa 25 golfballgroße Portionen teilen und diese auf die geölte Arbeitsfläche setzen.

Die Teiglinge nacheinander zu 8–10 cm großen Kreisen ausziehen bzw. flach drücken. Je 1 Teelöffel geriebenen Käse in die Mitte setzen. Die Teigränder von zwei gegenüberliegenden Seiten her zur Mitte hochziehen, zur Seite legen und die Kanten zu dreieckigen Teigtaschen zusammendrücken. Die Kanten mit einer Gabel zusammendrücken.

Die Teigtaschen auf zwei mit Backpapier belegte Backbleche setzen und etwa 5 Minuten im Ofen backen, bis die Ränder leicht braun sind. Auf einem Kuchengitter abkühlen lassen.

Hinweis: Die getrockneten oder frischen Za'atarblätter, die wir normalerweise verwenden, sind in Europa nicht ohne Weiteres zu bekommen. Geschmacklich am nächsten ist Oregano. Zupfen Sie einfach die kleinsten Blätter von einem Bund frischen Oregano ab oder, wenn die Blätter sehr groß sind, hacken Sie diese grob. Es passt auch gut, einige frische Majoran- und/oder frische Thymianblätter unter den Oregano zu mischen.

Spinattaschen

فطاير سبانخ

Vorbereitungszeit: 1 Stunde + Ruhen
Zubereitungszeit: 10 Minuten
Ergibt etwa 20 Stück

Für die Füllung
250 g frischer Spinat
1 EL Salz
4–5 Frühlingszwiebeln, fein gehackt
4 EL Olivenöl
1 EL Sumach
1 EL frisch gepresster Zitronensaft
1 TL rote Chiliflocken oder -pulver (optional)

Für den Teig
300 g Weizenmehl (Type 405) oder Weizenvollkornmehl
200 g Naturjoghurt
100 ml Olivenöl, plus etwas mehr zum Einfetten
1 TL Trockenbackhefe
½ TL Salz
½ TL Zucker
¼ TL gemahlene Kurkuma (optional)

Diese Teigtaschen erinnern mich an die Mittagspausen in meiner Schule. Wie bei den meisten Kindern im Nahen Osten nämlich hatte auch meine Mutter immer etliche von diesen Teigtaschen im Gefrierfach, um sie bei Bedarf aufzutauen und mir in die Schultasche zu stecken. Sie waren leicht zu transportieren, und die tolle Füllung in der herrlich saftigen Teighülle ist sowohl lecker als auch gesund. Die Spinatmischung kann einen Tag im Voraus zubereitet und im Kühlschrank aufbewahrt werden. Die gebackenen Teigtaschen lassen sich sehr gut mehrere Monate einfrieren. Eine köstliche fleischhaltige Variante können Sie mit dem Lammfleisch mit Zwiebeln und Gewürzen von Seite 30 zubereiten.

Für die Füllung den Spinat klein hacken und in ein Sieb geben. Mit dem Salz bestreuen und gut vermengen. Dann das Sieb ins Spülbecken stellen und den Spinat 1–2 Stunden ziehen lassen. Dann den Spinat möglichst gut ausdrücken und auf Küchenpapier ausbreiten, damit er so trocken wie möglich wird.

Die restlichen Zutaten für die Füllung in einer großen Schüssel mischen. Den Spinat zugeben und vermengen. Die Füllung kann sofort verwendet oder gut abgedeckt bis zu 1 Tag im Kühlschrank aufbewahrt werden.

Für den Teig alle Zutaten in eine große Schüssel geben und von Hand 15 Minuten kneten, bis ein glatter, geschmeidiger Teig entstanden ist. Alternativ die Zutaten in der Küchenmaschine mit einem Knethaken auf mittlerer Stufe zu einem Teig verarbeiten. Den Teig zu einer Kugel formen, mit Öl bestreichen, damit er nicht an der Schüssel klebt. Dann mit einem feuchten Küchentuch oder Frischhaltefolie abgedeckt 1–2 Stunden an einem warmen Ort gehen lassen, bis sich das Teigvolumen verdoppelt hat.

Den Teig in etwa 20 eiergroße Portionen teilen. Auf eine mit Öl eingefettete Arbeitsfläche legen und 5 Minuten gehen lassen.

Den Backofen auf 240 °C vorheizen. Zwei Backbleche mit Backpapier auslegen.

Die Teiglinge zu 8–10 cm großen Kreisen ausziehen. Je 1 Esslöffel Spinatfüllung in die Mitte setzen. Die Teigränder von drei Seiten her zur Mitte hochziehen und die Kanten zusammendrücken, sodass es dreieckige Teigtaschen ergibt.

Auf die vorbereiteten Backbleche setzen und im vorgeheizten Ofen etwa 5 Minuten backen, bis die Spinattaschen leicht gebräunt sind. Auf einem Kuchengitter abkühlen lassen.

Nächste Doppelseite:
Von links: Spinattaschen (Seite 49), Kleine Fladenbrote mit Lammfleisch (Seite 52), Teigtaschen mit Za'atar und Käse (Seite 48)

Kleine Fladenbrote mit Lammfleisch

صفيحه

Vorbereitungszeit: 1 Stunde + Ruhen
Zubereitungszeit: 10 Minuten
Ergibt etwa 30 Stück

Für den Teig

- 500 g Weizenmehl (Type 405)
- 1 TL Salz
- 1 TL Zucker
- 1 EL Trockenbackhefe
- 120 ml Olivenöl, plus etwas mehr zum Einfetten
- 350 g Naturjoghurt

Für den Belag

- 1 Rezeptmenge Lammfleisch mit Zwiebeln und Gewürzen (Seite 30)
- 2 EL Geröstete Pinienkerne (Seite 31)
- 2 EL Labaneh, selbst zubereitet (Seite 26) oder gekauft
- 2 EL Granatapfelsirup (Seite 238)
- 1 EL Tahini
- 1 EL Sumach
- 1 EL frischer Oregano oder Minze, sehr fein gehackt (optional)
- 1 TL rotes Chilipulver (oder nach Geschmack)

Sfiha wird im ganzen Nahen Osten und auch in Teilen Europas in unterschiedlichen Formen serviert. Es handelt sich im Wesentlichen um Fladenbrot mit Fleischbelag. Der fein gewürzte Belag beinhaltet milde wie pikante Aromen, die sich wunderbar mit dem lockeren Teig und den knackigen Pinienkernen vereinen. Dieses Rezept stammt von meiner Teta Asma und ihrer Schwester Salma. Wenn Sie diese köstlichen Fladenbrote nicht alle sofort aufessen, können Sie die restlichen bis zu 1 Monat einfrieren.

Für den Teig das Mehl mit Salz und Zucker in einer großen Schüssel vermengen, dann Hefe, Olivenöl und Joghurt zufügen und von Hand verkneten, bis ein glatter, geschmeidiger Teig entstanden ist. Gegebenenfalls noch etwas Wasser einarbeiten. Alternativ die Zutaten in der Küchenmaschine mit dem Knethaken auf mittlerer Stufe zu einem Teig verarbeiten. Den Teig zu einer Kugel formen und mit Olivenöl bestreichen, damit er nicht an der Schüssel klebt. Die Schüssel mit einem feuchten Küchentuch oder Frischhaltefolie bedecken und den Teig an einem warmen Ort etwa 1 Stunde gehen lassen, bis sich sein Volumen verdoppelt hat.

Inzwischen für den Belag das Lammfleisch mit Zwiebeln und Gewürzen, wie auf Seite 30 angegeben, zubereiten und etwas abkühlen lassen. Die restlichen Zutaten für den Belag untermischen. Die Fleischmischung sollte eine streichfähige Konsistenz haben.

Den Backofen auf 240 °C vorheizen. Den Teig noch mal kurz durchkneten. In etwa 30 golfballgroße Portionen teilen, auf eine geölte Arbeitsfläche setzen und 5–10 Minuten gehen lassen.

Die Teiglinge nacheinander auf mit Backpapier ausgelegte Backbleche setzen und mit den Fingern zu etwa 5 mm dicken Fladen drücken. Je 1 Esslöffel Lammfleischmischung in der Mitte daraufsetzen. Mit den Fingern verstreichen und leicht andrücken, sodass etwa 8 cm große Kreise entstehen.

Im vorgeheizten Ofen etwa 10 Minuten backen, bis die Teigränder leicht gebräunt sind. Auf einem Kuchengitter abkühlen lassen.

Variante: Wenn Sie nicht viel Zeit haben, können Sie den Hefeteig durch hochwertigen Blätterteig aus dem Kühlregal ersetzen. Schneiden Sie die Blätterteigplatte in ungefähr 6 cm große Quadrate oder stechen Sie 8 cm große Kreise aus und verstreichen Sie 1 Esslöffel Belag darauf. Nach Packungsangaben backen, bis der Blätterteig goldbraun ist.

Anisbrote

كعك أصفر

Vorbereitungszeit: 40 Minuten + Ruhen
Zubereitungszeit: 15–20 Minuten
Ergibt 8 Stück

500 g Weizenmehl (Type 405)
80 g ungeschälte Sesamsaat, geröstet
4 EL Zucker
3 EL gemahlener Anis
2 EL Schwarzkümmelsamen
2 TL Salz
1½ TL gemahlene Kurkuma
1 TL gemahlener Mahlab (optional)
120 ml Olivenöl, plus etwas mehr zum Einfetten
1 EL Trockenbackhefe
2 TL Backpulver
300–400 ml lauwarmes Wasser

Dieses sehr typische palästinensische Brot wird von Christen und Muslimen gleichermaßen meist zu ganz bestimmten Feiertagen zubereitet. Das Rezept hier stammt von einer Frau aus dem Dorf meines Vaters. Nuha, so ihr Name, ist im ganzen Ort und der Umgebung als Backexpertin bekannt. Vor den Festtagen wird ihre Küche zu einer kleinen Manufaktur, weil sie viele Aufträge von Leuten aus dem Dorf annimmt.

Das Mehl mit Sesam, Zucker, Anis, Schwarzkümmelsamen, Salz, Kurkuma und, falls verwendet, Mahlab in einer großen Schüssel vermengen. Das Olivenöl zugießen und alles von Hand sehr sorgfältig zu einem krümeligen Teig verkneten.

Hefe, Backpulver und 250 ml Wasser zufügen und einarbeiten, bis ein glatter, weicher Teig entstanden ist. Bei Bedarf noch weiteres Wasser einarbeiten. Der Teig ist wegen des Zuckers und Olivenöls leicht klebrig. Zu einer Kugel formen und mit Olivenöl bestreichen. Die Schüssel mit einem feuchten Küchentuch oder Frischhaltefolie bedecken und den Teig an einem warmen Ort etwa 1 Stunde gehen lassen.

Wenn der Teig schön aufgegangen ist, in acht gleich große Portionen teilen, zu Kugeln formen und auf eine geölte Oberfläche setzen. Ich verwende meistens ein großes Blech, das mit geölter Frischhaltefolie belegt ist, damit das Reinigen und Aufräumen schneller geht. Die Teigkugeln mit etwas Öl einfetten, abdecken und etwa 15 Minuten gehen lassen.

Die Teiglinge nacheinander auf einer geölten Arbeitsfläche zu etwa 1 cm dicken Kreisen ausrollen. Traditionell wird der Teig über einem geölten Model ausgerollt und gestürzt. So ergeben sich schön gemusterte und geformte Brote. Diese Methode sorgt auch dafür, dass die Brote nicht weiter aufgehen. Da solche Model in Europa nur schwer erhältlich sind, drücken Sie den Teig an den Rändern mit den Zinken einer Gabel ein, um das traditionelle Muster zu erhalten. Alternativ können Sie Mondkuchenformen verwenden, die online oder in asiatischen Supermärkten erhältlich sind. Die Teigkreise auf Backbleche legen und etwa 15 Minuten ruhen lassen.

Inzwischen den Backofen auf 200 °C vorheizen. Die Brote darin 10–15 Minuten backen, bis sie leicht gebräunt sind. Aus dem Ofen nehmen und sofort mit etwas Olivenöl bestreichen. Abkühlen lassen.

Pur oder traditionell mit hart gekochtem Ei, Halloumi und süßem Minzetee (Seite 237) genießen. Die Brote schmecken warm oder kalt. Sie lassen sich bis zu 3 Monate einfrieren.

Saatenkräcker

ملاتيت

Vorbereitungszeit: 15 Minuten + Ruhen
Zubereitungszeit: 20–25 Minuten
Ergibt etwa 700 g

- 300 g Weizenmehl (Type 405)
- 200 g Weizenvollkornmehl
- 175 g ungeschälte Sesamsaat
- 2 EL gemahlener Anis
- 2 EL Schwarzkümmelsamen
- 2 TL Salz
- 1 TL gemahlener Mahlab (optional)
- 1 TL Backpulver
- 120 ml Olivenöl
- 120 ml Pflanzenöl
- 200–300 ml Wasser

Ich kann mich an keinen einzigen Besuch bei Teta Asma erinnern, bei dem es nicht diese kleinen Kräcker gab. Ob salzig oder süß, sie bot uns diese Kräcker immer zum Nachmittagskaffee an. Ihre jüngste Tochter, meine Tante Lamees, führt diese Tradition fort, und es ist immer ein Vergnügen, sie zum Nachmittagskaffee zu besuchen. Normalerweise wird der Teig dünn ausgerollt, und dann werden Kräcker ausgestochen. Ich finde es aber viel einfacher, den ausgerollten Teig mit einem Messer oder einem gewellten Teigrädchen in kleine Quadrate oder Rauten zu schneiden. Abgesehen davon ist das Rezept dasselbe, das in der Familie meines Vaters schon seit Generationen zubereitet wird.

Alle Trockenzutaten in einer großen Schüssel vermengen. Dann Oliven- und Pflanzenöl einarbeiten, bis eine Masse entstanden ist, die an nassen Sand erinnert.

Nach und nach das Wasser von Hand unterkneten, bis die Masse bindet und ein glatter Teig entsteht. Den Teig nicht zu lange bearbeiten und auch nicht zu viel Wasser zufügen. Anschließend 15–20 Minuten ruhen lassen.

Den Backofen auf 180 °C vorheizen. Den Teig halbieren (kleinere Portionen lassen sich besser bearbeiten). Eine Hälfte abdecken, die andere zwischen zwei Bögen Backpapier zu einem etwa 3 mm dünnen Rechteck oder Quadrat ausrollen.

Das obere Backpapier abziehen. Das untere Backpapier mit dem Teig auf ein Backblech heben. Mit einem Messer, Teig- oder Pizzarädchen in kleine Quadrate, Rauten oder auch Streifen schneiden. Falls zwei Backbleche vorhanden sind, die andere Teigportion auf die gleiche Weise verarbeiten und beide Bleche gleichzeitig im Ofen backen. Nach der Hälfte der Backzeit die Bleche im Ofen tauschen, damit die Kräcker gleichmäßig backen (Schritt entfällt bei Umluft). Andernfalls die Bleche nacheinander backen.

Im vorgeheizten Ofen 20–25 Minuten backen, bis die Kräcker leicht gebräunt sind. Etwa 10 Minuten auf dem Blech abkühlen lassen, dann auf ein Kuchengitter heben und vollständig erkalten lassen. Die Kräcker halten sich in einem dicht schließenden Behälter bis zu 3 Wochen – wenn sie nicht schon vorher aufgefuttert sind.

FRÜHSTÜCK

Als ich Jerusalem verließ, um in den USA zu studieren, dachte ich nicht daran, was ich hinter mir lassen würde. Ich war viel zu fokussiert auf das, was vor mir lag. Ich wusste, dass ich meine Eltern vermissen würde, meine Familie, mein Zuhause, den Frühlingsduft, die feuchte Luft und das Essen. Aber bis zum ersten Morgen allein im Studentenwohnheim wusste ich nicht, wie sich das anfühlt.

Zum ersten Mal in meinem Leben musste ich allein frühstücken. Dieses Szenario war mir bis dahin überhaupt nicht in den Sinn gekommen, weil ich es eben noch nie erlebt hatte; gemeinsame Mahlzeiten waren einfach so normal. In diesem Moment war ich sehr aufgeregt wegen des Neuanfangs und spürte gleichzeitig große Sehnsucht nach meiner Familie, die ich zurückgelassen hatte.

Auch mehr als zehn Jahre später bleibt das Frühstück – ob zusammen mit meiner Familie oder allein und auf dem Sprung – meine liebste Mahlzeit, nicht nur weil die Gerichte so ansprechend sind, sondern auch weil ein Frühstück – wie dieses Gefühl damals, als ich das erste Mal getrennt von meiner Familie war – das Versprechen eines Neuanfangs beinhaltet und mich gleichzeitig an meine Wurzeln und alles, was ich wertschätze, erinnert.

Ich habe immer noch das Bild unserer alten Familienküche mit dem gedeckten Frühstückstisch vor Augen: eine Schale Labaneh mit Olivenöl beträufelt, ein Teller mit Gurken- und Tomatenscheiben, ein Schälchen Za'atar, ein kleiner Teller mit Oliven und ein Stapel frisch gebackenes Pita-Brot. Das war in meiner ganzen Kindheit unser Frühstück mit jahreszeitlich wechselnden Zugaben wie selbst gemachtem Tomatenaufstrich, in Öl eingelegte Auberginen, Aprikosenkonfitüre, Maulbeerkompott, Hummus, Avocados, hart gekochte Eier, Käse und Tahiniaufstrich. Am Wochenende war das Frühstück etwas aufwendiger mit Falafel (Seite 68), Palästinensischer Frittata (Seite 60) oder Sesamkringel (Seite 40) und süßem Tee – Minze im Sommer, Salbei im Winter.

Wenn ich heute mit meinem Mann und meinen Töchtern mein Elternhaus in Jerusalem besuche, macht sich meine Mutter noch vor Sonnenaufgang ans Brotbacken. Wir versammeln uns dann um eine große Strohmatte mit verschiedenen Tellern und genießen das ebenso leckere wie nahrhafte Frühstück. Mit einer kleinen Auswahl an protein- und kohlenhydrathaltigen Speisen, Gemüse und gesunden Fetten hat man den besten Start in den Tag. Finden Sie Ihre eigenen Kombinationen aus den Rezepten in diesem Kapitel, denn es gibt wirklich nichts Besseres als ein solches Frühstück: nahrhaft, großzügig und voller palästinensischer Aromen.

Links
Zitronenbaum im Garten der Familie Kassis.

Spiegeleier mit Za'atar und Sumach

بيض مقلي مع زعتر وسماق

Vorbereitungszeit: 2 Minuten
Zubereitungszeit: 5 Minuten
Für 1 Person

2 EL Olivenöl
2 Eier
1 TL Za'atar (Seite 244)
1 TL Sumach

Zum Servieren
- Pita-Brot, selbst gemacht (Seite 38) oder gekauft
- Labaneh, selbst gemacht (Seite 26) oder gekauft

Mein Vater liebt es, dieses Frühstück für uns zuzubereiten. Spiegeleier ohne Za'atar und Sumach sind für ihn allerdings nicht akzeptabel. Wenn er Eier brät, kann man also darauf wetten, dass sie mit reichlich Gewürzen und Olivenöl serviert werden. Sie können so viel oder wenig Za'atar und Sumach verwenden, wie Sie wollen. Sie können auch Dukka (Seite 244) dazugeben oder stattdessen verwenden. Auch ich brate die Spiegeleier gern in reichlich Olivenöl, damit ich das aromatisierte Öl mit einem Stück frischem Brot aufnehmen kann. Sie können auch weniger Öl verwenden bzw. müssen das heiße Öl nicht unbedingt über die Eier träufeln, wie ich es vorschlage. Wenn das Eiweiß am Rand knusprig werden soll, braten Sie die Eier einzeln.

Das Öl in einer kleinen antihaftbeschichteten Pfanne bei mittlerer Hitze heiß werden lassen, aber nicht bis zum Rauchpunkt erhitzen. Die Eier hineinschlagen und mit Za'atar und Sumach bestreuen. Wenn die Ränder nach etwa 1 Minute stocken, die Pfanne abdecken und die Hitze reduzieren.

Den Deckel alle 20 Sekunden anheben, die Pfanne schwenken und etwas Öl über die Eier laufen lassen. Achtung, Ölspritzer! Dadurch wird das Eiweiß kross, das Eigelb gart schneller und das Olivenöl wird aromatischer.

Die Eier weiterbraten, bis sie die gewünschte Konsistenz haben: 3 Minuten für ein noch flüssiges Eigelb, 5 Minuten für festes Eigelb. Die Eier auf einen Teller heben und mit dem Olivenöl aus der Pfanne beträufeln. Sofort mit Pita-Brot und Labaneh servieren.

Palästinensische Frittata

عجه فلسطينيه

Vorbereitungszeit: 15 Minuten
Zubereitungszeit: 5 Minuten
Für 4 Personen

8 Eier
4 Frühlingszwiebeln, fein gehackt
25 g glatte Petersilienblätter, fein gehackt
25 g frische Minzeblätter, fein gehackt
1 große Knoblauchzehe, zerdrückt
1 frische grüne Chili, entkernt und fein gehackt (optional)
1 knapper TL Salz
½ TL gemahlener Kreuzkümmel
¼ TL gemahlener schwarzer Pfeffer
1 EL Weizenmehl (Type 405)
Olivenöl, zum Braten

Zum Servieren

- Oliven, Frühlingszwiebeln, Minze und Tomaten
- Pita-Brot, selbst gemacht (Seite 38) oder gekauft
- Labaneh, selbst gemacht (Seite 26) oder gekauft

Omelettähnliche Frittatas werden in Palästina häufig am Wochenende zum Frühstück oder als Abendessen zubereitet. Sie bestehen im Wesentlichen aus Eiern, gemischt mit Kräutern und Gewürzen und etwas Mehl. Aber das Ergebnis kann von Koch zu Koch sehr unterschiedlich sein. Die Frau meines Onkels, Ameera, ist berühmt für ihre *ijjeh*, die sie in einer perfekten Mischung aus knusprig und fluffig, würzig und cremig zubereitet. Meine Tante ließ uns nach einem Wochenendbesuch nie ohne Frittata gehen. Sie stand in der Küche und produzierte eine Frittata nach der anderen, bis wir einen Riesenstapel mit duftenden und sättigenden Frittatas hatten. Hier ist ihr Rezept mit reichlich Kräutern. Sie können auch noch mehr oder eben weniger dazugeben. Ein Gericht, das Sie am Wochenende wirklich mal anstelle des üblichen weich gekochten Eies ausprobieren sollten!

Die Eier in einer großen Schüssel verquirlen, bis sie hell und schaumig werden. Die gehackten Kräuter mit Knoblauch, Chili, Salz und Gewürzen sorgfältig untermischen. Das Mehl darüberstreuen und gut einarbeiten.

Einen ordentlichen Schuss Olivenöl in einer Pfanne erhitzen. Sie können eine sehr große Pfanne verwenden oder eine kleine und dann mehrere kleine Frittatas backen. Ich nehme lieber eine kleinere Pfanne und bereite mehrere richtig dünne Frittatas zu, weil sie knuspriger werden, und gebe jedes Mal etwas Öl in die Pfanne.

Wenn das Öl heiß ist, die Eiermasse hineingießen und durch Schwenken gleichmäßig in der Pfanne verteilen. Die Frittata bei mittlerer bis starker Hitze garen, bis die Ränder sich nach oben biegen und die Oberfläche zu stocken beginnt. Dabei die Frittata regelmäßig mit einem Pfannenwender anheben und prüfen, dass die Unterseite nicht anbrennt. Wenn die Frittata an der Oberfläche gestockt ist, wenden und 1–2 Minuten von der anderen Seite garen. Die Frittata auf einen Teller gleiten lassen. Wenn Sie eine kleine Pfanne nutzen, den Vorgang wiederholen, bis die Eiermasse aufgebraucht ist. Jedes Mal erst etwas Olivenöl erhitzen.

Die Frittata sofort mit frischem Pita-Brot und Labaneh servieren.

Kartoffel-Eier-Pfanne

بطاطا وبيض

Vorbereitungszeit: 20 Minuten
Zubereitungszeit: 20–30 Minuten
Für 4 Personen

3 EL Olivenöl
750 g Kartoffeln (etwa 5 kleinere oder 3 größere Kartoffeln), geschält und in 1 cm große Würfel geschnitten
¼ TL Neun-Gewürze-Pulver (Seite 24) oder gemahlener Piment
½ TL Salz
¼ TL gemahlener schwarzer Pfeffer (optional)
4 Eier, leicht verquirlt
frische Kräuter und Chiliflocken, zum Garnieren

Zum Servieren

– Pita-Brot, selbst gemacht (Seite 38) oder gekauft

Eigentlich ist dies ein klassisches Frühstücksgericht. Aber meine Mutter bereitete es auch oft als Mittag- oder Abendessen zu, wenn sie keine Zeit hatte, was „Richtiges“ zu kochen. Mit etwas Labaneh (Seite 26) und frischem Gemüse bietet es alles, was man von einer vollwertigen Mahlzeit erwarten kann: Kohlenhydrate, Protein, Milchprodukte und knackiges Gemüse ... und es ist in etwa 30 Minuten zubereitet. Sie können hier auch anderes Gemüse wie Zwiebeln, Knoblauch und Paprika zugeben. In diesem Fall geben Sie das Gemüse, das die längste Garzeit hat, als Erstes in die Pfanne.

Das Olivenöl in einer großen antihaftbeschichteten Pfanne oder einer gusseisernen Pfanne mit Deckel erhitzen.
Die Kartoffelwürfel darin bei mittlerer bis starker Hitze 20–25 Minuten unter häufigem Wenden goldbraun und knusprig braten.

Mit Neun-Gewürze-Pulver, Salz und Pfeffer, falls verwendet, würzen und wenden. Wenn die Kartoffeln noch nicht durchgegart sind (mit einer Gabel testen), 1–2 Teelöffel Wasser zugeben und bei aufgesetztem Deckel weitere 5 Minuten dünsten. Dabei ein- bis zweimal wenden.

Die Eier in die Pfanne gießen und mit einem Silikonteigschaber wenden, bis die Kartoffelwürfel ganz mit Ei überzogen sind. Dann weitere 2–3 Minuten unter gelegentlichem Wenden garen, bis die Eiermasse gestockt ist.

Die Pfanne vom Herd nehmen. Mit Kräutern und Chiliflocken garnieren und sofort mit warmem Pita-Brot servieren.

Shakshuka

شكشوكه

Vorbereitungszeit: 5 Minuten
Zubereitungszeit: 15–30 Minuten
Für 4–6 Personen

- 3 EL Olivenöl
- 8–10 Knoblauchzehen, sehr fein gehackt
- 3 frische grüne Chilis, in feine Streifen geschnitten
- 1 TL zerstoßene rote Chiliflocken
- ¼ TL Kreuzkümmelsamen oder gemahlener Kreuzkümmel
- 1 kg frische Tomaten, gewürfelt, oder 2 Dosen (à 400 g) geschälte Tomaten
- 6 Eier
- Salz und gemahlener schwarzer Pfeffer
- frische Minze oder glatte Petersilie, zum Garnieren

Zum Servieren

- frisches Brot

Dieses ursprünglich aus Tunesien stammende Gericht hat auch in der palästinensischen Küche seinen Stammplatz gefunden. Zu Eid al-Fitr, dem Fest des Fastenbrechens am Ende des Ramadans trafen wir uns immer mit der Familie meiner Mutter zu einem gigantischen Frühstück, auch wenn es hinsichtlich der Speisenauswahl und der Mengen eher einem großen Mittagessen glich. Von geschmortem Fleisch über frittierte Makrelen und Grillkäse bis hin zu – natürlich – Shakshuka kam alles auf den Tisch. Die meisten Versionen dieses Gerichts beinhalten mittlerweile Zutaten wie Zwiebeln, Paprika und anderes Gemüse wie Auberginen oder Feta. Meine Lieblingsversion bleibt aber diese einfache Variante, die lediglich Knoblauch und Chilis enthält.

Das Olivenöl in einem breiten, flachen Topf oder einer gusseisernen Pfanne erhitzen. Knoblauch, Chilis, Chiliflocken und Kreuzkümmel darin bei mittlerer Hitze etwa 2 Minuten braten, bis sie zu duften beginnen.

Die Tomaten mit ½ Teelöffel Salz unterrühren. Die Hitze reduzieren und die Mischung bei aufgesetztem Deckel etwa 10 Minuten köcheln lassen, bis sie eingedickt ist. (Bei frischen Tomaten kann das auch bis zu 30 Minuten dauern.)

Den Deckel abnehmen und die Eier über der Tomatenmischung aufschlagen. Salzen und pfeffern. Den Deckel wieder aufsetzen und weitergaren, bis die Eier die gewünschte Garstufe erreicht haben: etwa 3 Minuten für noch flüssiges Eigelb, 5 Minuten für festes Eigelb. Den Topf vom Herd nehmen und das Gericht mit den Kräutern bestreuen. Sofort mit frischem Brot servieren.

Hinweis: Die Tomatensauce für dieses Gericht kann im Voraus zubereitet und im Kühlschrank aufbewahrt werden. Die Sauce bei niedriger Hitze aufwärmen, bis sie köchelt. Die Eier wie beschrieben zugeben und garen. So ist das Gericht in Minutenschnelle fertig.

Rühreí mit Lammfleisch

لحمه وبيض

Vorbereitungszeit: 20 Minuten
Zubereitungszeit: 10–15 Minuten
Für 4–6 Personen

1 EL Butter
1 EL Olivenöl
500 g Lammfleisch aus der Keule, in 1 cm große Würfel geschnitten
½ TL Neun-Gewürze-Pulver (Seite 24)
½ TL Salz
6 Eier, mit 1 Prise Salz und gemahlenem schwarzem Pfeffer verquirlt
½ TL Sumach

Zum Servieren

- Pita-Brot, selbst gemacht (Seite 38) oder gekauft
- frisches und eingelegtes Gemüse

Mein Vater sagte mir immer, dass dieses Gericht in der Metzgerei, in der er immer sein Fleisch kauft, am besten schmeckt, weil der Metzger nur die frischesten Zutaten verwendet und sie einfach in Olivenöl brät – viel mehr braucht es nicht. Dieses bescheidene, aber unglaublich schmackhafte Gericht ist schnell und einfach zubereitet und kann als Frühstück oder zum Mittag- bzw. Abendessen serviert werden. Das Rezept hier ist im Vergleich zum Original, das mein Vater so gern isst, leicht verändert. Aber ich habe mich so nah wie möglich daran gehalten.

Die Butter mit dem Olivenöl in einer Pfanne bei starker Hitze zerlassen und heiß werden lassen, aber nicht bis zum Rauchpunkt erhitzen. Das Fleisch hineingeben. Mit Neun-Gewürze-Pulver und Salz bestreuen und 5–10 Minuten unter gelegentlichem Wenden braten, bis das Fleisch rundum gebräunt und durchgegart ist. Wenn das Fleisch Saft abgibt, garen, bis die Flüssigkeit verdampft und das Fleisch braun ist.

Die Eier gleichmäßig darübergießen und rühren, bis die Fleischwürfel überzogen sind und die Eiermasse zu stocken beginnt. Weitergaren, bis die gewünschte Konsistenz erreicht ist: etwa 2 Minuten für eine weiche Eiertextur, 4 Minuten für eine festere Masse.

Den Pfanneninhalt auf einen großen Teller geben. Mit dem Sumach bestreuen und sofort mit Pita-Brot sowie frischem und eingelegtem Gemüse servieren.

Kichererbsen in Tahinisauce

مسبحه

Vorbereitungszeit: 20 Minuten
Zubereitungszeit: 5–10 Minuten
Für 4–6 Personen

2 Dosen (400 g) Kichererbsen, abgespült und abgetropft
1 TL gemahlener Kreuzkümmel
225 g Tahini
1 große Knoblauchzehe, zerdrückt
1 TL Salz
120 g Naturjoghurt
4 EL frisch gepresster Zitronensaft

Für das Dressing
1 große Knoblauchzehe, fein gewürfelt
1 frische grüne Chili, fein gewürfelt
2 EL Olivenöl
2 EL frisch gepresster Zitronensaft

Zum Servieren
- 2 EL fein gehackte glatte Petersilie
- gemahlener Kreuzkümmel
- Paprikapulver
- frisches Brot

Es würde mich nicht wundern, wenn dieses Gericht von einem Faulpelz erfunden worden wäre, der keine Lust hatte, Hummus zuzubereiten. Letztlich sind es einfach nur gegarte Kichererbsen, die in einer Tahinisauce serviert werden. Wie schön für uns, dass daraus ein so großer Erfolg wurde. Die ganzen Kichererbsen mildern den Geschmack der Tahinisauce etwas ab, und so entsteht daraus eine richtig tolle Kombination. Das Wort *msabaha* bedeutet so viel wie „in etwas schwimmend“ und bezieht sich auf die Kichererbsen, die in die Tahinisauce kommen. Das Gericht schmeckt am besten warm. Tahinisauce und Kichererbsen können im Voraus zubereitet und die Kichererbsen dann vor dem Servieren einfach aufgewärmt und mit der Sauce gemischt werden.

Die Kichererbsen mit dem Kreuzkümmel in einen Topf geben. Mit Wasser bedecken und zum Kochen bringen. Die Hitze reduzieren und die Erbsen bei aufgesetztem Deckel warm halten, solange Sauce und Dressing zubereitet werden.

Tahini, Knoblauch, Salz, Joghurt und Zitronensaft in eine große Schüssel geben und glatt verrühren. Die Sauce sollte recht dick sein.

Für das Dressing Knoblauch und Chili in eine Schale geben und mit Olivenöl und Zitronensaft verrühren.

120 ml heißes Kichererbsenwasser abmessen und sorgfältig in die Tahinisauce rühren. Etwa ein Viertel der Kichererbsen unter die Tahinisauce mischen und mit einem Löffelrücken zerdrücken. Die restlichen Kichererbsen abtropfen lassen und unter die Tahinisauce heben. In eine flache Servierform füllen.

Das Dressing darüberträufeln und mit Petersilie, Kreuzkümmel und Paprikapulver bestreuen. Sofort mit Brot servieren.

Blumenkohlpuffer

عجة قرنبيط

Vorbereitungszeit: 20 Minuten
Zubereitungszeit: 5–10 Minuten
Ergibt etwa 15 Stück

- 300 g Blumenkohl (1 kleiner oder ½ großer Blumenkohl)
- 5 Frühlingszwiebeln, fein gehackt
- 25 g glatte Petersilie, fein gehackt
- 1 EL fein gehackte frische Minzeblätter
- 2 Knoblauchzehen, sehr fein gehackt
- ½ TL Salz
- ½ TL gemahlener Kreuzkümmel
- ½ TL Neun-Gewürze-Pulver (Seite 24)
- ¼ TL gemahlene Kurkuma
- 120 g Weizenmehl (Type 405) (oder eine Mischung aus Weiß- und Vollkornmehl)
- 4 Eier, verquirlt
- Olivenöl, zum Braten

Wenn ich diese Puffer brate, muss ich immer an meine Großtante denken, wie sie die Puffer vor vielen Jahren an ihrem Kerosinherd zubereitete und wir alle um eine Bodenstrohmatte mit Tellern voller Essen darauf warteten. Selbst im heutigen hektischen Familienalltag liebe ich diese Puffer immer noch für ein spätes Wochenendfrühstück mit einem Löffel Labaneh und Palästinensischem Salat (Seite 104).

Den Blumenkohl in Röschen teilen und etwa 5 Minuten kochen oder dämpfen, bis er gar, aber nicht zu weich ist. Einige Minuten ausdampfen lassen, dann in kleine Stücke hacken.

Den Blumenkohl mit Frühlingszwiebeln, Petersilie, Minze, Knoblauch, Salz und Gewürzen in einer großen Schüssel vorsichtig vermengen, sodass er nicht zerdrückt wird. Mehl und Eier zufügen und sorgfältig untermischen. Die Masse kann nun sofort zu Puffern gebraten oder mehrere Stunden im Kühlschrank aufbewahrt werden.

Olivenöl mindestens 2 cm hoch in eine große Pfanne füllen und bei mittlerer Hitze heiß werden lassen. Um zu prüfen, ob die Temperatur richtig ist, eine kleine Teigmenge hineingeben. Es sollten sich sofort Bläschen darum entwickeln. Jeweils etwa 4 Esslöffel der Blumenkohlmasse hineingeben und mit einem Pfannenwender leicht flach drücken. Nur so viele weitere Puffer in die Pfanne setzen, dass noch genug Platz dazwischen bleibt, um sie zu wenden. Die Puffer 3–4 Minuten von jeder Seite goldbraun braten. Fertige Puffer auf Küchenpapier abtropfen lassen und im leicht vorgeheizten Ofen warm halten, bis alle Puffer fertig gebraten sind.

Hinweis: Der Blumenkohl kann bis zu 1 Tag im Voraus gedämpft und gehackt und ohne Abdeckung im Kühlschrank aufbewahrt werden.

FALAFEL

فلافل

Vorbereitungszeit: 30 Minuten
Zubereitungszeit: 5 Minuten
Ergibt etwa 30–40 Stück

1 Zwiebel
2 kleine Knoblauchzehen
2 EL frisch gehackte glatte Petersilie
2 EL frisch gehackter Koriander
1 frische rote oder grüne Chili (optional)
250 g getrocknete Kichererbsen, über Nacht in Wasser eingeweicht und abgetropft (siehe Hinweis)
1 TL gemahlener Kreuzkümmel
1 TL gemahlener Koriander
1 TL Salz
1 TL Backpulver
Pflanzenöl, zum Frittieren

Zum Servieren

- Pita-Brot, selbst gemacht (Seite 38) oder gekauft
- Tahinisauce (Seite 28)
- gemischtes frisches und eigelegtes Gemüse

In Palästina gibt es Falafel an jeder Straßenecke. Deshalb ist es praktischer und bequemer, sie zu kaufen statt selbst zu machen. Ich bin immer gern mit meiner Mutter in die Jerusalemer Altstadt gegangen, um fürs Frühstück einzukaufen: in der Bäckerei, im Hummus-Laden und zuletzt am Falafelstand, wo man dem Verkäufer nur den Schekel-Betrag nennen musste, und er einem dann die entsprechende Menge Falafel in einer Papiertüte in die Hand drückte. Seit ich im Ausland lebe, sind die einzigen Falafel, die damit konkurrieren können, selbst gemachte. Dies hier ist mein Lieblingsrezept fürs Wochenende, wenn mir nach einem Frühstück wie früher zumute ist.

Zwiebel, Knoblauch, Petersilie, Koriander und Chili im Mixer fein hacken. Die Kichererbsen zugeben und weiter mixen, bis eine grobe Paste entstanden ist. Dabei die Masse immer wieder von der Gefäßwand nach unten schieben. Die Textur sollte etwas körniger sein als bei Hummus, damit die Falafel leicht und luftig werden.

Die Masse in eine Schüssel füllen. Gewürze und Salz sorgfältig untermischen. Die Masse kann sofort frittiert oder einige Tage im Kühlschrank bzw. einige Monate im Gefrierfach aufbewahrt werden.

Öl etwa 5–7 cm hoch in einen Wok oder in eine tiefe, große Pfanne füllen und auf mittlerer bis hoher Stufe auf 180°C erhitzen.

Inzwischen das Backpulver sorgfältig in die Falafelmasse einarbeiten. Die Masse mit einem Falafelportionierer formen (alternativ die Falafelmasse von Hand verarbeiten) und portionsweise ins heiße Fett gleiten lassen, sodass die Pfanne nicht überfüllt wird. Etwa 5 Minuten goldbraun frittieren, mit einem Schaumlöffel herausnehmen und auf Küchenpapier abtropfen lassen. So fortfahren, bis alle Falafel frittiert sind.

Mit Pita-Brot, Tahinisauce und gemischtem frischem und eigelegtem Gemüse servieren.

Hinweis: Falafel können auch mit einer Mischung aus getrockneten Kichererbsen und dicken Bohnen zubereitet werden. Getrocknete dicke Bohnen sind außerhalb des Nahen Ostens schwer zu finden, deshalb verwende ich in diesem Rezept nur Kichererbsen. Wenn Sie das Glück haben, getrocknete halbierte dicke Bohnen zu finden, können Sie bis zur Hälfte der Kichererbsen damit ersetzen.

Rechts
Treppe, die vom Damaskustor in die Altstadt von Jerusalem führt.

052-5505655

Tahiniaufstrich mit Traubensirup

دبس وطحينه

Vorbereitungszeit: 2 Minuten
Für 1–2 Personen

2 EL Tahini
2 EL Trauben- oder Dattelsirup

Zum Servieren
- Pita-Brot, selbst gemacht (Seite 38) oder gekauft

Pita-Brot mit Tahini und Sirup ist im Grunde nichts anderes als die nahöstliche Version eines Sandwichs mit Erdnussbutter und Konfitüre. Wann immer mein Vater im Sommer zu einem Geschäftstermin nach Hebron musste, trug ihm meine Mutter auf, den Traubensirup mitzubringen, für den diese Stadt so bekannt ist. Traubensirup kann im Prinzip wie Honig oder Ahornsirup verwendet werden. Wir aber nutzen ihn hauptsächlich für die Zubereitung dieses wunderbar aromatischen *dibs wa tahini*. In Palästina wird dafür am liebsten Traubensiurp, in Ägypten eher dunkler Rübensirup und in den Golfstaaten vorzugsweise Dattelsirup verwendet. Der Geschmack ist eine intensive Mischung aus süßen und salzigen Aromen und erinnert an *halaweh* (Halwa).

Das Tahini in eine kleine, flache Schüssel geben und glatt rühren. Den Sirup in einem hübschen Muster darüberträufeln.

Mit warmem Pita-Brot servieren. Tahini und Sirup erst unmittelbar vor dem Servieren verrühren oder mit dem Brot beim Essen mischen.

Hinweis: Ich verwende Tahini und Sirup im Mischungsverhältnis 1:1. Sie können aber nach Ihrem Geschmack mehr oder weniger Sirup einsetzen. Trauben- oder Dattelsirup finden Sie in arabischen oder türkischen Lebensmittelgeschäften. Alternativ können Sie auch flüssigen Honig nehmen. Der Aufstrich hält sich abgedeckt mit Frischhaltefolie bei Zimmertemperatur bis zu 2 Tage.

Dips und kleine Speisen

Meine Freunde sagen, dass ich ein Problem mit den Essensmengen habe, die ich koche. Wenn ich Freunde zum Essen einlade, bereite ich nur selten Vorspeise, Hauptgericht mit Beilagen und Dessert zu. Ich finde das zu formell. Wenn ich Gäste habe, wird der Tisch so voll geladen, dass man die Tischplatte kaum mehr sieht.

An einem solchen Abend, vor etwa sechs Jahren, als ich noch am College war, sollten ein paar Freunde zum Essen kommen. Ich bin nicht ganz sicher, wie es sich herumsprach, jedenfalls bekam ich im Tagesverlauf mehrere Anrufe von Leuten, die gehört hatten, dass ich kochen wollte, und fragten, ob sie auch kommen dürften. So kam es, dass ich in meiner winzigen Küche ein echtes Festessen im palästinensischen Sinn für über 20 Leute zubereitete, die sich in meine kleine Wohnung zwängten.

Diese Großzügigkeit und Gastfreundschaft gehört für mich zu den schönsten Aspekten der palästinensischen Kultur. Bei uns wird Essen geteilt, und es werden mehrere Speisen zusammen serviert und verzehrt. Ob bei Dips wie Knoblauch-Gurken-Labaneh (Seite 80) und Hummus (Seite 82) oder kleinen Speisen wie Frittierte Teigtäschchen mit Käse und Za'atar (Seite 84) und Hähnchenrollen mit Pinienkernen und Sumach (Seite 86), es geht darum, das Beste aus dem rauszuholen, was da ist, und Aromen zu finden, die einander ergänzen.

Sie werden feststellen, dass ein palästinensisches Essen selten aus nur einer Speise oder einem portionierten Fleischstück auf einem Teller besteht. Vielmehr besteht es aus mehreren Komponenten, die im familiären Stil serviert werden, und es ist auch immer genug vorhanden, um auch einen unangekündigten Gast zu bewirten. So wird deutlich, warum Palästinenser bekannt für ihre große Gastfreundschaft sind.

Das Tolle an den Rezepten in diesem Kapitel ist, dass sie sehr vielseitig sind und sich gut variieren lassen. Die Gerichte sind fürs Frühstück ebenso geeignet wie als Beilage für ein Mittag- oder Abendessen oder als Teil eines Büfetts für einen besonderen Anlass. Kombinieren Sie einige kleine Gerichte, und schon entsteht ein schmackhaftes Mittagessen. Viele Gerichte lassen sich gut im Voraus zubereiten – ideal, wenn man Gäste hat. Wählen Sie einige Rezepte aus und stellen Sie diese Gerichte zu einem Abendessen zusammen. So wird aus einem einfachen Essen etwas ganz Besonderes. Das Beste an diesen Rezepten ist, dass sie Menschen zusammenbringen und zum Teilen einladen.

Ich hoffe, Sie finden Gefallen an den Aromen und der Seele dieser Gerichte, die eine Einladung in die warme, großzügige palästinensische Art des Kochens und Essens darstellen.

Links
Oliven und eingelegtes Gemüse an einem Stand in der Jerusalemer Altstadt.

MUHAMARRA

محمره

Vorbereitungszeit: 10 Minuten
Für 6–8 Personen

- 150 g geröstete rote Paprika (siehe Hinweis)
- 4 EL Olivenöl, plus etwas mehr zum Beträufeln
- 4 EL Granatapfelsirup
- 1 EL Honig
- 1 EL Tahini
- 2 TL Chilipulver (siehe Hinweis)
- 1 TL Paprikapulver
- ¼ TL gemahlener Kreuzkümmel
- ½ TL Salz
- ¼ TL sehr fein gemahlene Kaffeebohnen (optional, siehe Hinweis)
- 200 g Walnusskerne, plus einige mehr zum Garnieren
- 50 g Semmelbrösel

Als Bilad Al Sham (die Levante) noch eine einheitliche Region war, gab es keine festgelegten Grenzen zwischen Syrien, Palästina und dem Libanon. Die Menschen zogen umher und heirateten in fremde Gegenden. So kam im späten 19. Jahrhundert die Großmutter meiner Teta Asma als Braut von Syrien nach Palästina. In ihrem schönen Brautkoffer hatte sie auch viele Familienrezepte, zu denen auch Muhamarra gehörte. Diese syrische Zubereitung hat sich mittlerweile auch in einigen Regionen Palästinas etabliert. Die süßsäuerliche Paprikacreme schmeckt allein mit Brot oder auch als Sauce zu Grillfleisch.

Bis auf Walnüsse und Semmelbrösel alle Zutaten im Mixer glatt pürieren. Walnüsse und Semmelbrösel zugeben und mit der Pulse-Funktion einarbeiten, bis die Nüsse fein gehackt sind. Der Dip sollte noch etwas Textur haben und nicht ganz glatt sein. Deshalb nicht zu lange verarbeiten.

Die Paprikamasse in eine Schüssel geben und glatt rühren. Zum Servieren den Dip in eine flache Schale füllen, mit Olivenöl beträufeln und mit gehackten Walnüssen garnieren.

Hinweise: Sie können eine große rote Paprika selbst rösten und dann entkernen und schälen. Ich finde es praktischer und bequemer, auf Ware im Glas zurückzugreifen. Achten Sie beim Kauf darauf, dass das Produkt keine zusätzlichen Aromen und Zusätze enthält und dass die Paprika in Essig und Wasser und nicht in Öl eingelegt ist.

Dieser Dip sollte einen pikanten Geschmack haben. Sie können die Menge des Chilipulvers aber nach Ihrem Geschmack anpassen. Wenn Sie weniger Chilipulver verwenden, geben Sie entsprechend mehr Paprikapulver dazu, damit der Dip seine schöne rote Farbe behält. Das Kaffeepulver, so meine Urgroßmutter, bringt Aromen zusammen, kann aber auch ohne Weiteres weggelassen werden.

Aufstrich aus Avocado, Labaneh und eingelegten Zitronen

أفوكادو بلبنه وحامض مكبوس

Vorbereitungszeit: 10 Minuten
Für 4–6 Personen

4 kleine eingelegte Salzzitronen, Schale und Kerne entfernt
3 EL Zitronensaft
3 Avocados (etwa 300 g Fruchtfleisch)
3 EL Labaneh, selbst gemacht (Seite 26) oder gekauft (siehe Hinweis)
¼ TL Salz

Die Nachbarin und Freundin meiner Teta Fatima hatte viele Avocadobäume in ihrem Garten. Wenn die Früchte reif waren, brachte sie ihr und uns alle paar Wochen große Beutel mit Avocados. Was macht man aber mit den Riesenmengen dieser köstlichen cremigen Früchte, wenn man schon alle Nachbarn und Freunde damit versorgt hat? Man muss kreativ werden. Wir machten aus den Avocados allerlei Dips – mit Tahini, mit Labaneh, mit Frischkäse, mit Gemüse usw. Diese Mischung hier aus den milden, cremigen Avocados, den säuerlich-salzigen Zitronen und Labaneh ist einfach himmlisch.

Bis auf das Salz alle Zutaten im Mixer zu einer glatten Creme verarbeiten. Dann mit dem Salz abschmecken. Wie viel Salz Sie brauchen, hängt davon ab, wie salzig die Zitronen und der Labaneh sind.

Hinweis: Wenn Sie weder selbst gemachten Labaneh haben noch ein gutes Produkt in orientalischen oder türkischen Lebensmittelgeschäften finden können, kann man ersatzweise eine Mischung aus 30 g Feta und 1½ Esslöffeln griechischem Naturjoghurt verwenden.

Petersilien- oder Koriander-Tahini-Dip

بقدونسيه

Vorbereitungszeit: 15 Minuten
Für 4–8 Personen je nach Verwendung

1 Rezeptmenge Tahinisauce (Seite 28)
50 g glatte Petersilie oder Koriander, fein gehackt
1 Knoblauchzehe, zerdrückt

Wenn man in Palästina in einem arabischen Restaurant essen geht, schaut man normalerweise nicht auf die Speisekarte. Der Tisch wird erst mit kleinen Mezze-Schalen zugestellt, und dann mit gegrilltem Fisch oder Fleisch. Ich stellte den Teller mit *ba'adounsiyeh* immer möglichst weit weg von mir, denn als Kind fand ich diesen Dip eklig. Umso erstaunlicher, dass ich ihn jetzt heiß und innig liebe.

Die Tahinisauce zubereiten und in eine Schüssel füllen. Petersilie oder Koriander und Knoblauch unterrühren.

Wenn die Creme als Aufstrich verwendet wird, so dickcremig lassen, wie sie ist. Wenn sie als Sauce serviert werden soll, esslöffelweise Wasser einarbeiten, bis die gewünschte Konsistenz erreicht ist.

Wenn der Dip im Voraus zubereitet wird, den Knoblauch erst kurz vor dem Servieren unterrühren.

Walnuss-Knoblauch-Labaneh

لبنه بجوز

Vorbereitungszeit: 15 Minuten
Für 6–8 Personen

500 g Labaneh, selbst gemacht (Seite 26) oder gekauft
3 Knoblauchzehen
2 frische grüne Chilis, entkernt und sehr fein gewürfelt
2 frische rote Chilis, entkernt und sehr fein gewürfelt
50 g Walnusskerne, grob gemahlen, plus 1 kleine Handvoll Walnusskernhälften zum Garnieren
Olivenöl, zum Beträufeln
Salz

Angeblich bereitete meine Ururgroßmutter, die aus Syrien stammt, jede Woche eine riesige Portion Mezze-Aufstrich für ihren Mann zu, wenn er am Abend Freunde zu Besuch hatte, Backgammon spielte und bis in die frühen Morgenstunden mit ihnen sang und trank. Und angeblich waren diese Abende auch schuld daran, dass er viel Land verkaufen musste. Solche Geschichten werden sicherlich von einer Generation zur anderen immer weiter ausgeschmückt und verfremdet. Aber die besten Rezepte bestehen die Prüfung der Zeit, und diese Creme gehört zweifellos dazu. Ursprünglich wurde sie mit getrockneten Chiliflocken zubereitet. Die einzige Anpassung, die ich gemacht habe, ist, die Flocken durch frische Chilis zu ersetzen. Aber beide Varianten schmecken köstlich!

Labaneh, Knoblauch, alle Chilis und gemahlene Walnüsse in einer Schüssel glatt verrühren. Eventuell mit Salz abschmecken. Ob überhaupt noch Salz nötig ist, hängt davon ab, wie salzig der verwendete Labaneh ist.

Zum Servieren die Creme in eine flache Schale füllen und mit einem Löffelrücken in der Mitte eine Mulde eindrücken. Olivenöl um die Mulde herum träufeln und die Creme mit den Walnüssen garnieren.

Folgende Doppelseite:
Im Uhrzeigersinn von links: Taboon-Brot (Seite 42); Petersilien- oder Koriander-Tahini-Dip (Seite 76); Walnuss-Knoblauch-Labaneh (Seite 77); Frittierte Teigtäschchen mit Käse und Za'atar (Seite 84); Knoblauch-Gurken-Labaneh (Seite 80); Aufstrich aus Avocado, Labaneh und eingelegten Zitronen (Seite 76); Labaneh-Bulgur-Aufstrich (Seite 81).

Knoblauch-Gurken-Labaneh

لبنه وخيار

Vorbereitungszeit: 10 Minuten
Für 4–6 Personen

- 2 kleine Salatgurken (150–180 g)
- 250 g Labaneh, selbst gemacht (Seite 26) oder gekauft
- 1 kleine Knoblauchzehe, zerdrückt
- ½ TL zerdrückte getrocknete Minze oder sehr fein gehackte frische Blätter von 3–4 Minzestängeln
- Salz
- Olivenöl, zum Servieren

Vom gesamten Mittelmeerraum über den Nahen und Mittleren Osten bis nach Indien gibt es in jedem Land eine eigene Version von Joghurt mit Gurken: ob Raita in Indien, Zaziki in Griechenland, *mast-o-khiyar* in Persien oder *cacık* in der Türkei, um nur einige zu nennen. Auch in Palästina kennt man eine Version. Aber dieses Rezept mit Knoblauch und Labaneh anstelle von Joghurt ist eine geschmackliche Weiterentwicklung und sorgt für einen echten Aromenkick. Die Creme schmeckt pur mit knusprigem Pita-Brot oder, so wie ich es mag, als Sauce zu den Pikanten Rindfleisch-Pitas (Seite 88) oder zur Pikanten Lammkeule (Seite 156).

Die Gurken sehr fein hacken oder raspeln und in einem Sieb über einer Schüssel abtropfen lassen.

Den Labaneh in einer Schüssel mit Knoblauch, Minze und Gurken verrühren und mit Salz abschmecken – gekaufter Labaneh ist in der Regel weniger salzig als traditioneller selbst gemachter Labaneh. In eine flache Schale füllen und vor dem Servieren mit Olivenöl beträufeln.

Den Dip mit Brot oder zu Grillfleisch servieren.

Labaneh-Bulgur-Aufstrich

سلطة كشك خضرا

Vorbereitungszeit: 15 Minuten + Einweichen
Für 6–8 Personen

Für den Aufstrich
80 g feiner Bulgur, gewaschen und abgetropft (siehe Hinweis)
450 g Vollfett-Naturjoghurt
2–3 EL Labaneh, selbst gemacht (Seite 26) oder gekauft
1 EL getrocknete Kräuter (z.B. eine Mischung aus Minze, Za'atar, Oregano und Majoran)
1 TL Chilipulver (optional)
Salz

Zum Servieren
- 4–5 Frühlingszwiebeln, fein gehackt
- 50 g grob gehackte Walnusskerne, geröstet
- Olivenöl, zum Beträufeln

Bevor es Kühl- und Gefrierschränke gab, aßen die Menschen saisonal frische Produkte und fanden Wege, Lebensmittel und Zubereitungen über den Winter zu konservieren. *Kishk* war eine dieser Zubereitungen, die sich lange im Vorratsschrank hielten. Direkt nach der Getreideernte im Spätsommer wurde der Weizen zu Bulgur verarbeitet und mit Joghurt gemischt stehen gelassen, bis die ganze Flüssigkeit absorbiert war. Der so entstandene *kishk* wurde dann auf Tücher gestrichen, in der Sonne getrocknet, zu einem Pulver verrieben und aufbewahrt. Dieser Aufstrich hier, der wörtlich übersetzt „grüner *kishk*-Salat" bedeutet, wird aus noch nicht getrocknetem *kishk* zubereitet. Das Rezept stammt von Teta Asma. Wir essen die Creme mit einer Gabel mit Brot oder streichen sie auf *manakish*-Fladenbrot (Seite 44).

Für den Aufstrich den Bulgur mit Joghurt und 1 Teelöffel Salz in einer großen Schüssel verrühren und bei Zimmertemperatur mehrere Stunden oder über Nacht stehen lassen.

Den Labaneh esslöffelweise unterrühren, bis eine Hummus-artige Konsistenz erreicht ist. Je nachdem wie salzig der verwendete Labaneh ist, muss die Creme mit weiterem Salz abgeschmeckt werden. Kräuter und Chilipulver, falls verwendet, unterrühren. Die Mischung kann jetzt bis zu 1 Woche im Kühlschrank aufbewahrt und portionsweise entnommen werden.

Zum Servieren Frühlingszwiebeln und Walnüsse unterrühren. Den Aufstrich in eine Servierform füllen und mit einem Löffelrücken eine ringförmige Rille oder in die Mitte eine Mulde eindrücken. Dann Olivenöl in die Rille oder Mulde träufeln.

Hinweis: Wenn Sie nur groben Bulgur finden, sollte dieser erst etwa 15 Minuten in warmem Wasser eingeweicht und dann abgetropft werden, bevor er mit dem Joghurt verrührt wird. In diesem Fall muss auch die Labaneh- oder Joghurtmenge angepasst werden. Dieses Rezept ist recht „unempfindlich", Sie können also kaum etwas falsch machen. Wenn der Bulgur den Joghurt absorbiert hat und ganz trocken ist, einfach noch etwas mehr Joghurt unterrühren. Wenn die Mischung zu flüssig aussieht, mit etwas mehr Labaneh eindicken.

HUMMUS

حمص

Vorbereitungszeit: 10 Minuten
Ergibt etwa 500 g

- 350 g gegarte und geschälte Kichererbsen (siehe Hinweis), einige für die Garnierung beiseitegelegt
- 125 g Tahini, vor dem Abmessen glatt gerührt
- 125 ml kaltes Wasser (oder Kichererbsen-Kochwasser)
- 1 EL Zitronensaft
- ¾ TL Salz

Zum Servieren

- Olivenöl, zum Beträufeln
- Paprikapulver, gemahlener Kreuzkümmel und gehackte Petersilie, zum Garnieren

Dies ist vermutlich das bekannteste – und meistdiskutierte – Gericht aus dem Nahen Osten. Ich denke, dass es bei der Herstellung eigentlich kein Richtig oder Falsch gibt. Es gibt geschmackliche Vorlieben und so viele Arten, Hummus zuzubereiten, wie es Familien im Nahen Osten gibt. Als Kind gab es bei uns regelmäßig Hummus, aber ich machte mir nie viel draus. Hummus war etwas, das wie Labaneh einfach immer da war. Erst in den USA wurde mir klar, was für ein großes Thema Hummus sein konnte. Seitdem habe ich viel damit experimentiert: mit getrockneten oder Dosenkichererbsen, geschälten oder ungeschälten, nur mit Tahini oder mit Tahini und Olivenöl, mit und ohne Knoblauch und Gewürzen usw. Das Rezept hier ist, wie ich Hummus am liebsten mag: glatt (mit geschälten Kichererbsen), cremig (mit viel Tahini) und nicht zu säuerlich (mit wenig Zitronensaft) und nicht zu würzig (ohne Knoblauch und Gewürze). Sie können das Rezept als Ausgangsbasis verwenden und damit Ihr persönliches Lieblingsrezept kreieren.

Alle Zutaten im Mixer glatt pürieren. Wenn Sie einen leistungsstarken Mixer haben, können Sie Eiswürfel zugeben, damit die Masse noch glatter wird. Bedenken Sie, dass das Hummus durch die Kühlung der Eiswürfel etwas fester wird. Deshalb die Konsistenz mit Wasser und Zitronensaft entsprechend anpassen.

Zum Servieren das Hummus in eine Schale füllen und mit einem Löffelrücken eine Mulde in die Mitte drücken. Die für die Garnierung zurückgelegten Kichererbsen hineingeben. Mit Olivenöl beträufeln und mit Paprikapulver, Kreuzkümmel und/oder Petersilie garnieren.

Hinweis: Ich habe Hummus mit gekochten getrockneten Kichererbsen und mit Kichererbsen aus der Dose oder dem Glas zubereitet. Die Ergebnisse waren recht unterschiedlich und hängen wirklich von der Marke und der Qualität der Kichererbsen selbst ab. Vielleicht müssen Sie also mit unterschiedlichen Marken oder Methoden experimentieren. Mit geschälten Kichererbsen wird das Hummus einfach nur glatter, geschmacklich macht es keinen Unterschied. Meine Mutter hat getrocknete Kichererbsen immer mit einer Prise Natron über Nacht in reichlich Wasser eingeweicht und dann sehr weich gekocht. So lassen sich die Häute ganz einfach abreiben. Ich persönlich verwende Kichererbsen aus dem Glas (nicht aus der Dose), weil ich finde, dass die Häute sich dann leichter ablösen lassen. Mittlerweile gibt es in arabischen oder türkischen Lebensmittelgeschäften auch bereits geschälte Kichererbsen.

Baba Ghanoush aus frittierten Auberginen

متبل باذنجان مقلي

Vorbereitungszeit: 10 Minuten
Zubereitungszeit: 30 Minuten
Für 6–8 Personen

1 kg Auberginen (etwa 4 mittelgroße oder 2 große Auberginen)
Pflanzenöl, zum Frittieren
4 EL Tahini
120 g Naturjoghurt
4 EL Zitronensaft
1 große Knoblauchzehe, zerdrückt
Salz

Zum Servieren
- fein gehackte Petersilie
- fein gewürfelte Tomaten oder Granatapfelkerne
- Pita-Brot, selbst gemacht (Seite 38) oder gekauft

So oft ich sie auch probiert habe, ich war nie ein großer Fan von traditioneller *baba ghanoush* – der Creme aus gegrillten Auberginen mit Tahinisauce –, weil ich immer fand, dass es ihr an geschmacklicher Tiefe fehlte. Der Grund ist vermutlich, dass ich mit einer anderen Version der Creme von meiner Teta Fatima großgeworden bin. Sie bereitete *baba ghanoush* freitags aus übrig gebliebenen frittierten Auberginen vom *maqluba* (Seite 198) zu. Und von diesem Dip kann ich nach wie vor einfach nicht genug kriegen. Wann immer ich ihn für Freunde zubereite und ihnen sage, dass es *baba ghanoush* ist, schauen sie mich ungläubig an und wundern sich, warum diese Creme so viel besser schmeckt als das Zeug, das sie kennen. Sie wissen natürlich nicht, dass der einzige Unterschied darin besteht, dass ich frittierte statt gegrillte Auberginen verwende. Das ist zwar weniger figurfreundlich und macht etwas mehr Arbeit, aber der Geschmack ist es absolut wert.

Die Auberginen in gleichmäßig kleine Würfel schneiden und in ein großes Sieb geben. Großzügig mit Salz bestreuen und etwa 1 Stunde ruhen lassen. Dadurch ziehen die Auberginen Wasser, saugen weniger Öl auf und werden beim Braten knuspriger. Die Auberginen abspülen, dann mit Küchenpapier trocken tupfen.

Reichlich Öl in einer Fritteuse oder in einem großen, schweren Topf auf 180 °C erhitzen. Die Temperatur ist richtig, wenn ein hineingegebenes Stückchen Brot sofort sprudelnd an die Oberfläche steigt. Die Auberginen portionsweise im heißen Fett goldbraun frittieren. Mit einem Schaumlöffel herausnehmen und auf Küchenpapier abtropfen lassen.

Wenn die Auberginen leicht abgekühlt sind, nochmals auf neuem Küchenpapier abtropfen lassen, damit so viel Fett wie möglich entzogen wird. Die Auberginen in eine große Schüssel geben. Tahini, Joghurt, Zitronensaft, Knoblauch und 1 Teelöffel Salz zufügen. Mit einer Gabel sehr sorgfältig verrühren und zerdrücken, bis die Mischung cremig ist.

Den Dip in eine flache Servierform füllen und mit Petersilie und Tomatenwürfeln oder Granatapfelkernen bestreuen, die für einen feinsäuerlichen Gegenakzent zur üppigen Creme sorgen. Mit frischem Pita-Brot servieren.

Frittierte Teigtäschchen mit Käse und Za'atar

سمبوسك مقلي

Vorbereitungszeit: 1 Stunde 30 Minuten
Zubereitungszeit: 5 Minuten
Ergibt etwa 80 Mini- oder 40 kleine Päckchen

- 500 g Weizenmehl (Type 405), plus etwas mehr zum Bestäuben
- 2 EL Weizengrieß (optional)
- 120 ml Olivenöl
- 2 EL destillierter heller Essig
- 1 TL Salz
- 1 EL Schwarzkümmelsamen
- 1 EL zerriebene getrocknete Za'atarblätter (siehe Hinweis)
- 225–350 g Naturjoghurt
- 250 g Halloumi, gerieben, oder 175 g Feta und 75 g fester Mozzarella, gerieben
- Pflanzenöl, zum Frittieren

In kleineren palästinensischen Orten wird normalerweise nicht groß angekündigt, wenn man jemanden besuchen will, man kommt einfach. Diese Spontaneität ist Teil der Freude. Für die Frau des Hauses bedeutet es aber, immer Leckereien parat zu haben, die im Handumdrehen serviert werden können. Diese Teigtäschchen waren bei meiner Mutter sehr beliebt, da sie direkt aus dem Gefrierfach in die Fritteuse gegeben werden konnten. Alles, was man noch brauchte, war je eine Schale Taboulé, Labaneh, Oliven, eingelegtes Gemüse und Nüsse – und schon wurde der Tisch zur Tafel.

Das Mehl mit Grieß und Olivenöl in einer großen Schüssel von Hand zu einer krümeligen Masse verarbeiten. Essig, Salz, Schwarzkümmelsamen und Za'atar untermischen.

Nach und nach den Joghurt einarbeiten. Je nach Mehleigenschaften wird weniger Joghurt bzw. die ganze Menge plus 1–2 Esslöffel Wasser benötigt. Kneten, bis ein geschmeidiger, aber nicht zu weicher Teig entstanden ist. In einer Schüssel mit Frischhaltefolie abgedeckt 15 Minuten ruhen lassen.

Den Teig halbieren und zu Kugeln formen. Eine Kugel wieder in die Schüssel geben und abdecken. Die andere Teighälfte auf einer leicht bemehlten Arbeitsfläche so dünn wie möglich ausrollen. Mit einem Ausstecher (7 cm Ø) Kreise ausstechen.

Je etwa 1 Teelöffel geriebenen Käse auf die Kreise setzen. Zu Halbmonden zusammenklappen und am Rand mit einer Gabel zusammendrücken, sodass die Füllung fest verschlossen ist und ein hübsches Muster entsteht.

Die Teigreste zusammendrücken. Die zweite Teighälfte wie oben beschrieben verarbeiten. Dann alle Teigreste zusammendrücken, ausrollen, ausstechen und Teigtaschen formen, bis die Käsefüllung aufgebraucht ist. Die Teigtäschchen können nun eingefroren werden: erst in einer Lage ins Gefrierfach geben, bis sie fest sind, dann in einen Gefrierbeutel füllen. Sie halten sich im Gefrierfach bis zu 3 Monate.

Reichlich Öl in einer Fritteuse oder in einem großen, schweren Topf auf 180 °C erhitzen. Die Temperatur ist richtig, wenn ein Stückchen Brot darin sofort sprudelnd an die Oberfläche steigt. Die Teigtäschchen portionsweise 5 Minuten goldbraun frittieren. Mit einem Schaumlöffel herausnehmen und auf Küchenpapier abtropfen lassen. Sofort servieren.

Hinweis: Zum Aromatisieren des Teigs verwenden wir zerriebene getrocknete Za'atarblätter. Sie können auch eine Mischung aus getrocknetem Oregano und Thymian verwenden.

Rechts
Frische Za'atar-Blätter (Wilder Thymian, auch Syrischer Ysop genannt) auf einem Markt in Jerusalem.

Hähnchenrollen mit Pinienkernen und Sumach

أصابع مسخن

Vorbereitungszeit: 1 Stunde
Zubereitungszeit: 10–15 Minuten
Ergibt 30–40

Für die Rollen

- 120 ml Olivenöl, plus etwas mehr zum Bestreichen
- 3 Zwiebeln, fein gehackt
- 1 EL Sumach
- 1 TL gemahlener Kreuzkümmel
- ½ TL Neun-Gewürze-Pulver (Seite 24)
- 1 TL Salz
- 500 g gegartes Hühnchenfleisch (siehe Hinweise), zerkleinert
- 1 EL Geröstete Pinienkerne (Seite 31)
- 30 dünne Teigblätter (12 cm x 18 cm, siehe Hinweise)

Für den Dip

- 200 g Naturjoghurt
- 1 Knoblauchzehe, zerdrückt
- Sumach
- Salz

Als ich ein Kind war, besuchten wir jeden Freitag die Eltern meiner Mutter, und einmal im Monat machte Teta Fatima *musakhan* für uns. Dafür stand sie schon im Morgengrauen auf und buk ihr eigenes Taboon-Brot, kochte Hühnchen und garte Zwiebeln. Ich sehne mich oft nach diesem Geschmack, komme aber selten dazu, dieses aufwendige Gericht zu machen. An solchen Sehnsuchtstagen rettet mich mein großer Vorrat an *musakhan*-Rollen im Gefrierfach, die besonders lecker mit einem Joghurt-Knoblauch-Dip schmecken. Sie lassen sich also bestens einfrieren.

Für die Rollen das Olivenöl in einer großen Pfanne erhitzen. Die Zwiebeln darin mit Gewürzen und Salz bei mittlerer Hitze etwa 15 Minuten unter Rühren dünsten, bis sie weich, aber nicht gebräunt sind. In eine Schüssel geben und mit Hähnchenfleisch und Pinienkernen vermengen.

Die Teigblätter auslegen und gegebenenfalls auf die richtige Größe zuschneiden. Mit einem feuchten Küchentuch abdecken. Ein Teigrechteck auf die Arbeitsfläche legen und etwa 2 Teelöffel Füllung auf der unteren kürzeren Kante verteilen. Dabei rechts und links einen 2 cm breiten Rand lassen. Die beiden längeren Seiten zur Mitte hin etwas einschlagen und das Teigblatt aufrollen. Mit den restlichen Teigblättern ebenso verfahren, bis die Füllung aufgebraucht ist. Die Rollen können nun bis zu 2 Monate eingefroren werden.

Den Backofen auf 180°C vorheizen. Die Rollen mit Olivenöl bestreichen und im Ofen 10–15 Minuten goldbraun backen.

Inzwischen für den Dip Joghurt und Knoblauch in einer Schale verrühren. Mit Salz abschmecken und mit Sumach bestreuen. Zu den warmen Röllchen reichen.

Hinweise: Sie können jede Art von gegartem Hühnchenfleisch verwenden. Ideal sind auch Reste vom Hähnchen mit Zwiebeln und Sumach (Seite 144). Praktisch ist es also, wenn Sie dieses Gericht am Vortag servieren und die Reste am nächsten Tag für die Röllchen verwerten.

Traditionell werden die Röllchen mit *shrak*-Brot zubereitet, einem großen, runden hauchdünnen Fladenbrot. Dieses in der Levante sehr gängige Brot ist auch in Europa in arabischen Lebensmittelgeschäften erhältlich. Als Ersatz können Sie dünne Teigblätter wie Filo-, Yufka-, Frühlingsrollen- oder Samosateigblätter verwenden. Dann können Sie die Teigröllchen vor dem Backen einfrieren und bei Bedarf direkt aus dem Gefrierfach nach Packungsangaben der Teigblätter im Ofen aufbacken.

Pikante Rindfleisch-Pitas

عرايس لحمه

Vorbereitungszeit: 15 Minuten
Zubereitungszeit: 10 Minuten
Für 4 Personen

- 4 mittelgroße Pita-Brote, selbst gemacht (Seite 38) oder gekauft
- 300 g Rinder- oder Lammhackfleisch
- 1 Tomate, entkernt und sehr fein gewürfelt
- 1 kleine Zwiebel, sehr fein gewürfelt
- 1 frische grüne Chili, sehr fein gewürfelt
- 1 EL fein gehackte glatte Petersilie
- 1 EL fein gehackter Koriander
- 1 EL Olivenöl
- 1 TL Salz
- ½ TL Neun-Gewürze-Pulver (Seite 24)
- ½ TL rote Chiliflocken (optional)
- Olivenöl, zum Bestreichen

Zum Servieren
– Knoblauch-Gurken-Labaneh (Seite 80)
– frische Tomaten

Arayes sind sozusagen orientalische Hamburger – ein wunderbares Gericht mit pikant gewürztem, saftigem Fleisch in knusprigem Pita-Brot. Das Beste daran ist, dass man *arayes* im Nullkommanichts zubereitet hat und man sie auf unterschiedliche Weise garen kann: im oder auf dem Grill, im Backofen oder in einem Kontakt-Grill. Meiner Meinung nach wird die Textur besser, wenn man die Zutaten von Hand zerkleinert. Dann gibt die Fleischmischung weniger Wasser ab und bleibt saftiger. Wenn's aber ganz fix gehen muss, können Sie auch alles im Mixer zerkleinern. Verwenden Sie möglichst dickere Pita-Brote, da sie gleichmäßiger garen.

Die Pita-Brote mit einem Sägemesser durchschneiden.

Das Hackfleisch mit den restlichen Zutaten bis auf das Olivenöl in einer großen Schüssel sorgfältig vermengen. Die Schnittseiten der Brothälften mit einer dünnen Schicht Hackfleischmischung bestreichen und wieder zusammensetzen. Leicht andrücken.

Die Brote von beiden Seiten großzügig mit Olivenöl bestreichen. In eine Panini-Presse bzw. in einen Kontaktgrill legen und bei mittlerer Hitze 5–10 Minuten backen, bis das Fleisch durchgegart ist und die Brote schön gebräunt sind.

Mit Knoblauch-Gurken-Labaneh (Seite 80) und frischen Tomaten servieren.

Hinweis: Sie können die Pita-Brote auch im Backofen oder auf dem Holzkohlegrill zubereiten. Dafür den Ofen auf 200°C vorheizen. Die Brote auf ein Backblech oder auf den Ofenrost legen und 15–20 Minuten backen. Oder den Holzkohlegrill anfeuern, die Brote einfach zwischen einen Doppelgrillrost legen und von beiden Seiten 5–10 Minuten grillen, bis das Fleisch durchgegart ist und die Brote knusprig sind.

Kibbeh: Grundsätzliches

Jeder, der die Kibbeh meiner Mutter probiert, sagt, dass sie irgendwie anders und besser schmeckten. Es ist noch gar nicht so lange her, dass wir eines Morgens zusammen am Küchentisch Kibbeh zubereiteten und ich meine Mutter fragte, ob sie mir ihr Geheimnis verraten würde. Sie lächelte mich an und zeigte mir ihre Hände: „30 Jahre", sagte sie. „Das ist mein ganzes Geheimnis." Nun, das war nicht die erhoffte Antwort, aber ich konnte mich auch nicht darüber beschweren. Übung macht bei der Kibbeh-Zubereitung den Meister.

Aber das sollte niemanden davon abhalten, dieses leckere Gericht, das in der ganzen Levante verbreitet ist, selbst einmal auszuprobieren.

Kibbeh bestehen hauptsächlich aus einer Mischung aus Bulgur und Fleisch, die auf verschiedenste Weise zubereitet, gegart und geformt wird. In Syrien, woher meine Ururoma stammt, soll es über 100 Kibbeh-Varianten geben. Die Rezepte in diesem Buch (Seite 90, 92, 170 und 200) sind in Palästina und besonders in meiner Familie beliebt. Probieren und üben Sie. Dann werden Sie die Kunst der Kibbeh-Zubereitung bald perfekt beherrschen. Bis dahin sollten folgenden Punkte beachtet werden:

- Das Fleisch sollte frisch und mager sein und vorzugsweise zu Hause zu einer feinen pastenartigen Masse verarbeitet werden. Dafür das Fleisch zweimal durch die feine Scheibe des Fleischwolfs drehen. Andernfalls ein gutes Fleischstück kaufen und den Metzger bitten, es zweimal fein zu wolfen.
- Eine Schüssel mit Eiswasser bereitstellen, damit die Hände immer wieder darin gekühlt werden können und das Fleisch frisch bleibt.
- Nur feinen Bulgur verwenden.
- Das Mengenverhältnis von Bulgur und Fleisch für unsere Kibbeh beträgt im Normalfall 1:1. Das ist aber eine Frage des Geschmacks. Weniger Fleisch bedeutet knusprigere Kibbeh. Die Mischung muss dann aber etwas länger geknetet werden.
- Zitronenschale und Kräuter sind nicht unbedingt erforderlich, sorgen aber für ein spritziges, frisches Aroma.
- Kibbeh können in rohem Zustand auch eingefroren werden. Auf einem Blech ins Gefrierfach geben, bis sie fest sind. Dann in einen Gefrierbeutel oder eine Gefrierdose füllen. Sie können direkt aus dem Gefrierfach ins heiße Frittierfett gegeben werden.

Kibbeh mit Fleisch

كبه مقليه

Vorbereitungszeit: 1 Stunde 30 Minuten
Zubereitungszeit: 5 Minuten
Ergibt etwa 45 Kibbeh

Für den Kibbeh-Teig
500 g sehr feiner Bulgur
1 große Zwiebel, geviertelt
2 kleine Stängel Majoran, Thymian, Basilikum oder Oregano, Blätter abgezupft (optional)
¼ TL fein abgeriebene Biozitronenschale (optional)
1 EL Salz
1 TL Neun-Gewürze-Pulver (Seite 24)
1 TL gemahlener Kreuzkümmel
500 g mageres Ziegen-, Lamm- oder Rinderhackfleisch, fein gewolft
Pflanzenöl, zum Frittieren

Für die Füllung
1 Rezeptmenge Lammfleisch mit Zwiebeln und Gewürzen (Seite 30)

Zum Servieren
– Tahinisauce (optional, Seite 28)

Die knusprigen Kibbeh mit würziger Fleisch-Nuss-Füllung sind ein beliebtes Gericht bei allen größeren Essen, und keine Mezze-Tafel wäre ohne sie vollständig. Die Zutatenmengen in diesem Rezept ergeben eine große Portion, denn der Aufwand muss sich ja lohnen, sodass Sie auch einen Teil einfrieren können. Sie halten sich einige Monate im Gefrierfach und können direkt aus dem Gefrierfach in die Fritteuse gegeben werden.

Für den Teig den Bulgur in eine große Schüssel geben. Mit kaltem Wasser bedecken und 15 Minuten quellen lassen. Abtropfen und möglichst viel Wasser ausdrücken.

Zwiebel, Kräuter sowie Zitronenschale, falls verwendet, Salz und Gewürze mit 2 Esslöffeln kaltem Wasser im Mixer fein hacken. Das Fleisch zugeben und mit der Pulse-Funktion einarbeiten. Zuletzt den Bulgur zufügen und mixen, bis die Masse glatt ist.

Die Masse in eine große Schüssel füllen und kurz kneten. Mindestens 1 Stunde oder bis zu 12 Stunden kalt stellen. So lässt sich die Kibbeh-Masse leichter bearbeiten.

Inzwischen für die Füllung das Lammfleisch mit Zwiebeln und Gewürzen, wie auf Seite 30 angegeben, zubereiten.

Etwas Eiswasser in einer Schüssel bereitstellen, um die Hände beim Formen der Kibbeh immer wieder einzutauchen und zu kühlen.

Eine eiergroße Portion Kibbeh-Teig abnehmen und zu einer Kugel formen. In eine Handfläche legen und mit dem Zeigefinger der anderen Hand ein Loch in die Mitte drücken. Das Loch durch Drehen des Fingers weiten, bis die Kugel eine dünnwandige Tassenform hat.

Mit einem kleinen Löffel etwas Lammfleischmischung in die Vertiefung füllen (nicht überfüllen!) und die Masse wieder zu einer Kugel verschließen. Die Kugel mit befeuchteten Händen zu einem Oval mit leicht angespitzten Enden formen. Auf diese Weise weitere Kibbeh formen, bis die Zutaten aufgebraucht sind. Die Kibbeh können nun auch eingefroren werden.

Reichlich Öl in einer Fritteuse oder in einem großen, schweren Topf auf 180 °C erhitzen. Die Temperatur ist richtig, wenn ein hineingegebenes Stückchen Brot sofort sprudelnd an die Oberfläche steigt. Die Kibbeh portionsweise etwa 5 Minuten im heißen Fett goldbraun frittieren. Mit einem Schaumlöffel herausnehmen und auf Küchenpapier abtropfen lassen. Sofort mit Tahinisauce servieren.

Vegetarische Kibbeh

كبه نباتيه مقليه

Vorbereitungszeit: 1 Stunde 30 Minuten
Zubereitungszeit: 5 Minuten
Ergibt etwa 45 Kibbeh

Für den Kibbeh-Teig
175 g sehr feiner Bulgur
175 ml kochendes Wasser
120 g Weizenmehl (Type 405)
½ TL Salz
½ TL Neun-Gewürze-Pulver (Seite 24)
4 EL Pflanzenöl, plus mehr zum Frittieren

Füllung 1: Käse
200 g Feta, zerkrümelt
100 g fester Mozzarella, geraspelt
1 EL getrocknete Minze

Füllung 2: Kichererbsen
1 EL Olivenöl
1 kleine Zwiebel, fein gewürfelt
½ TL Salz
¼ TL gemahlener schwarzer Pfeffer
¼ TL gemahlener Kreuzkümmel
1 Dose (400 g) Kichererbsen, abgespült und abgetropft
25 g gehackte Walnusskerne, leicht geröstet

Dieses Rezept ist eine fleischlose Variante eines der bekanntesten Gerichte unserer Kultur. So haben auch Vegetarier die Möglichkeit, in den Genuss der köstlichen Kibbeh zu kommen. Es gibt viele fleischlose Füllungen, hier finden Sie zwei meiner Favoriten.

Für den Teig den Bulgur in eine große Schüssel geben. Das Wasser zugießen und verrühren. 1 Stunde quellen lassen, bis das Wasser aufgesogen ist. Dann mindestens 30 Minuten oder bis zu 3 Tage zum Kühlen in den Kühlschrank stellen.

Inzwischen die Füllung zubereiten. Für die Käsevariante alle Zutaten in einer Schüssel vermengen. Für die Kichererbsenvariante das Olivenöl in einer Pfanne erhitzen. Die Zwiebel mit Salz und Gewürzen darin bei mittlerer Hitze unter gelegentlichem Rühren dünsten, bis sie weich ist und gerade zu bräunen beginnt. Die Kichererbsen unterrühren. Die Pfanne vom Herd nehmen und die Walnüsse untermischen.

Den Bulgur aus dem Kühlschrank nehmen. Mehl, Salz und Gewürze einrühren. Nach und nach das Öl einarbeiten, bis ein Teig entsteht. Zur Probe ein eiergroßes Stück der Masse abnehmen und mit einer Hand zusammendrücken. Wenn die Masse sich leicht formen lässt und zusammenhält, kann sie weiterverarbeitet werden. Andernfalls etwas länger kneten und ein wenig Öl zufügen, wenn die Masse zu trocken ist, bzw. etwas Mehl, wenn sie zu feucht ist.

Eine eiergroße Portion der Kibbeh-Masse zu einer Kugel formen. In eine Handfläche legen und mit einem Finger ein Loch in die Mitte drücken. Das Loch durch Drehen des Fingers weiten, bis die Kugel eine dünnwandige Tassenform hat.

Mit einem kleinen Löffel etwas Füllung in die Vertiefung geben (nicht überfüllen!) und die Masse wieder zu einer Kugel verschließen. Die Kugel mit befeuchteten Händen zu einem Oval mit leicht angespitzten Enden formen oder als Kugel lassen. Auf diese Weise weitere Kibbeh formen, bis die Zutaten aufgebraucht sind. Die Kibbeh können nun auch bis zu 3 Monate eingefroren werden. Dafür die Kibbeh erst auf einem Blech ins Gefrierfach geben, bis sie fest sind, dann in Gefrierbeutel oder -dosen umfüllen.

Reichlich Öl in einer Fritteuse oder in einem großen, schweren Topf auf 180 °C erhitzen. Die Temperatur ist richtig, wenn ein hineingegebenes Stückchen Brot sofort sprudelnd an die Oberfläche steigt. Die Kibbeh portionsweise etwa 5 Minuten im heißen Fett goldbraun frittieren. Mit einem Schaumlöffel herausnehmen und auf Küchenpapier abtropfen lassen. Sofort servieren.

Salate, Beilagen und Gemüse

In vielen palästinensischen Gerichten spielen Früchte und Gemüse eine wichtige, wenn nicht die Hauptrolle. Alle palästinensischen Gebiete sind reich an Oliven- und Feigenbäumen, Traubenstöcken und Zitronenbäumen. In den Bergregionen blühen Za'atar und Salbei, auf den Feldern wachsen Löwenzahn und Blumenkohl.

Palästinenser sind sehr verbunden mit ihren Landschaften, und Land repräsentiert ihr Leben und ihre Lebensgrundlage. Obst und Gemüse werden nicht ausschließlich im Supermarkt gekauft, sondern häufig selbst angebaut, ob von den Nachbarn oder unseren Verwandten. Wir sammeln es in der Natur oder besorgen es uns auf lokalen Märkten. Wir sind sehr vertraut mit Obst und Gemüse und schätzen ihre Eigenschaften, wie den bitteren Geschmack von Löwenzahn oder die Stacheligkeit der distelartigen Gundelia.

Oft hatten palästinensische Familien nur Gemüse zu essen. Deshalb haben wir gelernt, es bestmöglich und auf vielfältigste Weise zuzubereiten. Aus Mangel an anderen Zutaten entstand ein reichhaltiges, abwechslungsreiches Repertoire an Gemüsegerichten, wie cremiger Rucolasalat mit Knoblauchjoghurt (Seite 112), kühlende Tomatensalsa aus Gaza (Seite 113), Löwenzahn mit karamellisierten Zwiebeln (Seite 110) oder diverse frische Salate. Auch wenn ich mittlerweile in England lebe, bleibe ich dieser Tradition treu, obwohl ich neue Mittel und Wege finden musste, an diese Tradition anzuknüpfen, und nicht zuletzt darum geht es in diesem Buch: Essen als Teil der Wahrung der eigenen Kultur und Identität – egal wo wir leben.

Die Rezepte in diesem Kapitel gehören zu den buntesten, kreativsten und frischsten in diesem Buch. Sie können als kleine Mahlzeiten oder als Beilagen serviert werden, und fast alle werden mit nur wenigen Zutaten zubereitet. Wer mit offenen Augen einkauft, Zutaten mit Bedacht auswählt und weiß, was regional und saisonal frisch ist, kann aus Wenigem sehr viel machen. Sie können keinen Löwenzahn auftreiben? Dann verwenden Sie eben Grünkohl. Die Auberginen für den Salat mit Joghurt und Nüssen sind zu teuer und außerdem fad, weil sie eigentlich keine Saison haben? Ersetzen Sie sie durch Blumenkohl. Die Tomaten für den palästinensischen Salat haben zu wenig Aroma? Probieren Sie ihn stattdessen mal mit Paprika. Die speziellen Zubereitungsarten (wie Zutaten mit Joghurt mischen oder Zwiebeln karamellisieren) und Dressings (z.B. mit Granatapfelsirup oder Knoblauch und Zitrone) sorgen für den besonderen Geschmack der Gerichte. Verwerten Sie Ihre frischen Zutaten auf kreative Weise, und Sie werden nicht enttäuscht.

Links
Frisch geerntete Frühlingszwiebeln, die in den Straßen der Jerusalemer Altstadt verkauft werden.

Auberginensalat mit Joghurt und Nüssen

سلطة باذنجان ولبن

Vorbereitungszeit: 15 Minuten
Zubereitungszeit: 20 Minuten
Für 4–6 Personen

1 kg Auberginen (etwa 4 mittelgroße Auberginen)
Olivenöl, zum Bestreichen
Salz und gemahlener schwarzer Pfeffer

Für die Joghurtsauce
400 g griechischer Naturjoghurt
1 kleine Knoblauchzehe, zerdrückt
½ TL Salz
½ TL Zitronensaft (optional)

Für die Garnierung
2 EL Granatapfelkerne
50 g leicht geröstete gemischte Nüsse wie Mandeln, Pistazienkerne oder Haselnusskerne
1 kleine Handvoll Salatblätter oder Kräuter wie Rucola, Dill oder Schnittlauch

Wann immer wir Gäste zu einem großen Mittagessen hatten, bereitete meine Mutter normalerweise eine Variante dieses Salats zu, der immer ein echtes Highlight für mich war. Ihre Kreationen waren viel üppiger als diese hier, weil sie die Auberginen frittierte, sehr kräftigen Knoblauch-Labaneh statt Joghurt verwendete und das Ganze noch mit reichlich gebratenen Pinienkernen garnierte. Im Laufe der Jahre habe ich ihren Salat so abgewandelt, dass er genauso lecker schmeckt, aber viel leichter und gesünder, also alltagstauglicher ist. Was die Nüsse und Garnierung betrifft, variiere ich oft nach Lust und Laune. Experimentieren Sie also ruhig mit allem, was Sie gerade zur Hand haben.

Den Backofengrill vorheizen. Die Auberginen quer in 1,5 cm dicke Scheiben schneiden. Von beiden Seiten mit Olivenöl bestreichen und mit Salz und Pfeffer würzen. Die Auberginen auf den Ofenrost legen und etwa 10 Minuten von jeder Seite grillen, bis sie schön gebräunt sind.

Inzwischen alle Zutaten für die Sauce in einer Schüssel glatt verrühren. Der Zitronensaft ist nicht unbedingt nötig, sorgt aber dafür, dass die Aromen sich besser verbinden, insbesondere wenn Sie einen milden Joghurt mit wenig Säure verwenden.

Die Auberginenscheiben überlappend kreisförmig auf einem großen Teller anrichten. Mit der Joghurtsauce überziehen und mit Granatapfelkernen, Nüssen und den Salatblättern bzw. Kräutern bestreuen.

Variante: Sie können die Auberginen durch Zucchini ersetzen. Dafür die Zucchini quer halbieren und längs in Scheiben schneiden. Für die Garnierung Walnüsse, Granatapfelkerne und Sumach verwenden.

Teta Asmas Taboulé

تبولة تيتا أسمى

Vorbereitungszeit: 20 Minuten
Für 4 Personen als Hauptgericht oder 8 als Vorspeise

- 250 g grober Bulgur
- 75 g fein gehackte glatte Petersilie
- 25 g fein gehackte frische Minze
- 500 g mittelgroße Tomaten, klein gewürfelt
- 50 g Pistazienkerne, leicht geröstet
- 40 g grob gehackte Walnusskerne, leicht geröstet
- 50 g Rosinen
- 4 Frühlingszwiebeln, fein gehackt
- 50 g Granatapfelkerne

Für das Dressing

- 4 EL natives Olivenöl extra
- 4 EL Zitronensaft (von etwa 1 großen Zitrone)
- 4 EL Granatapfelsirup
- 1 TL Salz
- ½ TL Chiliflocken (optional)
- ¼ TL gemahlener schwarzer Pfeffer
- ¼ TL gemahlener Kreuzkümmel
- ¼ TL getrockneter Majoran, zwischen den Fingern fein zerrieben (optional)

Der Name dieses Gerichts ist ein wenig missverständlich, da es eigentlich kein richtiges Taboulé ist. Der Salat basiert auf der Füllung, die meine Teta Asma für ihre vegetarisch gefüllten Weinblätter verwendete. Sie mochte diese Mischung lieber als das traditionelle Taboulé, das vor allem aus Petersilie mit etwas Couscous besteht, und mir geht es nicht anders. Zwar hat auch traditionelles Taboulé immer noch seinen Platz in meinem Rezeptrepertoire, aber diesen Salat mache ich viel öfter. Die Nüsse und Rosinen sind meine persönliche Zugabe. Für eine authentischere Version können Sie sie auch weglassen.

Den Bulgur in eine Salatschüssel geben und mit 350 ml sehr heißem bzw. gerade aufgekochtem Wasser übergießen. Umrühren, dann etwa 30 Minuten quellen lassen, bis der Bulgur die Flüssigkeit aufgesogen hat und abgekühlt ist.

Inzwischen die restlichen Salatzutaten vorbereiten und für das Dressing alle Zutaten in einer Schale verrühren.

Den Bulgur mit einer Gabel auflockern. Petersilie und Minze untermischen. Die Tomaten unterheben. Den Salat mit dem Dressing übergießen. Nüsse und Rosinen zufügen und noch mal kurz vermengen. Mit den Granatapfelkernen bestreuen und sofort servieren oder bis zum Servieren kalt stellen.

Za'atarsalat

سلطة زعتر

Vorbereitungszeit: 10 Minuten
Für 4 Personen

- 300 g bunte Tomaten
- 3 Frühlingszwiebeln
- 10 große Stängel frischer Za'atar oder Oregano
- 100 g Halloumi oder Feta

Für das Dressing

- 1 TL Zitronensaft
- 1 EL Olivenöl
- 1 Prise Salz
- 1 TL Sumach

Zum Servieren

- frisches Pita-Brot, selbst gemacht (Seite 38) oder gekauft

Za'atar (oder Zatar) ist der arabische Name für Syrischen Oregano, der recht intensiv schmecken kann. Etwas milder sind junge, zarte Za'atarblätter. Heute wird Za'atar das ganze Jahr über angebaut, sodass man den Salat, wann immer man Lust darauf hat, zubereiten kann. Außerhalb der Levante ist frischer Oregano die beste Alternative.

Die Tomaten klein würfeln und in eine Servierform geben. Die Frühlingszwiebeln in feine Ringe schneiden und über die Tomaten streuen. Die Za'atarblätter von den Stängeln zupfen und über den Salat streuen. Zuletzt den Halloumi oder Feta würfeln und auf dem Salat verteilen.

Für das Dressing Zitronensaft und Olivenöl verrühren und mit dem Salz abschmecken. Über den Salat träufeln. Vor dem Servieren den Salat mit dem Sumach bestreuen und mit Pita-Brot servieren.

Tomatensalat mit Knoblauch und Sumach

سلطة بندوره وثوم

Vorbereitungszeit: 15 Minuten
Für 4–6 Personen

600 g Freilandtomaten oder eine alte Tomatensorte, in 1 cm dicke Scheiben geschnitten
2 frische grüne Chilis, entkernt und fein gehackt (optional)
3–4 Stängel frische Minze, Blätter grob gehackt
Meersalzflocken
½ TL Sumach

Für das Dressing
2 Knoblauchzehen, zerdrückt
2 EL Olivenöl
2 EL Zitronensaft

Bei diesem Salat bekomme ich richtig gute Laune, denn er schmeckt wunderbar nach Sommer und ist mit leuchtend roten Tomaten, frischer Minze und grünen Chilis sowie einem tollen Dressing aus Zitronensaft, Knoblauch, Olivenöl und Sumach herrlich frisch. Meine Mutter würde die Tomaten erst häuten und dann in große Stücke schneiden. Das funktioniert, weil sie Tomaten verwendet, die wir *bandura baladiyeh* nennen – Biotomaten, die sehr fleischig und sehr aromatisch sind, nicht so wie das wässrige Zeug aus dem Supermarkt. Wenn ich den Salat mache, verwende ich entweder alte Tomatensorten oder saisonal frische Freilandtomaten, gern auch in unterschiedlichen Farben. Das Häuten spare ich mir und schneide die Tomaten in Scheiben. Alternativ können Sie halbierte bunte Cocktailtomaten verwenden.

Die Tomatenscheiben dekorativ auf einem großen Teller anordnen.

Die Zutaten für das Dressing in einer Schale verrühren und über die Tomaten träufeln.

Mit Meersalzflocken bestreuen. Dann Chilis, falls verwendet, und Minzeblätter darauf verteilen. Mit dem Sumach bestreuen und sofort servieren.

Folgende Doppelseite
Von links: Teta Asmas Taboulé; Za'atarsalat (beide Seite 98); Tomatensalat mit Knoblauch und Sumach (Seite 99).

Salat aus Blumenkohl, Kartoffeln und Aubergine

سلطة مقالي

Vorbereitungszeit: 15–20 Minuten
Zubereitungszeit: 30 Minuten
Für 6–8 Personen

Pflanzenöl, zum Frittieren
1 Blumenkohl, in Röschen geschnitten
2 Kartoffeln, geschält und in mundgerechte Würfel geschnitten
1 Aubergine, in mundgerechte Würfel geschnitten
Salz und gemahlener schwarzer Pfeffer

Für das Dressing
400 g griechischer Naturjoghurt
3–4 EL Zitronensaft
2 EL fein gehackte glatte Petersilie
1 Knoblauchzehe, zerdrückt
1 TL Salz

Zum Servieren
- 150 g Cocktailtomaten, geviertelt
- 2 frische grüne Chilis, in feine Streifen geschnitten
- 25 g Geröstete Pinienkerne (Seite 31)

Für diesen Salat habe ich mich von den Sandwiches inspirieren lassen, die meine Mutter für uns Kinder machte – oft mit frittiertem Blumenkohl, Auberginen oder Kartoffeln, die sie gerade für ein Mittagessen zubereitete. Wenn wir also schon vor dem Essen hungrig waren, strich sie etwas Labaneh in ein Pita-Brot, gab etwas gebratenes Gemüse hinein und garnierte es mit frischen Tomaten oder Paprika. So einfach wie es sich anhört, so lecker und befriedigend waren die Brote. Dieser Salat ist meine Interpretation dieser Kindheitsbrote. Sie können, wenn Sie wollen, nur eine Gemüsesorte verwenden oder eben alle drei, so wie ich es hier tue.

Reichlich Öl in einer Fritteuse oder in einem großen, schweren Topf auf 180 °C erhitzen.

Portionsweise erst den Blumenkohl, dann die Kartoffeln und zuletzt die Auberginen darin goldbraun frittieren. Die Portionen jeweils mit einem Schaumlöffel aus dem heißen Fett nehmen und auf Küchenpapier abtropfen und leicht abkühlen lassen. Mit Salz und Pfeffer würzen.

Inzwischen für das Dressing alle Zutaten sorgfältig verrühren. Nach und nach etwas Wasser einarbeiten, bis eine Buttermilch-ähnliche Konsistenz erreicht ist. Nach Belieben noch mit etwas Salz und Zitronensaft abschmecken. Das Dressing sollte recht sauer und salzig schmecken.

Zum Servieren das frittierte Gemüse auf einem großen Teller anrichten und mit dem Dressing beträufeln. Cocktailtomaten und Chilis darauf verteilen und mit den Pinienkernen bestreuen.

Hinweis: Sie können das Gemüse auch im Ofen braten. Dafür das Gemüse in gesalzenem und gepfeffertem Olivenöl wenden. Auf einem Backblech verteilen und im vorgeheizten Ofen 30–40 Minuten bei 200 °C goldbraun braten.

Variante: Sie können für das Dressing anstelle des Joghurts auch Tahini verwenden. In diesem Fall muss das Dressing eventuell mit Wasser gestreckt werden. In der Regel verwende ich 4 Esslöffel Tahini, 4 Esslöffel Wasser, 1–2 Esslöffel Zitronensaft und ¼ Teelöffel Salz. Sie können das Mengenverhältnis natürlich auch Ihrem Geschmack anpassen. Auf jeden Fall sollten Sie das Dressing kräftig abschmecken.

Portulaksalat

سلطة بقله

Vorbereitungszeit: 15 Minuten
Für 4–6 Personen

200 g Portulak, Feldsalat oder krause Endivien
4–6 Frühlingszwiebeln, in feinen Ringen
1 Zitrone

Für das Dressing
2–3 Esslöffel Zitronensaft
2–3 EL Olivenöl
½ TL Salz
½ TL Sumach, plus etwas mehr zum Garnieren

Dieser extrem frische, würzige Salat lässt Ihre Geschmacksknospen tanzen. Wenn Sie wie mein Schwiegervater sind, könnten Sie ihn jeden Tag als Beilage zu jedem Essen oder als eigenständige Mahlzeit essen! Andernfalls ist dieser Salat die perfekte Beilage für herzhafte Reisgerichte wie Hähnchen mit Gemüsereis (Seite 198) oder Gefülltes Gemüse in Tomatensauce (Seite 184), weil die frische Würze eine sehr gute Ergänzung zu den kräftigen Aromen ist. Es ist auch einer der wenigen Salate, die am nächsten Tag noch genauso gut schmecken, wenn sich alle Aromen intensiv vermengt haben.

Den Portulak, Feldsalat oder Endivie in mundgerechte Stücke zerpflücken. In eine große Salatschüssel geben und die Frühlingszwiebeln darauf verteilen.

Die Zitrone mit einem scharfen Messer schälen, dabei die weiße Unterschale nicht wegschneiden. Die Zitrone in mundgerechte Würfel schneiden.

Für das Dressing alle Zutaten in einer Schale verrühren und über den Salat träufeln. Vorsichtig vermengen.

Mit den Zitronenwürfeln garnieren, mit Sumach garnieren und sofort servieren.

Variante: Für ein sättigenderes Gericht können Sie zusätzlich 30–60 g geraspelten Halloumi untermischen.

Palästinensischer Salat

سلطه ناعمه

Vorbereitungszeit: 15 Minuten
Für 4–6 Personen

1 kg Tomaten (4 große oder 8 kleinere Tomaten, siehe Hinweis)
2 kleine Salatgurken (etwa 200 g)
2 frische grüne Chilis (optional)
1 Biozitrone
1 Zwiebel oder 4–6 Frühlingszwiebeln
4 EL fein gehackte frische Minzeblätter oder 1 EL zerdrückte getrocknete Minze
4 EL Olivenöl
4 EL Zitronensaft
1 TL Salz

Palästinenser kennen diesen Salat als „klein gewürfelten oder Bauernsalat". In der allereinfachsten Version besteht er aus klein gewürfelten Tomaten, Zwiebeln und getrockneter Minze mit einem leichten Dressing aus Olivenöl, Zitronensaft und Salz. Andere Versionen enthalten auch Gurke, Paprika, Chilis, Zitronen, Petersilie oder Radieschen. Ich verwende für diesen Salat meistens das, was gerade ganz frisch verfügbar ist, und sehr klein gewürfelte ganze Zitronen – ein Trick, den ich von meiner Schwiegermutter übernommen habe und der dem Salat einen echten Kick verleiht. Sie können noch anderes Gemüse zugeben, da die Dressingmenge großzügig bemessen und der Salat recht tolerant gegenüber Variationen ist. Er ist ein absolutes Muss zu Linsenpilaws (Seite 164 und 167) und eine wundervolle Beilage für die meisten *kafta* und Reisgerichte.

Die Tomaten sehr klein würfeln und in eine große Schüssel geben. Die Gurken ebenfalls klein würfeln und unter die Tomaten mischen. Wenn eine große Salatgurke verwendet wird, vorher erst schälen und entkernen.

Die Chilis, falls verwendet, entkernen, wenn der Salat weniger scharf sein soll. Sehr fein hacken und unter den Salat mischen. Die Zitrone ungeschält in Scheiben schneiden, dabei die beiden Endstücke und die Kerne entfernen. Die Zitronenscheiben klein würfeln und unter den Salat mischen. Den Salat mit Minze garnieren.

Mit Olivenöl und Zitronensaft beträufeln. Salzen. Kurz vermengen und sofort servieren.

Hinweis: Greifen Sie für diesen Salat zu möglichst fleischigen Tomaten mit wenig Kernen wie Ochsenherztomaten oder andere alte Fleischtomatensorten.

Gemüsesalat mit Tahini

سلطة طحينه

Vorbereitungszeit: 15 Minuten
Für 4–6 Personen

- 1 Rezeptmenge Tahinisauce (Seite 28)
- 2 Tomaten (200–250 g), klein gewürfelt
- 2 kleine Salatgurken (150–180 g), klein gewürfelt
- 1–2 frische grüne Chilis, entkernt und fein gehackt
- 1–2 Knoblauchzehen, zerdrückt
- 3–4 EL fein gehackte frische Minzeblätter oder 1 EL getrocknete Minze

Kein Schawarma- oder Falafelsandwich wäre ohne diesen gesunden Gemüsesalat vollständig. Kalzium und andere Mineralien aus der Tahinisauce sowie die Vitamine und Antioxidantien im Gemüse sind der ideale Ausgleich zu dem gebratenen fettigen Essen, zu dem der Salat oft gereicht wird. Das bedeutet nicht, dass man ihn nicht auch allein mit einem frischen Stück Brot servieren könnte. Tatsächlich gönne ich mir diesen Salat oft als Abendessen zu Hause, wenn ich was Frisches, Schnelles brauche. Mit warmem Brot und einer frisch gebrühten Tasse Minzetee ist es ein wunderbarer, befriedigender Abschluss des Tages.

Die Tahinisauce, wie auf Seite 28 angegeben, zubereiten und in eine Salatschüssel füllen.

Die restlichen Salatzutaten zugeben und mit einem Löffel untermischen. Den Gemüsesalat mit frischem Brot servieren oder als Beilage zu Falafel (Seite 68) oder Schawarma mit Zwiebeln und Sumach (Seite 146) reichen.

Krautsalat auf zweierlei Art

سلطة ملفوف

Vorbereitungszeit: 10 Minuten
Für 6–8 Personen als Beilage

Für die Tomatenversion

- 1 Weiß- oder Spitzkohl, fein gehobelt
- 3 Tomaten, klein gewürfelt
- 1 kleines Bund glatte Petersilie, grob gehackt
- 1 frische grüne Chili, fein gewürfelt (optional)
- 3 EL Zitronensaft
- 1½ EL Olivenöl
- ½ TL Salz
- 60 g Mandelblättchen, leicht geröstet (optional)

Für die Minzeversion

- 1 Weiß- oder Spitzkohl, fein gehobelt
- 3 EL Zitronensaft
- 3 EL Olivenöl
- 1 EL getrocknete Minze
- 1 große Knoblauchzehe, zerdrückt
- 1 TL Salz

Diese beiden Krautsalatvarianten machen aus schlichtem Kohl eine tolle Beilage für viele palästinensische Gerichte. Die erste Variante mit Tomaten wird häufig zu Pilaws wie dem würzigen Reispilaw mit Lamm und Nüssen (Seite 166), die zweite am liebsten zu gegrilltem Fleisch serviert. Für beide Salatvarianten sind Weiß- oder Spitzkohl am besten geeignet, da sie schneller weich werden – und das ist genau, was gewünscht wird. Insbesondere die Minzeversion wird immer besser im Geschmack, je länger man den Salat ziehen lässt. Servieren Sie frisches Brot dazu, um die leckere Sauce aufzunehmen.

Krautsalat mit Tomaten
Das gehobelte Kraut in eine große Salatschüssel geben und Tomaten, Petersilie und Chili, falls verwendet, untermischen. Zitronensaft, Olivenöl und Salz zugeben und alles vermengen. Mit den Mandelblättchen, falls verwendet, bestreut servieren.

Krautsalat mit Minze
Das gehobelte Kraut in eine große Salatschüssel geben und die restlichen Zutaten sorgfältig untermengen. Den Salat mindestens 15 Minuten ziehen lassen, da er am besten schmeckt, wenn das Kraut etwas aufgeweicht ist und Wasser gezogen hat. Der Salat hält sich bis zu 2 Tage.

Kartoffelsalat mit Kreuzkümmel und Frühlingszwiebeln

سلطة بطاطا

Vorbereitungszeit: 10 Minuten
Zubereitungszeit: 10–20 Minuten
Für 6–8 Personen

1 kg vorwiegend festkochende Kartoffeln wie Russet, King Edward oder Maris Piper
1 EL Salz
4–6 Frühlingszwiebeln, fein gehackt

Für das Dressing
6 EL Olivenöl
4 EL Zitronensaft
½ TL gemahlener Kreuzkümmel
½ TL Salz
¼ TL gemahlener schwarzer Pfeffer
2 TL Kreuzkümmelsamen

Dies hier ist der palästinensische Picknick-Salat schlechthin. Wir nehmen ihn mit an den Strand, in die Berge oder essen ihn natürlich auch gern zu Hause. Er lässt sich super vorbereiten und einfach transportieren. Das wirklich Tolle daran ist aber sein Geschmack! Bereiten Sie ihn also nicht nur zu, wenn Sie ein Picknick planen. Er schmeckt auch als Beilage zu Grillfleisch, und ich serviere ihn fast immer zu meiner Pikanten Lammkeule (Seite 156). Der gebratene Kreuzkümmel ist meine eigene Zugabe, aber der knackige Biss und das warme Aroma des Gewürzes bringen den Salat wirklich nach vorn. Auch wenn Kartoffelsalate in der Regel mit fest kochenden Kartoffeln zubereitet werden, die nicht auseinanderfallen, neigen wir Araber eher zu stärkehaltigeren Allzwecksorten, da sie mehr Geschmack aufnehmen. Wichtig ist, die Kartoffeln nicht zu weich zu kochen. Nur so hat man das Beste von allem.

Die Kartoffeln schälen und in 2,5 cm große Würfel schneiden. In einem Topf großzügig mit kaltem Wasser bedecken. Das Salz zufügen und das Wasser zum Kochen bringen. Dann die Hitze reduzieren und die Kartoffeln 10–20 Minuten gar kochen. Dabei alle 1–2 Minuten einen Kartoffelwürfel mit einem spitzen Messer einstechen. Wenn sie sich mit leichtem Widerstand einstechen lassen, sind die Kartoffeln richtig. Die genaue Garzeit hängt von der Kartoffelsorte, dem Topf, der Hitze etc. ab, weshalb regelmäßige Garproben wichtig sind. Die Kartoffeln auf keinen Fall zu weich kochen, sonst fallen sie auseinander und der Salat wird matschig.

Inzwischen für das Dressing 4 Esslöffel Olivenöl mit Zitronensaft, gemahlenem Kreuzkümmel, Salz und Pfeffer verrühren.

Die Kartoffeln abgießen und abtropfen lassen. Mit den Frühlingszwiebeln in eine große Salatschüssel geben. Mit dem Dressing übergießen und vorsichtig vermengen. Mit Salz, Zitronensaft und gemahlenem Kreuzkümmel abschmecken.

Das restliche Olivenöl in einer kleinen Pfanne erhitzen. Die Kreuzkümmelsamen darin bei mittlerer Hitze 1–2 Minuten braten, bis sie zu duften beginnen. Samt Öl über die Kartoffeln träufeln. Den Salat lauwarm oder kalt servieren. Reste halten sich bis zu 3 Tage im Kühlschrank.

Löwenzahn mit karamellisierten Zwiebeln

هندبا بالبصل

Vorbereitungszeit: 10 Minuten
Zubereitungszeit: 30 Minuten
Für 4 Personen

4 EL Olivenöl
1 große Zwiebel, halbiert und in feine Streifen geschnitten
300–500 g Löwenzahn oder Blattchicorée (siehe Hinweis), grob gehackt
1 große Zitrone
Salz

Lange bevor Wildkräutersammeln zum Gastrotrend wurde, war das Sammeln von Wildpflanzen für Palästinenser ganz selbstverständlich. Das ganze Jahr durchstreifte meine Familie die Berge und Täler der Umgebung und pflückte Kräuter und andere Pflanzen. Wir kannten die Landstriche und ihr saisonales Angebot sehr gut – von Pflanzenblättern zum Füllen und Kräutern zum Trocknen bis hin zu anderen Pflanzen zum Braten und Kochen. *Hindbeh* (grüner Blattchicorée), von meinem Vater besonders geschätzt, gehört zur Zichorienfamilie und schmeckt recht bitter, ist aber sehr gesund. Normalerweise werden die Blätter erst blanchiert und dann weiterverarbeitet. Die Sorten, die in Supermärkten und auf Märkten zu finden sind, sind zarter und nicht so bitter und können deshalb direkt verarbeitet werden. Wenn Sie keinen Blattchicorée oder Gemüselöwenzahn finden, können Sie ersatzweise Grünkohl verwenden. Sie müssen nur vorher die harten Blattrippen entfernen.

Das Öl in einer großen Pfanne auf mittlerer Stufe erhitzen. Die Zwiebel hineingeben, mit Salz bestreuen und unter regelmäßigem Wenden etwa 15 Minuten braten, bis sie goldbraun ist und knusprig zu werden beginnt. Einen großen Löffel Zwiebelstreifen auf einen mit Küchenpapier ausgelegten Teller geben und für die Garnierung beiseitelegen. Die restlichen Zwiebelstreifen in der Pfanne lassen.

Den Löwenzahn unter die Zwiebeln mischen. Die Hitze reduzieren und den Löwenzahn bei aufgesetztem Deckel unter gelegentlichem Rühren 15–30 Minuten dünsten, bis er zusammengefallen ist und sich mit den Zwiebeln vermischt hat.

Inzwischen die Zitrone dünn schälen, sodass die weiße Innenschale erhalten bleibt, und klein würfeln.

Den Löwenzahn in eine flache Schüssel füllen. Die gebratenen Zwiebeln dekorativ in die Mitte geben und die Zitronenwürfel ringsum verteilen. Das Gemüse mit einer Gabel oder mit einem Stück Brot essen.

Hinweis: Die Pflanze *hindbeh*, wie sie in Palästina in der Natur gefunden und geerntet wird, ist außerhalb der Region nur schwer zu finden. Es gibt aber viele verwandte Pflanzen mit ähnlichem Geschmacksprofil. Dazu gehören Löwenzahn, Puntarelle und krause Endivie oder auch Rübstiel oder Grünkohl. Die Garzeit hängt natürlich davon ab, wie zart die Blätter sind. Bedenken Sie bezüglich der in der Zutatenliste angegebenen Menge auch, dass manche Pflanzen dickere Stängel haben und so mehr Abfall entsteht.

Gemischter Salat mit Joghurt

لبن وخضرة

Vorbereitungszeit: 15 Minuten
Für 4–6 Personen

- 500 g Naturjoghurt (kein griechischer)
- 4 Frühlingszwiebeln, fein gehackt
- 2 kleine Gurken (150–180 g), klein gewürfelt (siehe Hinweis)
- 2 Tomaten (etwa 200–250 g), klein gewürfelt
- 1 Romanasalatherz, in feine Streifen geschnitten
- 1 kleines Bund frische Minze, Blätter abgezupft und fein gehackt
- 1 TL Zitronensaft
- 1 TL Salz

Das Klima im Nahen Osten ist recht heiß, und das Essen in der Regel ziemlich pikant. Deshalb ist Joghurt eine willkommene kühlende Zutat für jedes Mittagessen. Ob er pur und dünn oder dick und mit reichlich Knoblauch wie dieser Joghurt hier auf den Tisch kommt, ist von Familie zu Familie und Gericht zu Gericht ganz unterschiedlich. Dieses Rezept mit verschiedenen Gemüse- und Salatsorten und frischer Minze gehört zu meinen Favoriten. Sie können die Sorten also Ihren Vorlieben anpassen; bei diesem erfrischenden leichten Salat können Sie fast nichts falsch machen.

Den Joghurt in einer großen Schüssel glatt rühren. Die Salatzutaten mit Minze, Zitronensaft und Salz zufügen und untermischen. Nach Belieben mit Salz und Zitronensaft abschmecken. Den Salat zu Reisgerichten oder Grillfleisch servieren.

Hinweis: Gurken sind mit etwa 15 cm Länge im Nahen Osten kleiner. Sie haben eine dünne Schale und sehr wenig Kerne. Wenn Sie stattdessen eine normale große Salatgurke verwenden, sollten Sie diese erst schälen und entkernen.

Rucolasalat mit Knoblauchjoghurt

لبن وجرجير

Vorbereitungszeit: 5 Minuten
Für 4–6 Personen

- 100 g Rucola, grob gehackt
- 500 g Naturjoghurt (kein griechischer)
- 1 Knoblauchzehe, zerdrückt
- 1 TL Salz
- Olivenöl, zum Beträufeln

Seit einigen Jahren ernähren sich meine Schwiegereltern hauptsächlich vegetarisch. Deshalb wandelt meine Schwiegermutter traditionelle palästinensische Salate immer wieder ab, um mehr Abwechslung hineinzubringen. Dies ist die Variante eines sehr alten palästinensischen Salatrezepts aus einer Pflanze, die wir als *hwarneh* (Weg-Rauke/Raukensenf) kennen, die in der Levante vorwiegend im Winter wächst. Als Ersatz verwendet sie Rucola, die einen ähnlich pikanten, pfeffrigen Geschmack hat. Dieser Salat schmeckt besonders lecker, wenn er mit Olivenöl beträufelt und mit Brot serviert wird. Aber auch als Beilage zu Grillfleisch ist er wunderbar.

Den Rucola mit Joghurt, Knoblauch und Salz in einer Schüssel sorgfältig vermengen. Vor dem Servieren mit Olivenöl beträufeln.

Der Salat hält sich im Kühlschrank bis zu 3 Tage.

Tomatensalsa aus Gaza

دقه غزاويه

Vorbereitungszeit: 10–15 Minuten
Für 4 Personen

1 EL Dillsamen
1 TL grobes Meersalz
2–3 frische grüne Chilis
500 g Tomaten (siehe Hinweis)
1 EL Olivenöl
1 EL Zitronensaft

Eine der besten Freundinnen meiner Mutter stammt aus Gaza. Wenn sie zu Besuch war, bereitete sie für uns diese Salsa in einem Mörser zu, so wie sie seit Generationen in ihrer Familie gemacht wurde. *Dagga* bedeutet wörtlich „etwas, das mit einem Stößel gemahlen oder gerieben wird". Die Dillsamen in der Salsa, die sonst eine ganz gewöhnliche Tomatensauce wäre, sorgen für ein ganz besonderes Aroma. Einmal machte sie die Salsa fürs Frühstück, und meine Mutter hatte Lamm-Reis-Topf mit Joghurt (Seite 206) zubereitet. Ich mischte einfach beides zusammen, und seit diesem Tag esse ich nie wieder ein Gericht, das in Joghurtsauce (Seite 29) gegart wird, ohne diese Salsa als Beilage. Ich liebe sie aber auch mit Brot oder als Dip für Tortilla-Chips. Um mir das Leben leichter zu machen, verwende ich den Mörser nur zum Zerkleinern der Dillsamen. Den Rest erledigt der Blitzhacker.

Die Dillsamen mit dem Salz im Mörser grob zerstoßen.

Zusammen mit Chilis, Tomaten, Olivenöl und Zitronensaft in den Mixer oder Blitzhacker geben und mit der Pulse-Funktion zerkleinern, bis die Masse eine Salsa-artige Konsistenz hat.

Hinweis: Für dieses Rezept ist es wichtig, fleischige Tomaten mit wenig Kernen zu verwenden. Alte Sorten oder Freilandfleischtomaten sind ideal. Falls nicht vorhanden, greifen Sie zu Cocktail- oder kleinen Eiertomaten. Größere Tomaten können Sie vorher halbieren oder vierteln, kleine oder Cocktailtomaten können ganz in den Mixer gegeben werden.

Suppen und Eintöpfe

Mit einer muslimischen Mutter und einem christlichen Vater wuchsen wir in einer Familie auf, in der unterschiedliche Feiertage und Traditionen gepflegt und verschiedenste Speisen zubereitet wurden. Und doch gab es eine kulinarische Gemeinsamkeit, der Eckstein aller palästinensischen Familiengerichte: Eintopf in verschiedenen Zubereitungen. In der Familie meiner Mutter beispielsweise wird *mloukhia*, ein grünes Blattgemüse, als Cremesuppe (Seite 122) zubereitet, während es in der Familie meines Vaters grob gehackt mit reichlich Knoblauch in Brühe serviert wird (Seite 124). Aber egal wie – eine herzwärmende Suppe oder ein Eintopf mit Reis ist ein Gericht, das in allen palästinensischen Familien immer wieder gern auf den Tisch kommt.

Ich übertreibe nicht, wenn ich sage, dass das gemeinsame Essen in unserer Familie heilig war. Für meine Mutter und Großmütter war es nicht einfach nur kochen, sie nährten unsere Körper, unsere Herzen und unseren Geist. Heute koche ich für meine Familie und meine Freunde, wie meine Mutter und Großmütter es getan haben: nicht nur um die Menschen an meinem Tisch satt zu machen, sondern auch um zu verwöhnen, und das gelingt mit nichts besser als mit einer Suppe oder einem Eintopf.

Die Suppen- und Eintopfrezepte in diesem Kapitel sind weder ausgefallen noch kompliziert, und viele davon sind rasch zubereitet. Die Suppen sind in der Regel vollwertige Mahlzeiten, insbesondere wenn man sie mit Brot oder frischem Gemüse serviert. Die Eintöpfe sind perfekte Werktagsgerichte, da sie einfach zubereitet sind und auch am nächsten Tag mindestens genauso gut schmecken. Bei uns werden Suppen und Eintöpfe fast immer mit Reis serviert, und für die meisten Eintöpfe, die mit oder ohne Fleisch zubereitet werden können, wird nur eine einzige Gemüsesorte verwendet. Bei vielen Eintöpfen wird eine Tomatensauce als Grundlage genutzt (z.B. bei Erbsen, Karotten, Bohnen oder Okra), während bei anderen die Zutaten (z.B. Spinat oder *mloukhia*) mit Knoblauch und Zitrone in einer Brühe gegart werden. Für fleischhaltige Suppen und Eintöpfe wird in der Regel ein Fleischstück (Lammhaxe, Rindfleisch oder Huhn) ausgekocht, dann kommen noch Gemüse und diverse Aromen wie Tomatenmark oder Zitrone und Knoblauch dazu. Für fleischlose Varianten werden Zwiebeln und/oder Knoblauch angedünstet, mit Flüssigkeit abgelöscht und das Gemüse darin gekocht.

Ursprünglich waren bestimmte Suppen und Eintöpfe an die Jahreszeiten und das entsprechende saisonale Angebot gebunden. Heute aber sind viele Gemüsesorten als Tiefkühlware (z.B. Okra, Spinat) oder getrocknet (*mloukhia*) erhältlich, sodass man die Suppen und Eintöpfe das ganze Jahr über genießen kann.

Links
Olivenbäume an den Hängen des Dorfes Rameh in Galiläa.

Rote-Linsen-Suppe

شوربة عدس مجروش

Vorbereitungszeit: 5 Minuten
Zubereitungszeit: 30 Minuten
Für 4 Personen

4 EL Olivenöl
1 Zwiebel, fein gewürfelt
1 kleine Karotte, gerieben
1 TL gemahlener Kreuzkümmel
½ TL gemahlene Kurkuma
½ TL Neun-Gewürze-Pulver (Seite 24)
225 g rote Spaltlinsen, verlesen und abgespült
1,5 l heißes Wasser
1 TL Salz

Zum Servieren
- Pita-Croûtons
- Zitronenspalten

Ich wundere mich immer wieder, wie eine so einfache Zutat, die auf so einfache Art gekocht wird, sich in ein so leckeres Gericht verwandeln kann. Natürlich habe ich mit allerlei Zugaben und Gewürzen experimentiert, aber nur um zu dem Schluss zu kommen, dass die einfache ursprüngliche Version am besten schmeckt. Dieses perfekte Wintergericht ist trotz seiner Schlichtheit sehr herzhaft und ergibt eine tolle vollwertige Mahlzeit. Wegen der hohen Nährwerte ist diese Linsensuppe für viele Menschen die Standardsuppe für den Ramadan, denn nach einem langen Fastentag sättigt und stärkt sie, ohne schwer im Magen zu liegen. Garnieren Sie sie mal mit Pita-Croûtons und einem Spritzer Zitronensaft und, wenn Sie die Suppe auf echt palästinensische Art servieren wollen, reichen Sie dazu Radieschen, Frühlingszwiebeln und grüne Chili.

Das Öl in einem großen Topf erhitzen. Zwiebel und Karotte darin bei mittlerer bis starker Hitze 3–5 Minuten dünsten, bis sie weich werden. Dann die Gewürze einstreuen und 2–3 Minuten rühren, bis die Mischung zu duften beginnt und die Zwiebelstückchen gebräunte Ränder haben. Die Linsen sorgfältig untermischen.

Mit dem heißen Wasser ablöschen und zum Kochen bringen. Die Hitze auf niedrige Stufe reduzieren und die Linsen 20–30 Minuten köcheln lassen, bis sie ganz weich sind. Wenn die Linsen gar sind, werden sie gelb und lassen sich gut an der Topfwand zerdrücken. Das Salz einrühren.

Die Suppe nach Belieben mit einem Stabmixer glatt pürieren. Ich finde, dass die Suppe durch Pürieren eine schönere Farbe bekommt und die Aromen sich besser mischen. Sie können den Schritt aber auch auslassen. Wenn die Suppe dicker werden soll, noch etwas länger kochen lassen, bis sie die gewünschte Konsistenz hat. Beachten Sie dabei aber, dass die Suppe, wenn sie länger steht, noch weiter eindickt. Wenn die Suppe zu dick ist, mit so viel Wasser strecken, bis die gewünschte Konsistenz erreicht ist.

Die Suppe in Servierschalen füllen, mit Pita-Croûtons garnieren und mit 1 Spritzer Zitronensaft aus Zitronenspalten beträufeln.

Linsen-Nudel-Suppe

رشتايه

Vorbereitungszeit: 5 Minuten
Zubereitungszeit: 45–50 Minuten
Für 4 Personen

120 ml Olivenöl
1 Zwiebel, fein gewürfelt
225 g (grüne oder braune) Linsen, verlesen und abgespült
1 TL gemahlener Kreuzkümmel
¼ TL gemahlener schwarzer Pfeffer
1,5 l Wasser
1 TL Salz
200 g Tagliatelle oder Linguine, in 3–5 cm lange Stücke gebrochen (siehe Hinweis)
5–6 Knoblauchzehen, zerdrückt

Zum Servieren (optional)
— frisch gehackte glatte Petersilie
— Sumach oder Zitronensaft

Wie Linsenpilaws (Seite 164 und 167) hat auch diese Suppe bäuerliche Wurzeln. Im Nahen Osten waren Hülsenfrüchte als preiswerte und einfach zu beschaffende Proteinquelle anstelle von Fleisch sehr beliebt. Diese vegetarischen und sogar veganen Gerichte, die in Ermangelung von Fleisch zubereitet und würzig abgeschmeckt wurden – hier werden erdige Linsen mit weichen Nudeln und kräftigem Knoblauch kombiniert –, sind denn auch sehr befriedigend. Für noch mehr Geschmack können Sie die Suppe mit Petersilie und Sumach oder Zitronensaft verfeinern.

Die Hälfte des Olivenöls in einem großen Topf erhitzen. Die Zwiebel darin bei mittlerer bis starker Hitze 6–8 Minuten unter regelmäßigem Rühren dünsten, bis die Stückchen weich sind und zu bräunen beginnen.

Die Linsen mit Kreuzkümmel und Pfeffer untermengen. Mit dem Wasser ablöschen, das Salz zufügen und zum Kochen bringen. Den Deckel halb aufsetzen und die Hitze so reduzieren, dass die Suppe sanft köchelt. Je nach Linsensorte 20–30 Minuten köcheln lassen, bis die Linsen weich sind, aber nicht zerfallen.

Die Pasta zufügen, die Hitze erhöhen und bei aufgesetztem Deckel weitere 10–15 Minuten garen, bis die Pasta gar ist.

Inzwischen das restliche Olivenöl in einer kleinen Pfanne erhitzen. Den Knoblauch darin etwa 3 Minuten dünsten, bis er zu duften und zu bräunen beginnt. Nicht zu stark bräunen lassen, da er sonst bitter schmeckt. Den Knoblauch samt Öl über die Linsensuppe gießen.

Wenn die Suppe zu dick ist, bis zu 250 ml Wasser unterrühren und einmal aufkochen. Wenn sie zu dünn ist, die Suppe noch einige Minuten einkochen lassen.

Die Suppe in Servierschalen füllen und nach Belieben mit Petersilie, Sumach oder Zitronensaft garnieren.

Hinweis: Traditionell werden die Nudeln für diese Suppe aus einem Teig aus Mehl, Wasser und Salz hergestellt, der dünn ausgerollt und in feine Streifen geschnitten wird. Ich ersetze diese Nudeln durch in kurze Stücke gebrochene getrocknete Linguine oder oft auch durch frische Pasta, die für ein fast identisches Resultat zur Originalversion sorgen. Wenn Sie also frische Tagliatelle, Linguine oder Fettuccine auftreiben können, schneiden Sie diese in Stücke, bevor sie in die Suppe kommen. Die Garzeit von frischer Pasta beträgt nur etwa 3 Minuten. Für eine einfachere Version können Sie auch kurze Pasta verwenden.

Grünkohlsuppe mit Klösschen

جعجوله

Vorbereitungszeit: 15 Minuten
Zubereitungszeit: 20–30 Minuten
Für 4–6 Personen

- 3 EL Olivenöl, plus etwas mehr zum Einfetten
- 1 Zwiebel, fein gehackt
- ½ TL Neun-Gewürze-Pulver (Seite 24)
- ½ TL Salz
- 100–120 g Grünkohl oder Cavolo nero, Blattrippen entfernt, Blätter fein gehackt
- 1,5 l Hühnerbrühe, selbst gemacht (Seite 34) oder aus dem Glas, alternativ Wasser
- 1 TL Tomatenmark

Für die Klößchen

- 2 Eier, leicht verquirlt
- 5 EL Weizenmehl (Type 405)
- 5 EL Weizenvollkornmehl (oder helles Weizenmehl)

Dies ist eine eher ungewöhnliche palästinensische Suppe. Das Original wird auch nicht mit Grünkohl, sondern mit den Blättern der Calla, die eigentlich giftig sind, zubereitet. Nichtsdestoweniger wurden sie in kleinen Mengen verwendet und als ein Allheilmittel für viele Krankheiten, insbesondere gegen Krebs gepriesen. Was davon wahr ist und was Legende, kann ich nicht sagen. Was ich weiß, ist, dass diese Suppe auch mit Grünkohl oder Schwarzkohl (Cavolo nero) absolut lecker schmeckt und dabei auch noch den Vorteil hat, dass man sich keine Gedanken darüber machen muss, ob zu viel Calla drin ist, das den Mund taub macht. Diese nahöstliche Version der klassischen Klößchensuppe ist ein ideales wärmendes Essen für kalte Tage.

Das Öl in einem großen Topf erhitzen. Die Zwiebel darin bei mittlerer bis starker Hitze etwa 5 Minuten unter gelegentlichem Rühren weich, aber nicht braun dünsten.

Gewürze und Salz einstreuen. Den Grünkohl untermischen und etwa 10 Minuten unter regelmäßigem Rühren garen, bis der Kohl zusammengefallen ist. Etwa 4 Esslöffel Grünkohl abnehmen und in einer Schüssel erkalten lassen.

Den Grünkohl im Topf mit der Brühe ablöschen. Das Tomatenmark einrühren und köcheln lassen, solange die Klößchen zubereitet werden.

Für die Klößchen Eier und beide Mehlsorten zum zurückgelegten Grünkohl in die Schüssel geben und die Zutaten sorgfältig zu einem klebrigen, dicken Teig verarbeiten. Einen Teelöffel mit etwas Olivenöl einfetten, damit kleine Klößchen abstechen und in die siedende Suppe gleiten lassen. Der Teig sollte für etwa 20 Klößchen reichen.

Wenn die Klößchen an die Oberfläche steigen, sind sie fast fertig und sollten noch etwa 1 weitere Minute gar ziehen. Die Suppe abschmecken (wenn Wasser verwendet wird, ist vermutlich etwas mehr Salz erforderlich). In Servierschalen füllen und sofort servieren.

Freekeh-Suppe

شوربة فريكه

Vorbereitungszeit: 5 Minuten
Zubereitungszeit: 15–20 Minuten
Für 6–8 Personen

- 1 EL Olivenöl
- 1 TL geklärte Butter
- 1 Zwiebel, sehr fein gehackt
- 150 g Freekeh
- ½ EL Neun-Gewürze-Pulver (Seite 24)
- ¼ TL gemahlener Kreuzkümmel
- 1 EL Sumach, plus etwas mehr zum Servieren
- 2 l Hühnerbrühe, selbst gemacht (Seite 34) oder aus dem Glas
- Salz
- frisch gehackte glatte Petersilie, zum Servieren

Freekeh ist früh geernteter, gerösteter Weizen, der ähnlich wie Reis und Bulgur zubereitet wird. Durch das Rösten hat er einen feinen nussig-rauchigen Geschmack. Als ich klein war, gab es diese Suppe, wenn meine Großmutter Hähnchenrollen mit Pinienkernen und Sumach (Seite 86) zubereitet hatte, weil sie dann Brühe vom gekochten Hühnchen übrig hatte, oder an Tagen, nachdem meine Mutter einen großen Topf Freekeh-Pilaw (Seite 162) zubereitet hatte und die Freekeh-Reste aufbrauchen wollte. Sumach ist nicht das traditionellste Gewürz für diese Suppe. Weil es bei uns aber oft Hähnchen auf Zwiebel-Sumach-Fladenbrot (Seite 194) zu dieser Suppe gab, stand eh eine Schale Sumach auf dem Tisch, und mein Vater streute einen ordentlichen Löffel davon in seine Suppe. So entstand eine neue Familientradition. Sie können dieser Tradition folgen oder den Sumach einfach weglassen, wenn Sie das säuerliche Aroma nicht mögen.

Öl und Butter in einem großen Topf erhitzen. Die Zwiebel darin bei mittlerer Hitze etwa 5 Minuten unter gelegentlichem Rühren glasig und weich dünsten.

Den Freekeh mit den Gewürzen zugeben und 2–3 Minuten rühren, bis die Körner duften.

Mit der Brühe ablöschen. Die Suppe 10 Minuten kochen, dann die Hitze reduzieren und bei aufgesetztem Deckel 10–15 Minuten köcheln lassen, bis der Freekeh bissfest gar ist. Mit Salz abschmecken.

Die Suppe in Servierschalen füllen und mit Sumach und Petersilie bestreuen.

Muskrautsuppe

ملوخيه ناعمه

Vorbereitungszeit: 5–10 Minuten
Zubereitungszeit: 2 Stunden
Für 6–8 Personen

1 küchenfertiges Hähnchen (1,8–2,2 kg)
2 Lorbeerblätter
1 Zwiebel
1 TL Neun-Gewürze-Pulver (Seite 24)
300 g fein zerdrücktes getrocknetes Muskraut (*mloukhia*)
1 EL Tomatenmark
4 EL Olivenöl
8–10 Knoblauchzehen, zerdrückt
Salz

Zum Servieren
- Zitronenspalten
- frische grüne Chilis
- Reis mit Vermicelli (Seite 32) oder Brot

Mloukhia (Muskraut oder Langkapselige Jute) wird im Sommer geerntet, und ich habe immer ganz fasziniert den Frauen in der Familie meiner Mutter zugesehen, wenn sie mit riesigen Schüsseln voll frisch geernteter *mloukhia*-Blätter auf dem Schoß auf Teta Fatimas Veranda saßen, in der einen Hand ein Bund Blätter und in der anderen ein Messer, mit dem sie die Blätter schnitten. Ich weiß noch, wie ich mich fragte, wie sie die Blätter bloß zerkleinern konnten, ohne sich zu schneiden. Die fein gehackten Blätter wurden dann eingefroren. Wenn ich nicht in Palästina bin, verwende ich eher getrocknete *mloukhia*-Blätter, weil sie leichter zu bekommen sind. Sie können diese Suppe mit Reis oder auch mit Brot servieren. Zur Suppe werden gern auch Zitronenspalten zum Beträufeln und grüne Chilis gereicht, von denen immer wieder abgebissen wird.

Das Hähnchen in einen großen Topf geben und mit Wasser bedecken. Zum Kochen bringen, dabei den Schaum von der Oberfläche abschöpfen. Dann Lorbeerblätter, Zwiebel, Neun-Gewürze-Pulver und 1 Esslöffel Salz zugeben. Die Hitze so reduzieren, dass die Brühe sanft köchelt. Mit Deckel 60–90 Minuten (20–25 Minuten im Schnellkochtopf) köcheln lassen, bis das Hähnchen gar ist. Das Hähnchen aus der Brühe nehmen und leicht abkühlen lassen. Dann das Fleisch von den Knochen lösen, klein schneiden und beiseitestellen.

Die Brühe durch ein Sieb in einen großen Topf gießen (etwa 1,5 l) und bei mittlerer Hitze auf den Herd setzen. Nach und nach das Muskraut zufügen. Dabei ständig rühren, damit keine Klumpen entstehen. Das Tomatenmark einrühren (das Tomatenmark verhindert, dass das Muskraut beim Garen schleimig wird) und bei aufgesetztem Deckel 15–20 Minuten köcheln lassen.

Inzwischen das Olivenöl in einer kleinen Pfanne erhitzen. Den Knoblauch darin mit etwas Salz etwa 2 Minuten dünsten, bis er duftet und leicht gebräunt ist. Das Knoblauchöl über die Suppe gießen und unterrühren. Wenn die Blätter sich von der Flüssigkeit absetzen, noch Muskraut-Klümpchen zu sehen sind oder die Konsistenz zu grob ist, mit einem Stabmixer bis zur gewünschten Konsistenz mixen.

Kurz vor dem Servieren das Hähnchenfleisch einrühren und 5 Minuten erhitzen.

Die Suppe in Servierschalen füllen und mit Zitronenspalten zum Beträufeln und scharfen Chilis zum Abbeißen servieren. Die Suppe kann auf einer Portion Reis oder mit Brot serviert werden.

SPINAT-KICHERERBSEN-EINTOPF

يخنة سبانخ

Vorbereitungszeit: 5 Minuten
Zubereitungszeit: 30 Minuten
Für 6–8 Personen

- 3 EL Olivenöl
- 2 kleine oder 1 große Zwiebel, gewürfelt
- 6–8 Knoblauchzehen, zerdrückt
- 3 Stücke Mastix
- 600 g Lamm- oder Rinderschmorfleisch, in 1 cm kleine Würfel geschnitten, alternativ Lamm- oder Rinderhackfleisch
- 2 TL Neun-Gewürze-Pulver (Seite 24)
- 1½ TL Salz
- 1 kg frischer Spinat, gehackt (siehe Hinweis)
- 475 ml Hühnerbrühe, selbst gemacht (Seite 34) oder aus dem Glas oder Wasser
- 1 TL Tomatenmark (optional)
- 1 Dose (400 g) Kichererbsen, abgespült und abgetropft

Zum Servieren

- Reis mit Vermicelli (Seite 32)
- Zitronenspalten
- Naturjoghurt

Als Kind wusste ich immer, dass bald Sommer sein musste, wenn meine Mutter anfing, Gerichte mit Spinat zu kochen. Hauptsächlich bereitete sie damit diesen Eintopf und die Spinattaschen (Seite 49) zu, die beide nicht unterschiedlicher sein könnten. Während die Teigtaschen kräftig-würzig schmecken, hat dieser Eintopf einen wunderbar milden, erdigen Geschmack, weshalb dazu auch gern Zitronenspalten zum Beträufeln gereicht werden.

Das Öl in einem großen Topf erhitzen. Die Zwiebeln darin bei mittlerer Hitze etwa 3 Minuten unter gelegentlichem Rühren weich dünsten. Knoblauch und Mastix zugeben und 1 Minute mitgaren. Fleisch, Gewürzmischung und Salz untermischen und 10–15 Minuten unter gelegentlichem Rühren braten, bis das Fleisch trocken und schön gebräunt ist.

Spinat und Brühe zugeben. Den Deckel aufsetzen, die Hitze reduzieren und das Ganze 5–10 Minuten köcheln lassen, bis der Spinat zusammengefallen ist. Das Tomatenmark, falls verwendet, unterrühren. Wenn Wasser statt Brühe verwendet wird, kräftig mit Salz abschmecken.

Die Kichererbsen zugeben und 5 Minuten erhitzen. Den Eintopf mit Reis, Zitronenspalten zum Beträufeln und Joghurt servieren.

Hinweis: In Palästina wird dieser Eintopf in der Regel im Frühsommer und Sommer zubereitet, wenn überall frischer Spinat im Angebot ist. Wir verwenden gern den großen Blattspinat, der am kräftigsten schmeckt, und hacken ihn in kurze, feine Streifen. Da Spinat heute das ganze Jahr über verfügbar ist, können Sie den Eintopf, wann immer Sie Lust darauf haben, zubereiten. Wenn Sie keinen großen Blattspinat finden, können Sie ihn durch Babyspinat oder auch Tiefkühlware ersetzen. Da tiefgefrorener Spinat mehr Flüssigkeit enthält, geben Sie etwas weniger Brühe dazu.

Muskrauteintopf

ملوخيه ورق

Vorbereitungszeit: 5–10 Minuten
Zubereitungszeit: 2 Stunden
Für 6–8 Personen

50 g Ghee oder Butter
2 EL Olivenöl
10 Knoblauchzehen, sehr fein gehackt
500 g *mloukhia* (Muskraut), recht grob gehackt (oder tiefgefrorene Blätter, aufgetaut und ausgedrückt)
2 TL Neun-Gewürze-Pulver (Seite 24)
1–1,5 l Hühner-, Lamm oder Rinderbrühe, selbst gemacht (Seite 34) oder aus dem Glas
2 TL Salz
2 EL Zitronensaft

Für die Einlage
1 EL Olivenöl
500 g Lammkeule oder Rinderfilet, in 1 cm große Würfel geschnitten
1 TL Neun-Gewürze-Pulver (Seite 24)
1 TL Salz
70 g Geröstete Pinienkerne (Seite 31)

Zum Servieren
- Reis mit Vermicelli (Seite 32)
- Zitronenspalten

Mloukhia (Muskraut oder Langkapselige Jute) ist ein sehr nährstoffreiches Blattgemüse mit viel Eisen, Vitaminen und Ballaststoffen und wird in Palästina häufig verwendet. Wie es zubereitet wird, variiert von Region zu Region. Im Norden werden eher die ganzen Blätter gekocht, während sie in den zentralen und südlichen Regionen zu einer dicken, sämigen Suppe verarbeitet werden. Im Sommer werden die frischen Blätter gebraucht, die auch eingefroren oder getrocknet werden können, um auch in den anderen Jahreszeiten etwas davon vorrätig zu haben. Dieser Eintopf, den meine Teta Asma oft zubereitete, schmeckt am besten mit frischen oder tiefgefrorenen Blättern.

Ghee oder Butter zusammen mit dem Olivenöl in einem großen Topf erhitzen. Den Knoblauch darin bei mittlerer bis starker Hitze 1–2 Minuten dünsten, bis er zu duften beginnt, aber nicht bräunt. *Mloukhia* zugeben und etwa 10 Minuten rühren, bis die Blätter zusammenfallen und das Wasser verkocht ist. Bei gefrorener Ware 20–30 Minuten dünsten.

Das Gemüse gleichmäßig mit dem Neun-Gewürze-Pulver bestreuen. Zwei Drittel der Brühe zugießen, das Salz zugeben (Salzgehalt der Brühe beachten) und zum Kochen bringen. Den Deckel halb aufsetzen und die Hitze so regulieren, dass die Suppe sanft köchelt. Die Suppe 15–30 Minuten köcheln lassen, bis sie saucenartig eingedickt ist und die Blätter dunkler geworden sind. Wenn die Konsistenz beim Garen zu dick wird, weitere Brühe zugießen. Wenn die Suppe zu dünn erscheint, die Hitze erhöhen und die Suppe etwas länger einkochen.

Inzwischen für die Einlage das Olivenöl in einer Pfanne heiß werden lassen, aber nicht bis zum Rauchpunkt erhitzen. Das Fleisch hineingeben, mit Neun-Gewürze-Pulver und Salz bestreuen und 10–15 Minuten unter häufigem Rühren braten, bis das Fleisch trocken und rundum gebräunt ist. Die Pfanne vom Herd nehmen und die Pinienkerne untermischen.

Den Suppentopf vom Herd nehmen und den Zitronensaft einrühren. Zum Servieren etwas Reis in eine Essschale geben und mit Suppe übergießen. Die Einlage darauf verteilen. Mit den Zitronenspalten zum Beträufeln servieren.

Okra-Chili-Eintopf

يخنة باميه

Vorbereitungszeit: 5 Minuten
Zubereitungszeit: 25–30 Minuten
Für 4–6 Personen

- 4 EL Olivenöl
- 1 Zwiebel, fein gewürfelt
- 4 Knoblauchzehen, zerdrückt
- 2 frische grüne Chilis, fein gewürfelt
- 500 g Okras, frisch oder tiefgefroren, geputzt (siehe Hinweis)
- 500 g reife Tomaten, gehackt (oder eine 400-g-Dose gehackte Tomaten)
- 1 TL Salz
- ½ TL Neun-Gewürze-Pulver (Seite 24)
- ¼ TL gemahlener Kreuzkümmel
- 1 EL Granatapfelsirup
- 1 EL rote Chilipaste, wie Harissa (optional)

Zum Servieren

- Reis mit Vermicelli (Seite 32) oder Brot

Ich erinnere mich daran, dass ich einmal eine Freundin in der Jerusalemer Altstadt besuchte. Ihre Mutter schickte uns auf den Markt, um frische rote Chilipaste zu kaufen. Ich hatte keine Ahnung, wofür sie sie brauchte, bis wir am Mittagstisch saßen, Okra-Eintopf aßen und mir vor Schärfe die Tränen in die Augen stiegen. Ich war kein großer Fan von dem traditionellen Okra-Eintopf, der mit Lammfleisch zubereitet wird. Aber als ich diese superscharfe vegetarische Version probierte, verliebte ich mich sofort in dieses Gericht – trotz der Tränen. Dieses Rezept ist meine Adaptation dieses Gerichts, das ich vor über 20 Jahren zum ersten Mal gegessen habe: würzig und scharf, aber nicht zum Heulen. Die traditionellere Version finden Sie in der Variante unten.

Das Olivenöl in einem großen Topf erhitzen. Die Zwiebel darin bei mittlerer bis starker Hitze 3–5 Minuten weich dünsten. Knoblauch und Chilis zugeben und 1 Minute mitgaren. Die Okras zugeben und unter Rühren etwa 5 Minuten braten, bis sie eine schöne Farbe haben.

Tomaten, Salz und Gewürze einrühren und zum Kochen bringen. Den Deckel aufsetzen und die Hitze so reduzieren, dass die Mischung sanft köchelt. Den Eintopf etwa 15 Minuten köcheln lassen, bis er leicht eingedickt ist. Granatapfelsirup und Chilipaste, falls verwendet, unterrühren. Warm mit Reis oder kalt mit Brot servieren.

Hinweis: Okras können beim Garen eine schleimige Substanz produzieren. Im Nahen Osten verwenden wir daher am liebsten sehr kleine Okras und schneiden den Stiel sehr knapp über der Kappe ab. Dann wird der Stielansatz nur vorsichtig etwas geschält – so liegen die Samen nicht offen, und es kann sich weniger Schleim entwickeln. Auch tiefgekühlte Baby-Okras sind tendenziell weniger schleimig; im Nahen Osten sind sie in allen Lebensmittelgeschäften erhältlich. Wenn Sie frische Ware verwenden, suchen Sie sich die kleinsten Exemplare aus und schneiden Sie am Stielansatz nur das Nötigste ab, sodass die Samen eingeschlossen bleiben. Die Okras sollten erst gut angebraten werden, bevor Flüssigkeit dazugegeben wird.

Variante: Für einen herzhaften Eintopf mit Fleisch erst 500 g Lamm- oder Rinderschmorfleisch mit 1 Zwiebel, 1 Teelöffel Neun-Gewürze-Pulver und 2 Teelöffel Salz in 1 Liter Wasser schmoren. Dann Flüssigkeit und Fleisch zusammen mit den Tomaten zu den Okras geben.

Blumenkohl-Lamm-Eintopf

مطفيه

Vorbereitungszeit: 10 Minuten
Zubereitungszeit: 2 Stunden
Für 6–8 Personen

800 g Lamm- oder Rinderschmorfleisch, in 5 cm große Würfel geschnitten (oder 2,2 kg Suppenfleisch mit Knochen von Lamm oder Rind)
1 Zwiebel, geschält
1,5 l Wasser
15 Pimentbeeren
4 Kardamomkapseln
3 Lorbeerblätter
3 Stücke Mastix, pulvrig zerdrückt (optional)
1 TL Salz
1 großer Blumenkohl, in Röschen geschnitten
Olivenöl, zum Bestreichen
1 Rezeptmenge gekochte Joghurtsauce (Seite 29)

Zum Servieren
- Geröstete Pinienkerne (Seite 31)
- Reis mit Vermicelli (Seite 32) oder Bulgur

Dieses Gericht, typisch für Hebron, Jerusalem und Umgebung, wird in der Regel im Winter zubereitet, wenn Blumenkohl bei uns Saison hat. Die gerösteten Blumenkohlröschen ergeben mit aromatischem Fleisch und cremiger Joghurtsauce ein tolles wärmendes Gericht für kalte Tage. Weil die Joghurtsauce weiß bleiben soll, wird die dafür verwendete Brühe gern mit ganzen Gewürzen aromatisiert, sodass die Brühe möglichst hell bleibt. Wenn Sie keine ganzen Gewürze zur Hand haben, können Sie sie durch einen Teelöffel Neun-Gewürze-Pulver (Seite 24) oder eine ähnliche Gewürzmischung wie *baharat* oder libanesische Sieben-Gewürze-Mischung ersetzen. Die Sauce wird dann dunkler, schmeckt aber genauso lecker.

Den Backofengrill vorheizen.

Das Fleisch mit ganzer Zwiebel und Wasser in einen großen Topf geben und bei starker Hitze zum Kochen bringen, dabei den Schaum von der Oberfläche abschöpfen. Ganze Gewürze, Lorbeerblätter, Mastix und Salz zugeben. Die Hitze reduzieren und das Ganze 1½–2 Stunden köcheln lassen, bis das Fleisch sehr mürbe ist.

Inzwischen die Blumenkohlröschen auf ein Backblech legen und mit Olivenöl bestreichen. Unter dem heißen Backofengrill 15–20 Minuten rundum goldbraun garen. Regelmäßig prüfen und wenden, damit die Röschen nicht verbrennen, sondern gleichmäßig bräunen. Aus dem Ofen nehmen und beiseitestellen.

Inzwischen die Joghurtsauce, wie auf Seite 29 angegeben, in einem großen Topf zubereiten.

Die Brühe durch ein feines Sieb in die Joghurtsauce gießen. Die Fleischstücke in die Sauce geben, Zwiebel und Gewürze entsorgen. Die Blumenkohlröschen in die Sauce geben und bei mittlerer Hitze 15 Minuten garen. Abschmecken, dann mit den Pinienkernen bestreuen und mit Reis oder Bulgur servieren.

Hinweis: Traditionell wird der Blumenkohl für dieses Gericht frittiert. Ich röste ihn lieber, weil es weniger aufwendig und gesünder ist. Da die Sauce einen intensiven Geschmack hat, ist der Unterschied auch kaum wahrnehmbar.

Auberginen-Linsen-Topf mit Granatapfel

رمانيه

Vorbereitungszeit: 15 Minuten
Zubereitungszeit: 2 Stunden
Für 6–8 Personen

- 250 g grüne oder braune Linsen
- 1 kg Auberginen, in mundgerechte Stücke geschnitten
- 400 g Tomaten, grob gehackt
- 1 große Zwiebel, fein gehackt
- 1 frische grüne Chili, fein gehackt (optional)
- 120 ml Olivenöl, plus 2 EL mehr
- 4 EL Granatapfelsirup
- 1 EL Tomatenmark
- 1–2 EL Honig
- 1½ TL Salz
- ½ TL gemahlener Kreuzkümmel
- ½ TL zerstoßene rote Chiliflocken (optional)
- 4–6 große Knoblauchzehen, fein gehackt
- 4 EL fein gehackte frische Minzeblätter oder 1 EL zerriebene getrocknete Minze
- frische Granatapfelkerne, zum Garnieren (optional)

Zum Servieren

— Brot oder Reis

Für diese berühmte Spezialität aus Gaza werden traditionell Linsen und Auberginen zusammen gekocht, bis sie eine Art Paste bilden (manchmal wird mit etwas Mehl oder Tahini nachgeholfen), und dann mit Granatapfelsirup und gebratenem Knoblauch verfeinert. Meine Version ist etwas anders. Die Tomaten sind eher zufällig in diesem Gericht gelandet. Ich hatte versucht, zwei Mittagsgerichte gleichzeitig zu kochen, und mit einem schreienden Kleinkind auf dem Arm habe ich die Tomaten aus Versehen in den falschen Topf gekippt – was erstaunlicherweise für eine tolle Geschmacksintensivierung sorgte. Nach mehreren Versuchen habe ich mich für dieses Rezept entschieden, das noch einfacher ist, weil man es fast die ganze Zeit allein vor sich hin köcheln lassen kann. Ein perfektes Essen zum Vorauskochen – gesund und lecker.

Die Linsen in einem großen, schweren Topf mit Wasser bedecken. Bei starker Hitze zum Kochen bringen, dann die Hitze reduzieren und die Linsen je nach Sorte 15–25 Minuten gar köcheln lassen. In ein Sieb geben, abtropfen lassen, dann wieder in den Topf füllen.

Die Auberginen mit Tomaten, Zwiebel, und Chili, falls verwendet, untermischen.

Die 120 ml Olivenöl mit Granatapfelsirup, Tomatenmark, Honig, Salz, Kreuzkümmel und Chiliflocken, falls verwendet, in einer Schale verrühren und unter die Linsenmischung rühren. Bei starker Hitze zum Kochen bringen (es muss kein Wasser zugegeben werden, weil das Gemüse selbst Wasser abgibt), dann die Hitze reduzieren und alles bei aufgesetztem Deckel etwa 90 Minuten köcheln lassen, bis fast die ganze Flüssigkeit verkocht, die Farbe dunkler und das Gemüse sehr weich ist.

Etwa 15 Minuten vor Ende der Garzeit die 2 Esslöffel Olivenöl in einer kleinen Pfanne erhitzen. Knoblauch und Minze darin etwa 1–2 Minuten dünsten, bis sie zu duften beginnen und der Knoblauch Farbe annimmt. Über die Linsen gießen und unterheben. Bei aufgesetztem Deckel weitere 5–10 Minuten garen.

Den Topf vom Herd nehmen und einige Minuten ruhen lassen. Mit Granatapfelkernen bestreuen und sofort mit Brot oder Reis servieren oder zimmerwarm abkühlen lassen.

Würziges Lammfleisch in Tomatensauce

قلاية بندوره

Vorbereitungszeit: 10 Minuten
Zubereitungszeit: 45–60 Minuten
Für 4–6 Personen

4 EL Olivenöl
500 g Lammkeulenfleisch oder Rinderfilet, in 1 cm kleine Würfel geschnitten
1 TL Neun-Gewürze-Pulver (Seite 24)
8–10 Knoblauchzehen, fein gehackt oder in Scheiben geschnitten
2–3 frische grüne Chilis, fein gehackt oder in Ringe geschnitten
1,5 kg vollreife Fleischtomaten, gehäutet und gewürfelt, oder 3 Dosen (à 400 g) geschälte Tomaten
2 TL Salz

Zum Servieren
— Reis oder Brot

Dieses Gericht ist sehr beliebt in Palästina und Jordanien und wird normalerweise zum Frühstück oder Abendessen serviert. Die vegetarische Version wird genauso zubereitet, nur eben ohne Lammfleisch, und mit Brot zum Tunken gereicht. Am besten schmeckt es mit ganz frischen Tomaten, die gehäutet werden, damit die Sauce schön dick und glatt wird. Um sich die Arbeit etwas zu erleichtern, können Sie geschälte Tomaten aus der Dose verwenden. Der Duft, der die Küche beim Garen erfüllt, ist einfach unwiderstehlich. Aber seien Sie nicht zu ungeduldig und lassen Sie das Fleisch langsam bei niedrigen Temperaturen schmoren. Das Resultat wird umso besser.

Das Öl in einer hohen Pfanne bei mittlerer bis starker Hitze heiß werden lassen, aber nicht bis zum Rauchpunkt erhitzen. Das Fleisch zugeben, mit dem Neun-Gewürze-Pulver bestreuen und unter gelegentlichem Rühren etwa 10 Minuten braten, bis es trocken und rundum schön gebräunt ist.

Knoblauch und Chilis zugeben und 2–3 Minuten unter regelmäßigem Rühren mitgaren, bis sie zu duften beginnen.

Tomaten und Salz einrühren. Bei Verwendung von Dosenware die Tomaten mit dem Kochlöffel zerdrücken. Zum Kochen bringen, dann die Hitze reduzieren und das Ganze bei aufgesetztem Deckel 30–60 Minuten köcheln lassen, bis die Sauce eingedickt und sämig ist. Die genaue Garzeit hängt vom Wassergehalt der verwendeten Tomaten ab. Wenn die Sauce zu flüssig ist, den Deckel abnehmen und bei starker Hitze einkochen, bis die gewünschte Konsistenz erreicht ist.

In eine flache Servierform füllen und sofort mit Reis oder Brot servieren.

Erbsen-Karotten-Topf mit Fleischbällchen

يخنة بازيلا

Vorbereitungszeit: 15 Minuten
Zubereitungszeit: 30 Minuten
Für 4–6 Personen

Für die Fleischbällchen
500 g Rinderhackfleisch
1 kleine Zwiebel, fein gerieben
1 TL Neun-Gewürze-Pulver (Seite 24)
1 TL Salz
25 g frische Korianderblätter, fein gehackt (optional)

Für das Gemüse
1,25 l Hühner- oder Rinderbrühe oder Lammfond
3 EL Tomatenmark
1 TL Neun-Gewürze-Pulver (Seite 24)
500 g tiefgefrorene Erbsen
200 g Karotten (etwa 3 mittelgroße Karotten), gewürfelt
Salz

Zum Servieren
– Reis

Ich experimentiere gern beim Kochen, gebe ein paar Zutaten dazu oder wandle ab. Nur bei diesem Erbsen-Karotten-Topf lasse ich alles, wie es ist, denn das Schöne daran ist seine Einfachheit. Erwarten Sie also keine Geschmacksexplosion auf der Zunge, sondern vielmehr den milden, wohligen Geschmack von süßlichen Erbsen und Karotten, die wunderbar mit den fruchtigen Tomaten kontrastieren. Einfach und lecker! Es ist so mühelos zubereitet, dass wir es selten als eigenständige Mahlzeit servieren, sondern als Beilage für Reis- und andere Gerichte. Teta Fatima machte es meistens, wenn sie gefülltes Hähnchen (Seite 190), Hähnchen mit Gemüsereis (Seite 198) oder würzigen Reispilaw mit Lamm und Nüssen (Seite 166) zubereitet hatte, weil sie dann gute Hühnerbrühe übrig hatte und alles, was sie noch dazugeben musste, Erbsen, Karottenwürfel und selbst gemachtes Tomatenmark waren. Wenn ich es als vollwertige Mahlzeit servieren will, mache ich noch Fleischbällchen und Reis dazu.

Den Backofen auf 200 °C vorheizen. Für die Fleischbällchen alle Zutaten in eine große Schüssel geben und kurz vermengen. Zu etwa kirschgroßen Kugeln formen und auf ein Backblech setzen. Im vorgeheizten Ofen etwa 15 Minuten backen, bis die Fleischbällchen schön gebräunt sind.

Inzwischen für das Gemüse die Brühe zum Kochen bringen. Tomatenmark und Neun-Gewürze-Pulver einrühren. Erbsen und Karotten zugeben und 5–10 Minuten kochen, bis die Karotten gar sind. Mit Salz abschmecken.

Die Fleischbällchen in die Brühe geben und 5 Minuten erhitzen. Mit Reis servieren.

Aubergineneintopf

يخنة باذنجان

Vorbereitungszeit: 15 Minuten
Zubereitungszeit: 2 Stunden
Für 4–6 Personen

1 kg Auberginen
1–2 EL grobes Meersalz
Pflanzenöl, zum Frittieren
1 EL Olivenöl
1 große Zwiebel, halbiert und in Scheiben geschnitten
1 TL Salz
3–5 EL Tomatenmark (siehe Hinweis)
½ TL gemahlener Piment
½ TL gemahlener Zimt
¼ TL gemahlener schwarzer Pfeffer
1 l Wasser
1 Dose (400 g) Kichererbsen, abgespült und abgetropft (optional)

Zum Servieren
— Reis oder Brot

Dieses Gericht, das meine Teta Fatima an Tagen zubereitete, wenn sie keine Lust auf Fleisch hatte – und das heißt was, denn sie liebte Fleisch sehr –, war mein Standardgericht an der Uni. In meinem winzigen Zimmer schnitt ich Auberginen und salzte sie, um sie dann später in der Gemeinschaftsküche zu frittieren. So verrückt sich das anhören mag, mir war es den Aufwand immer wert, denn das Gericht ist ein Paradebeispiel für ausgewogene Aromen, reichhaltig und gleichzeitig leicht. Weil die Auberginen frittiert werden, saugen sie nicht wenig Fett auf. Für eine leichtere Version können Sie die Auberginenscheiben mit Öl bestreichen und unter dem heißen Backofengrill garen. So oder so – wenn sie dann in der Sauce gegart werden, werden sie sehr cremig und nehmen viel Geschmack auf. Da ist es nur allzu verständlich, dass man auch den letzten Rest im Teller mit gutem Brot auftunken möchte.

Die Auberginen längs halbieren und jeweils in 3–4 Stücke schneiden. Auf einem Backblech verteilen oder in ein Sieb geben, mit dem Salz bestreuen und 1 Stunde ziehen lassen. Dann die Auberginen abspülen und trocken tupfen.

Reichlich Öl in einer Fritteuse oder in einem großen, schweren Topf auf 180°C erhitzen. Die Auberginenstücke portionsweise, damit der Topf nicht überfüllt wird, ins heiße Fett gleiten lassen und unter gelegentlichem Wenden etwa 5 Minuten goldbraun frittieren. Mit einem Schaumlöffel herausnehmen und auf Küchenpapier abtropfen lassen.

Inzwischen das Olivenöl in einem Topf erhitzen. Die Zwiebel mit dem Salz darin bei mittlerer Hitze 10–15 Minuten weich und goldgelb dünsten. Tomatenmark und Gewürze zugeben und 1 Minute untermischen. Mit dem Wasser ablöschen und rühren, bis das Tomatenmark sich aufgelöst hat (wenn der Eintopf dünnflüssiger sein soll, noch etwas mehr Wasser zugießen). Die Auberginen zugeben und kurz umrühren. Falls verwendet, die Kichererbsen zufügen. Zum Kochen bringen, dann die Hitze reduzieren und bei aufgesetztem Deckel weitere 10–15 Minuten köcheln lassen.

Der Eintopf kann warm oder kalt serviert werden. Allerdings schmeckt er noch besser, wenn Sie ihm etwas Zeit zum Durchziehen lassen, sodass sich die Aromen sich voll entwickeln können. Mit Reis oder Brot servieren.

Ofen- und Schmorgerichte

Die Mutter meines Vaters, Teta Asma, hatte eigene Hühner und Ziegen, als ich klein war, und baute viel Gemüse selbst an. Damals wusste ich die Frische und Qualität dessen, was ich immer aß, oder die Schönheit dieses einfachen Lebens nicht zu schätzen. Erst als ich anfing, selbst Streifzüge durch die Welt des Kochens zu unternehmen, erkannte ich den Wert regionaler, saisonal frischer Produkte und den Reiz einfacher Rezepte, die sich gegen den Wandel der Zeit behaupten.

Die folgenden Rezepte werden in meiner Familie seit Generationen gekocht. Viele davon stammen von meiner Teta Asma und ihrer Schwester Teta Salma. Es handelt sich im Wesentlichen um Ofen- und Schmorgerichte, die schnell vorbereitet sind und im Ofen oder auf dem Herd vor sich hin schmoren. Das klingt einfach, aber mit ein paar feinen Gewürzen wie beim Hähnchen mit Zwiebeln und Sumach (Seite 144) oder durch langsames Schmoren wie bei der Pikanten Lammkeule (Seite 156) oder aber durch kräftige Aromen wie Zitrone und Knoblauch beim Fisch in einer Sauce aus Olivenöl, Zitrone und Koriander (Seite 138) entstehen Gerichte, die mehr als nur die Summe ihrer Zutaten sind.

Meine Teta Asma war nicht nur eine großartige Köchin, sondern auch immer sehr neugierig und offen für Neues. Außerdem konnte sie gönnen, und diese Großzügigkeit zeigt sich auch in ihren Rezepten. Sie starb, als ich sechs Jahre alt war, und das Erste, was ich meine Mutter mit kindlicher Aufrichtigkeit fragte, war: „Wer kocht denn jetzt die leckeren Sachen, wenn wir nach Jaljulija kommen?“

Meine Erinnerungen an ihre wunderbaren Gerichte sind erstaunlich lebhaft, und ich sehne mich noch heute danach: ihre köstlichen gefüllten Auberginen (Seite 154), die ich immer mit viel Brot serviere, um selbst das letzte bisschen Sauce aufzunehmen, oder ihre *kafta*-Gerichte, die jedes Mal wunderbar gewürzt und auf den Punkt gegart waren.

Wenn ich heute eines ihrer vielen Rezepte nachkoche, habe ich immer zwei wichtige Dinge, die sie uns beigebracht hat, im Kopf. Erstes: nur bestmögliche Zutaten verwenden. Bei einfachen Gerichten kommen alle Aromen zum Vorschein und lassen sich nicht überlagern. Zweitens: nicht zimperlich sein mit Gewürzen und Salz, und immer so viel Knoblauch und Zitrone zugeben, wie im Rezept steht, oder reichlich frische Kräuter einsetzen. Diese Aromen sind es nämlich, die den Reiz eines Gerichts ausmachen. Die folgenden Rezepte geben auch einen Blick auf meine Kindheit und das Alltagsleben der meisten palästinensischen Familien: schlichte, einfach nachzukochende Gerichte, die oft nur aus wenigen Zutaten bestehen, aber Ausdruck unserer reichen Kultur und der Liebe für die Familie sind.

Links
Altstadt von Jerusalem.

Fisch mit Tahini-Zwiebel-Sauce und Pinienkernen

سمك بطحينه

Vorbereitungszeit: 10 Minuten
Zubereitungszeit: 15 Minuten
Für 6–8 Personen

1 kg festes weißfleischiges Fischfilet (ohne Haut) wie Goldbrasse, Heilbutt oder Steinbutt
3 EL Olivenöl
2 EL Biozitronenschale
1 TL gemahlener Kreuzkümmel
1 TL gemahlener Koriander
½ TL Salz
¼ TL gemahlener schwarzer Pfeffer

Für die Sauce
120 ml Olivenöl
3 Zwiebeln, halbiert und in Scheiben geschnitten
225 g Tahini
120 g Naturjoghurt
475 ml Wasser
4–5 EL frisch gepresster Zitronensaft
1 TL Salz

Zum Servieren
— 1 EL Geröstete Pinienkerne (Seite 31)
— Reis mit Vermicelli (Seite 32) oder Pita-Brot, selbst gemacht (Seite 38) oder gekauft

Die meisten palästinensischen Fischrezepte stammen aus den Küstenstädten wie Jaffa oder Akka, und Rameh, das Dorf meines Vaters, liegt nicht weit entfernt von Akka. Dieses Gericht wird oft mit Resten von gegartem Fisch vom Vortag zubereitet, ist aber so lecker, dass es sich lohnt, den Fisch eigens dafür zu kaufen, wie ich es oft tue. Wenn Sie es als schnelles Abendessen unter der Woche zubereiten, können Sie die Zutatenmengen halbieren oder gar vierteln und auch das Überbacken im Ofen weglassen. Die Aromen sind so reichhaltig und intensiv – nussige Tahini, säuerliche Zitrone, süßliche Zwiebeln und saftiger Fisch –, dass bei diesem Gericht kaum etwas schieflaufen kann.

Den Fisch in eine Brat- oder Auflaufform legen, die auch zum Servieren geeignet ist. Mit Olivenöl und Zitronenschale beträufeln. Mit den Gewürzen sowie Salz und Pfeffer bestreuen und von Hand vorsichtig in den Fisch einreiben. Bei Zimmertemperatur 15–20 Minuten ziehen lassen. Inzwischen den Backofen auf 200 °C vorheizen.

Den Fisch im vorgeheizten Ofen 10–15 Minuten halb gar backen. Die genaue Garzeit hängt von der Fischart und der Dicke der Filetstücke ab, wobei dünnere Filets naturgemäß schneller garen. Der Fisch sollte glasig-weiß sein.

Inzwischen für die Sauce die Hälfte des Olivenöls in einer Pfanne erhitzen. Die Zwiebeln darin bei mittlerer Hitze etwa 10 Minuten unter regelmäßigem Rühren garen, bis sie weich, aber noch nicht knusprig sind. Inzwischen das Tahini mit Joghurt, Wasser, Zitronensaft und Salz in einer Schüssel glatt verrühren. Wenn die Zwiebeln fertig sind, die Tahinisauce unterrühren. Den Topf vom Herd nehmen.

Den Fisch aus dem Ofen nehmen und mit der Sauce überziehen. Wieder in den Ofen geben und weitere 10–15 Minuten backen, bis der Fisch ganz durchgegart ist, die Tahinisauce zu köcheln anfängt und an der Oberfläche stellenweise bräunt.

Aus dem Ofen nehmen, mit den Pinienkernen bestreuen und sofort mit Reis oder Brot servieren.

Fisch in einer Sauce aus Olivenöl, Zitrone und Koriander

سمك بحامض وكزبرة

Vorbereitungszeit: 15 Minuten
Zubereitungszeit: 10 Minuten
Für 4–6 Personen

800 g feste weißfleischige Fischfilets (siehe Hinweis)
1 TL Salz
½ TL gemahlener Kreuzkümmel
½ TL gemahlener schwarzer Pfeffer
120 ml Olivenöl
10 große Knoblauchzehen, in feine Scheiben geschnitten
3–4 frische grüne Chilis, gehackt
120 ml frisch gepresster Zitronensaft
50 g Korianderblätter, grob gehackt
1 TL zerstoßene rote Chiliflocken

Zum Servieren
– knuspriges Brot

Zu diesem Gericht hat mich eine Vorspeise inspiriert, die ich vor vielen Jahren mal in einem Restaurant am Meer in Akka gegessen habe. Es waren in Olivenöl und reichlich Knoblauch gebratene Sardinen, die mit einer Mischung aus Koriander und Zitronensaft garniert waren. Ich erinnere mich noch an die Aromenexplosion in meinem Mund durch die spritzige Zitrone und den kräftigen Knoblauch. Nach diversen Experimenten kam schließlich diese Version heraus: Sie hat mehr Sauce und durch die Chilis mehr Feuer und ist perfekt mit Reis, Couscous oder – so mag ich es am liebsten – mit reichlich frischem knusprigem Brot.

Den Fisch von beiden Seiten mit Salz, Kreuzkümmel und Pfeffer würzen. Das Olivenöl in einer großen Pfanne mit Deckel erhitzen. Den Knoblauch darin bei mittlerer Hitze 1–2 Minuten garen, bis er zu duften beginnt, aber noch nicht bräunt. Die Chilis zugeben und 1 Minute mitgaren.

Die Hitze erhöhen und die Fischfilets zugeben, ohne die Pfanne zu überfüllen. Den Fisch braten, bis er fast gar und glasig-weiß ist (die genaue Zeit hängt von der Fischart und der Dicke der Filets ab). Wenden und fertig garen. Falls der Knoblauch zu bräunen beginnt, die Hitze reduzieren.

Den Fisch mit dem Zitronensaft beträufeln, mit dem Koriander bestreuen und den Deckel aufsetzen. Wenn die Sauce nach etwa 1 Minute wieder zu köcheln beginnt, die Pfanne vom Herd nehmen und den Fisch 1 Minute ziehen lassen.

Mit den Chiliflocken bestreuen und sofort mit knusprigem Brot servieren, mit dem die Sauce aufgenommen werden kann.

Hinweis: Ich verwende für dieses Gericht am liebsten feste, dicke weiße Fischfilets, die auch ohne Haut beim Braten ihre Form behalten. Meistens greife ich zu Alaska-Seelachs oder Heilbutt. Aber die beste Wahl ist, was gerade frisch im Angebot ist. Ich habe das Gericht auch schon mit Garnelen oder Jakobsmuscheln zubereitet, und beides sind ausgezeichnete Alternativen zu Fisch. Die Garzeit muss dann entsprechend angepasst werden.

Garnelen in Tomaten-Chili-Sauce

زبديه

Vorbereitungszeit: 5 Minuten
Zubereitungszeit: 40 Minuten
Für 6–8 Personen

Für die Sauce
3 EL Olivenöl
1 große Zwiebel, fein gewürfelt
3–4 frische grüne Chilis, fein gehackt
6–8 Knoblauchzehen, zerdrückt
800 g Tomaten, gehäutet und gewürfelt (oder 2 Dosen à 400 g geschälte Tomaten)
1 EL Tomatenmark
1 TL Neun-Gewürze-Pulver (Seite 24)
1 TL gemahlener Koriander
½ TL gemahlener Kreuzkümmel
½ TL scharfes Chilipulver (optional)
1 TL Salz
½ TL Zucker
1 kleines Bund frischer Dill, fein gehackt

Für die Garnelen
1 kg rohe Riesengarnelen, ausgelöst und Darmfäden entfernt
1 EL Olivenöl
1 Spritzer Zitronensaft
½ TL gemahlener Koriander
½ TL gemahlener Kreuzkümmel
Salz und gemahlener schwarzer Pfeffer

Zum Servieren
- 1 Rezeptmenge Geröstete Pinienkerne (Seite 31)
- Brot

Wie einige andere palästinensische Gerichte (Lamm-Kichererbsen-Pilaw mit Knoblauch, Seite 202) ist auch dieses traditionelle Gericht aus Gaza nach dem Gefäß benannt, in dem es gegart wird: Ein *zibdiyeh* ist eine glasierte Keramikschale, ähnlich einer spanischen *cazuela*, in der auf dem Herd und im Ofen gekocht und serviert werden kann. Ob Sie das Gericht in einer solchen Schale zubereiten oder nicht – das Resultat ist in jedem Fall sensationell, mit konzentrierten Aromen aus den Tomaten und der Süße der Garnelen, die wunderbar mit der feurigen Schärfe der Chilis kontrastiert. Für einen möglichst authentischen Geschmack und eine rustikale Präsentation bereite ich das Gericht in einer flachen glasierten Gusseisenform zu.

Für die Sauce das Olivenöl in einem Bräter oder einer ofenfesten Pfanne erhitzen. Zwiebel und Chilis darin bei mittlerer Hitze 6–8 Minuten dünsten, bis die Zwiebelwürfel weich sind und zu bräunen beginnen. Den Knoblauch zugeben und 1–2 Minuten mitgaren. Gehackte Tomaten, Tomatenmark, Gewürze, Salz, Zucker und Dill unterrühren und zum Kochen bringen. Die Hitze reduzieren und dann das Ganze 10–15 Minuten köcheln lassen, bis die Sauce eingedickt ist. Falls Dosentomaten verwendet werden, diese mit einem Löffel zerdrücken. Abschmecken.

Inzwischen den Backofen auf 200°C vorheizen.

Für die Garnelen die ausgelösten Riesengarnelen in einer Schüssel mit Olivenöl, Zitronensaft und Gewürzen vermengen. Eine antihaftbeschichtete Pfanne erhitzen. Die Garnelen darin bei starker Hitze etwa 1 Minute von jeder Seite unter einmaligem Wenden braten, bis sie rosa werden. Die Garnelen nicht zu lang braten, da sie noch in der Sauce weitergegart werden.

Die Garnelen in die Tomatensauce einrühren. Den Bräter in den vorgeheizten Ofen geben und 5–10 Minuten garen, bis die Sauce am Pfannenrand zu bräunen beginnt.

Den Bräter aus dem Ofen nehmen und das Gericht mit den Gerösteten Pinienkernen bestreuen. Im Bräter servieren und dazu frisches knuspriges Brot reichen.

Gefüllte Fische auf Kartoffelbett

سمك مشوي على بطاطا

Vorbereitungszeit: 20 Minuten
Zubereitungszeit: 20–30 Minuten
Für 4–6 Personen

- 1 großer oder 2 kleine ganze Fische, wie Wolfsbarsch oder Roter Schnapper (etwa 2–2,5 kg), küchenfertig, mit Kopf und Schwanzflosse
- 3 Kartoffeln, geschält und in sehr feine Scheiben geschnitten
- Olivenöl
- Salz

Für die Füllung

- 6 Knoblauchzehen
- Blätter von 5–6 Stängeln frischem Za'atar (oder Oregano)
- 4 frische grüne Chilis, entkernt, falls weniger Schärfe erwünscht
- 1 kleines Bund (etwa 50 g) glatte Petersilie
- 1 TL zerstoßener Aleppo-Pfeffer (oder zerdrückte rote Chiliflocken)
- 1 TL Salz
- 1 TL gemahlener Kreuzkümmel
- 1 TL gemahlener Koriander
- 1 TL fein abgeriebene Biozitronenschale
- ¼ TL gemahlener schwarzer Pfeffer
- 4 EL Olivenöl
- 4 EL Zitronensaft

Zum Servieren

- Zitronenspalten

Insbesondere in den Küstenstädten wie Haifa, Akka oder Gaza kommt regelmäßig Fisch auf den Tisch. Normalerweise wird er sehr einfach zubereitet – frittiert, im Ofen oder in der Pfanne gebraten – und mit frischer Zitrone und manchmal einem Petersilien- oder Koriander-Tahini-Dip (Seite 76) serviert. Für besondere Anlässe oder Zusammenkünfte aber werden auch aufwendigere Fischgerichte aufgetischt, zum Beispiel gefüllter, panierter oder in Sauce geschmorter Fisch. Dieses besondere Rezept stammt aus Jaffa, von der Mutter der besten Freundin meiner Mutter, also von Jujus Mutter. Als cremigen Kontrast zu dem pikanten, zitronigen Fisch servieren sie etwas Tahinisauce (Seite 28) dazu.

Den Fisch mit Salz bestreuen, unter fließendem kaltem Wasser abspülen und trocken tupfen. Es empfiehlt sich, den Fisch vor dem Braten 10–15 Minuten bei Zimmertemperatur liegen zu lassen, damit er gleichmäßiger gart. Inzwischen den Backofen auf 200 °C vorheizen. Eine Auflauf- oder Bratform, die groß genug für die Fische ist, mit Olivenöl einfetten.

Für die Füllung alle Zutaten im Mixer oder Blitzhacker zu einer Pesto-artigen Masse verarbeiten.

Die Kartoffeln mit etwas Olivenöl beträufeln, großzügig mit Salz bestreuen und vorsichtig wenden, bis sie gleichmäßig überzogen sind. Die Kartoffeln leicht überlappend auf den Boden der vorbereiteten Form schichten.

Die Fische auf beiden Seiten je 3–4-mal schräg einritzen. Die Einschnitte dürfen nicht bis zu den Gräten reichen. Möglichst viel Füllung in die Schlitze geben und den Bauchraum ebenfalls damit füllen. Die Fische auf das Kartoffelbett legen und die restliche Füllung über die Kartoffeln löffeln.

Die Form gut mit Alufolie abdecken und einen großen Fisch 20–30 Minuten bzw. zwei kleinere Fische 15–20 Minuten im vorgeheizten Ofen braten. Die Alufolie entfernen und den Fisch weitere 10–15 Minuten braten, bis er durchgegart ist und die Kartoffeln beginnen, knusprig zu werden. Zur Probe ein Messer direkt hinter dem Kopf (die dickste Stelle) in den Fisch einstechen und leicht drehen. Wenn sich das Fleisch leicht löst, ist der Fisch gar. Wenn noch Widerstand zu spüren ist, noch weitere 5 Minuten garen. Dann erneut prüfen.

Die Form aus dem Ofen nehmen und den Fisch einige Minuten ruhen lassen. In der Form servieren. Den Fisch am Tisch filetieren und mit den Kartoffeln auf Tellern anrichten. Dazu Zitronenspalten zum Beträufeln reichen.

Hähnchen und Kartoffeln mit Neun-Gewürze-Pulver

صينية دجاج وبطاطا

Vorbereitungszeit: 10 Minuten
Zubereitungszeit: 1 Stunde 15 Minuten
Für 4–6 Personen

- 1,25 kg Hähnchenteile (etwa 4 ganze Schenkel oder 6 Brusthälften mit Haut)
- 700 g Kartoffeln, geschält und geviertelt
- 8–10 Knoblauchzehen, ungeschält
- 2–3 EL Olivenöl, plus etwas mehr zum Einfetten
- 1 EL Neun-Gewürze-Pulver (Seite 24)
- 1 EL Salz
- 1 TL Granatapfelsirup (optional)
- 250 ml Wasser

Zum Servieren
— Brot

Das einfachste und schnellste *suniyeh* (Blechgericht) der palästinensischen Küche ist dieses wunderbare Gericht, das Sie ganz unterschiedlich aromatisieren können. Sie können dabei mit verschiedenen Kräutern experimentieren. Es bietet auch eine fantastische Möglichkeit, Gemüsereste aus dem Kühlschrank aufzubrauchen. Diese einfache Version mit Hühnchen, Kartoffeln und der Gewürzmischung meiner Mutter liebe ich sehr, weil sie es auf diese Weise immer für uns Kinder zubereitet hat.

Den Backofen auf 180 °C vorheizen.

Die Hähnchenteile mit Kartoffeln und Knoblauch in einer großen eingefetteten oder antihaftbeschichteten Bratform verteilen.

Das Gewürzpulver in einer Schale mit Salz, Olivenöl und, falls verwendet, Granatapfelsirup verrühren. Die Mischung über die Zutaten in der Form gießen und in Hähnchenteile und Kartoffeln massieren. Wieder gleichmäßig in der Form verteilen und darauf achten, dass die Hähnchenteile mit der Hautseite nach oben liegen.

Das Wasser zugießen. Die Form mit Alufolie abdecken und im vorgeheizten Ofen etwa 1 Stunde braten, bis das Fleisch ganz durchgegart ist. Ein- bis zweimal den Flüssigkeitsstand prüfen und bei Bedarf noch etwas Wasser zugießen. Es sollte eine schöne Sauce entstehen, die dann mit dem Brot aufgenommen werden kann.

Die Alufolie entfernen und das Fleisch weitere 10–15 Minuten braten, bis die Haut gebräunt und knusprig ist. Aus dem Ofen nehmen und vor dem Servieren 5 Minuten ruhen lassen. Dazu Brot reichen.

Variante: Sie können die Hähnchenteile durch Kalbs- oder Lammchops oder Nackensteaks vom Rind ersetzen. Das Fleisch in diesem Fall erst in einer Pfanne scharf anbraten, bevor es in die Bratform gegeben wird. Sie können auch anderes Gemüse wie Karotten, Fenchel, Pastinaken, Zwiebeln und Tomaten zugeben, die alle gut zu rotem Fleisch passen.

Hähnchen mit Zwiebeln und Sumach

محمر

Vorbereitungszeit: 15 Minuten
Zubereitungszeit: 1 Stunde 15 Minuten
Für 4–6 Personen

- 1,25 kg Hähnchenteile (etwa 4 ganze Schenkel oder 6 Brusthälften mit Haut)
- 6–7 Zwiebeln, gewürfelt
- 3–5 Kartoffeln, geschält und in Scheiben geschnitten (optional)
- 3–4 EL Olivenöl, plus etwas mehr zum Einfetten
- 3 EL Paprikapulver edelsüß
- 2 EL Sumach
- 1 EL gemahlener Kreuzkümmel
- 1 TL Neun-Gewürze-Pulver (Seite 24)
- 1 EL Salz
- 120 ml Wasser
- 2 EL geröstete Pinienkerne (Seite 31), zum Servieren

Zum Servieren

- Pita-Brot (wenn keine Kartoffeln verwendet werden), selbst gemacht (Seite 38) oder gekauft

Mit Sumach in Olivenöl gegarte Zwiebeln ist eine der traditionellsten und ganz typischen palästinensischen Mischungen. Sie schmeckt einfach wunderbar, sodass man nicht genug davon kriegen kann. In diesem Rezept, das vor allem in den nördlichen Regionen Palästinas verbreitet ist, wird das Hähnchen mit Zwiebeln und Gewürzen und manchmal auch mit Kartoffeln im Ofen gegart. Das Wort *mhammar* kann sowohl „gebraten" als auch „rot" bedeuten und bezieht sich hier auf das Paprikapulver, das dem Gericht eine schöne rote Farbe verleiht. Es ist das perfekte Werktagessen, da es schnell zubereitet ist. Reste können für die Hähnchenrollen mit Pinienkernen und Sumach (Seite 86) verwendet werden.

Den Backofen auf 180 °C vorheizen.

Die Hähnchenteile mit Zwiebeln und, falls verwendet, Kartoffeln in eine eingefettete oder antihaftbeschichtete Bratform geben.

Das Olivenöl mit Gewürzen und Salz in eine Schale geben und verrühren. Über die Hähnchenteile gießen und von Hand in Fleisch, Zwiebeln und Kartoffeln einmassieren. Die Zutaten wieder gleichmäßig in der Form verteilen und darauf achten, dass die Hähnchenteile mit der Hautseite nach oben liegen.

Das Wasser zugießen. Die Form mit Alufolie abdecken und im vorgeheizten Ofen 60–75 Minuten braten, bis das Fleisch ganz durchgegart ist. Ein- bis zweimal den Flüssigkeitsstand prüfen und bei Bedarf noch etwas Wasser zugießen. Das Fleisch sollte nicht vollständig trocken sein, aber auch nicht in Sauce ertrinken.

Die Alufolie entfernen, die Ofentemperatur erhöhen oder den Ofen auf Grillfunktion umstellen. Die Hähnchenteile weitere 5–10 Minuten braten, bis die Haut gebräunt und knusprig ist. Aus dem Ofen nehmen und vor dem Servieren 5 Minuten ruhen lassen. Die Pinienkerne darüberstreuen und nach Belieben Brot dazu reichen.

Schawarma mit Zwiebeln und Sumach

شاورما

Vorbereitungszeit: 10 Minuten
+ Marinieren
Zubereitungszeit: 10 Minuten
Für 6–8 Personen

1 kg mageres Rinder-, Lamm- oder Hähnchenfleisch (siehe Hinweis)
6 EL Olivenöl
4 EL Apfel-, Rot- oder Weißweinessig
2 EL frisch gepresster Zitronensaft
2 TL Salz
2 TL Neun-Gewürze-Pulver (Seite 24)
2 TL Currypulver
1 TL Chilipulver
1 TL Knoblauchpulver
3 Stücke Mastix, zu Pulver gemahlen (optional)
Pita-Brot, selbst gemacht (Seite 38) oder gekauft, zum Servieren

Zum Servieren
- 2 Zwiebeln, halbiert und in Scheiben geschnitten, gemischt mit 1 EL Sumach und ½ TL Olivenöl
- 1 Rezeptmenge Tahinisauce (Seite 28)
- 2 Tomaten, gewürfelt
- 2 kleine Salatgurken, gewürfelt
- frische Minzeblätter
- eingelegtes Gemüse nach Wahl

Schawarma ist ein klassisches Street Food und im ganzen Nahen Osten und auch darüber hinaus so verbreitet, dass man sich fragt, ob es sich überhaupt lohnt, es selbst zu machen. Die Antwort ist ein eindeutiges Ja! Wenn Sie erst mal diese selbst gemachte Aromabombe probiert haben, haben Sie vermutlich auf Schawarma vom Imbiss keine Lust mehr. Das Rezept ist großzügig bemessen – Sie können es einfach halbieren, aber es ist so lecker, dass Sie vermutlich kein Problem mit der ganzen Menge haben werden. Die Garnierungen sind eher Vorschläge, unterstreichen aber das Geschmackserlebnis von selbst gemachtem Schawarma.

Das Fleisch in große Stücke schneiden, auf einen Teller legen und ins Gefrierfach geben, bis es außen hart, aber noch nicht durchgefroren ist. Alternativ bereits tiefgefrorenes Fleisch einige Stunden im Kühlschrank auftauen lassen. Die Zeit hängt von der Fleischart und der Dicke der Stücke ab. Das Fleisch sollte sich noch schneiden lassen.

Die Fleischstücke mit einem sehr scharfen Messer in hauchdünne Scheiben schneiden. Mit 4 Esslöffeln Olivenöl, Essig, Zitronensaft, Salz, Gewürzen, Knoblauch- und Mastixpulver in einer Schüssel vermengen, bis sie gleichmäßig mit Öl und Gewürzen überzogen sind. Mindestens 1 Stunde, vorzugsweise aber über Nacht im Kühlschrank marinieren.

Das restliche Olivenöl in einer großen, schweren Pfanne bei starker Hitze heiß werden lassen, aber nicht bis zum Rauchpunkt erhitzen. Die Fleischscheiben darin etwa 10 Minuten braten, bis sie durchgegart und schön gebräunt sind. Wenn das Fleisch viel Saft abgibt, muss es etwas länger gebraten werden, bis die Flüssigkeit verdampft und das Fleisch trocken ist, sodass es bräunen kann. Dazu Pita-Brot und eine Auswahl an Servierzutaten reichen, damit jede Person ihr eigenes Sandwich zusammenstellen kann.

Hinweis: Schawarma kann mit Rinder-, Lamm- oder Hähnchenfleisch zubereitet werden. Bei Rindfleisch können Sie alle Teilstücke verwenden, die sich zum Kurzbraten eignen, also insbesondere aus dem Rücken. Da das Fleisch mariniert wird, müssen es nicht unbedingt die edelsten Stücke sein; auch etwas günstigere Stücke aus dem vorderen Rücken oder Flank-Steak sind geeignet. Bei Lammfleisch ist Fleisch aus der Keule zu empfehlen. Bei Hähnchenfleisch können Sie Brustfleisch oder ausgelöste Schenkel verwenden. Das Wichtigste ist, dass man das Fleisch so dünn wie möglich schneidet. Das ist am einfachsten, wenn Sie es vorher anfrieren.

Fleischbällchen in Zitronen-Knoblauch-Sauce

كفته بحامض وثوم

Vorbereitungszeit: 30 Minuten
Zubereitungszeit: 45 Minuten
Für 4–6 Personen

Für die Fleischbällchen
- 600 g grobes Hackfleisch (Rind, Lamm, Kalb oder eine Mischung)
- 1 Tomate, geviertelt
- 1 kleine Zwiebel, geviertelt
- 1 Knoblauchzehe
- 2 EL Semmelbrösel
- 1 EL frisch gehackte glatte Petersilie
- 1½ TL Salz
- 1½ TL Neun-Gewürze-Pulver (Seite 24)
- 1 TL fein abgeriebene Biozitronenschale
- ½ TL Paprikapulver edelsüß
- 1 kg Kartoffeln, geschält und in 2 cm große Würfel geschnitten

Für die Sauce
- 2 EL Butter
- 8 Knoblauchzehen, zerdrückt
- 1 TL Salz
- 3 EL Weizenmehl (Type 405)
- 1 l Hühner- oder Rinderbrühe
- 400 g weiße Champignons, in feine Scheiben geschnitten (optional)
- 2 EL frisch gepresster Zitronensaft
- ½ TL gemahlene Kurkuma

Zum Servieren
- Reis mit Vermicelli (Seite 32)

Die Vorliebe für sauren Geschmack scheint genetisch sein. Meine Schwäche für alles Zitronige muss ich von meines Vaters Seite geerbt haben – genauso wie das Rezept für diese *kafta* (Fleischbällchen). Die Sauce hat zwar einen säuerlichen Touch, das Zitronenaroma ist aber dennoch recht dezent und nicht dominierend, eben die perfekte Kombination aus herben und lieblichen Aromen. Die Pilze müssen nicht unbedingt in die Sauce, sorgen aber für eine aromatische Tiefe. Wenn Sie also gerade welche zur Hand haben – rein damit! Wenn Sie Brühe aus dem Glas verwenden, probieren Sie die Sauce auf jeden Fall erst, bevor Sie die Gewürze zugeben.

Den Backofen auf 220 °C vorheizen. Für die Fleischbällchen das Hackfleisch in eine große Schüssel geben.

Tomate, Zwiebel, Knoblauch, Semmelbrösel, Petersilie, Salz, Gewürzmischung, Zitronenabrieb und Paprikapulver im Mixer zu einer groben Masse verarbeiten. Zum Hackfleisch geben und von Hand untermengen.

Die Hackfleischmasse zu Kugeln formen, die etwas größer sind als die Kartoffelwürfel. Hackfleischbällchen und Kartoffelwürfel in einer Schicht auf einem Backblech verteilen und im vorgeheizten Ofen 15–20 Minuten braten, bis sie zu bräunen beginnen. Wenn nicht alles auf ein Backblech passt, Fleischbällchen und Kartoffeln separat auf zwei Backblechen garen.

Inzwischen für die Sauce die Butter in einem großen, schweren Topf bei mittlerer Hitze zerlassen. Den Knoblauch mit dem Salz darin 1 Minute braten. Das Mehl einstreuen und 2–3 Minuten unter Rühren hellbraun anschwitzen. Mit der Brühe ablöschen und rühren, bis die Sauce glatt ist. Pilze, falls verwendet, Zitronensaft und Kurkuma zufügen und etwa 5 Minuten köcheln lassen, bis die Pilze durchgegart sind. Abschmecken.

Fleischbällchen und Kartoffeln in die Sauce geben und weitere 15 Minuten garen, bis die Sauce leicht eingedickt ist. Sofort mit Reis servieren.

Kafta-Tahini-Auflauf

صينية كفته بطحينه

Vorbereitungszeit: 30 Minuten
Zubereitungszeit: 30–40 Minuten
Für 6–8 Personen

800 g grobes Hackfleisch (Rind, Lamm, Kalb oder eine Mischung)
100 g Pita- oder Weißbrot, Rinde entfernt und grob zerzupft
1 Tomate, geviertelt
1 kleine Zwiebel, grob gehackt
2 Knoblauchzehen
1 frische grüne Chili (optional)
2 EL frisch gehackter Koriander
2 EL frisch gehackte glatte Petersilie
1 EL Olivenöl
1 EL Salz
1 EL Neun-Gewürze-Pulver (Seite 24)
1 kg Kartoffeln, geschält und in dicke Spalten geschnitten

Für die Sauce
225 g Tahini
120 g Naturjoghurt
750 ml Wasser
4–5 EL frisch gepresster Zitronensaft
1 TL Salz

Zum Servieren
- 1 EL Geröstete Pinienkerne (Seite 31)
- frisch gehackte glatte Petersilie und rote Chiliflocken
- Reis mit Vermicelli (Seite 32)

Fragen Sie eine Palästinenserin nach diesem Gericht, und sie wird Ihnen vermutlich erzählen, dass es ein Gericht ist, das sie zubereitet, wenn sie wenig Zeit hat, spontan Gäste hat oder noch ein einfaches Gericht für ein raffiniertes Büfett braucht. Dieser Auflauf ist ganz simpel zuzubereiten, und die spritzige Tahinisauce sorgt zusammen mit dem würzigen Fleisch und den knusprigen Kartoffeln für ein wunderbares Geschmackserlebnis. In meiner Familie ist es eines der beliebtesten *kafta*-Gerichte und wird normalerweise mit einem Palästinensischen Salat (Seite 104) und Reis mit Vermicelli (Seite 32) serviert. Für eine vegetarische Variante verwenden Sie anstelle von *kafta* geröstete Blumenkohlröschen.

Den Backofen auf 220 °C vorheizen. Etwa ein Viertel des Hackfleischs in eine große Schüssel geben und beiseitestellen. Das Brot in eine andere Schüssel legen, knapp mit Wasser bedecken und einweichen.

Tomate, Zwiebel, Knoblauch, Chili, Koriander, Petersilie, Olivenöl, Salz und Gewürzmischung im Mixer mit der Pulse-Funktion zu einer groben Masse verarbeiten. Das Brot abgießen, ausdrücken, in den Mixer geben und mit der Pulse-Funktion in die Masse einarbeiten. Alternativ alles sehr fein hacken oder reiben und das Brot dann von Hand einarbeiten.

Die Masse zum Hackfleisch in die Schüssel geben und von Hand vermengen. Das restliche Hackfleisch einarbeiten, bis die Zutaten gleichmäßig vermischt sind, aber nicht länger bearbeiten als nötig.

Die Hackfleischmasse zu etwa 15 kleinen, rundlich-dicken Würstchen formen. Mit den Kartoffelspalten in einer Schicht auf einem Backblech verteilen und im vorgeheizten Ofen 15–20 Minuten braten, bis sie zu bräunen beginnen. Wenn nicht alles auf ein Backblech passt, *kafta* und Kartoffeln getrennt auf zwei Backbleche verteilen und nacheinander garen.

Inzwischen für die Sauce alle Zutaten in einer Schüssel glatt verrühren und abschmecken.

Kafta und Kartoffeln aus dem Ofen nehmen und dekorativ in eine große Auflaufform schichten. Mit dem Bratensaft von den *kafta* beträufeln und mit der Tahinisauce überziehen. Wieder in den Ofen geben und 10–15 Minuten garen, bis die Tahinisauce stellenweise gebräunt ist.

Mit Pinienkernen, Petersilie und Chiliflocken bestreuen und sofort mit Reis servieren.

Hackbällchen in Weinblättern

لحمه بورق

Vorbereitungszeit: 30 Minuten
Zubereitungszeit: 45–55 Minuten
Für 6–8 Personen

- 1 kg grobes Hackfleisch (Rind, Lamm, Kalb oder eine Mischung)
- 100 g Pita- oder Weißbrot, ohne Rinde, grob zerzupft
- 1 Zwiebel, geviertelt
- 1 Tomate, geviertelt
- 1 kleines Bund glatte Petersilie
- 2 EL Olivenöl
- 1 EL Neun-Gewürze-Pulver (Seite 24)
- 2 TL Salz
- 45–50 frische Weinblätter, 1 Minute blanchiert (oder eingelegte Weinblätter, 15 Minuten in kaltem Wasser eingeweicht und sorgfältig abgespült)
- 3–4 Kartoffeln, geschält und in 2 cm dicke Scheiben geschnitten
- 3–4 Tomaten, in 2 cm dicke Scheiben geschnitten

Für die Sauce

- 600 ml Brühe oder Wasser
- 2–3 EL Tomatenmark
- 1 TL Neun-Gewürze-Pulver (Seite 24)
- 1 EL Olivenöl, plus etwas mehr zum Beträufeln
- Salz und gemahlener schwarzer Pfeffer

Zum Servieren

— Reis mit Vermicelli (Seite 32)

Lange bevor in Weinblätter eingeschlagenes Fleisch und Fisch im Westen bekannt wurden, war diese Zubereitung in Palästina sowie der ganzen Levante beliebt, denn die Weinblätter halten Fleisch und Fisch beim Garen saftig und aromatisch. Diese besondere Variante, bei der Hackbällchen in Weinblätter eingehüllt werden, gilt in Jerusalem als Spezialität. Das Gericht wird oft zu besonderen Anlässen oder Dinner-Partys serviert, weil es so beeindruckend aussieht.

Den Backofen auf 190°C vorheizen. Etwa ein Viertel des Hackfleischs in eine große Schüssel geben und beiseitestellen. Das Brot in eine andere Schüssel legen, knapp mit Wasser bedecken und einige Minuten einweichen.

Inzwischen Zwiebel, Tomate, Petersilie, Olivenöl, Gewürzmischung und Salz im Mixer mit der Pulse-Funktion zu einer groben Masse verarbeiten. Das Brot abgießen, ausdrücken, in den Mixer geben und mit der Pulse-Funktion in die Masse einarbeiten. Alternativ alles sehr fein hacken oder reiben und das Brot dann von Hand einarbeiten.

Die Mischung zum Hackfleisch in die Schüssel geben und von Hand vermengen. Das restliche Hackfleisch einarbeiten, bis die Zutaten gleichmäßig vermischt sind, aber nicht länger bearbeiten als nötig, damit die Hackbällchen schön locker werden.

Die Hackfleischmasse in 15 Portionen teilen. Je 2–3 Weinblätter mit den Blattrippen nach oben überlappend auf eine saubere Arbeitsfläche legen (wenn die Blätter sehr groß sind, reicht eins) und eine Portion Hackfleisch in die Mitte. Zu einer Kugel formen und die Ränder der Weinblätter darüberschlagen.

Für die Sauce Brühe oder Wasser zusammen mit Tomatenmark, Gewürzmischung, 1 Teelöffel Salz und Olivenöl in einem Rührbecher glatt verrühren.

Die Weinblätterpäckchen mit der Naht nach unten in eine große runde Auflaufform setzen. Kartoffel- und Tomatenscheiben dazwischenstecken. Mit der Saucenmischung übergießen, mit etwas Olivenöl beträufeln, dann salzen und pfeffern.

Die Form mit Alufolie abdecken und im vorgeheizten Ofen 40 Minuten garen. Die Alufolie entfernen und das Ganze weitere 15 Minuten garen, bis die Kartoffeln an den Rändern bräunen. Sofort mit Reis servieren.

Kafta-Tomaten-Auflauf

صينية كفته ببندوره

Vorbereitungszeit: 20 Minuten
Zubereitungszeit: 45 Minuten
Für 4 Personen

Für das Fleisch

500 g grobes Hackfleisch (Rind, Lamm, Kalb oder eine Mischung)
1 kleines Bund glatte Petersilie, Blätter gehackt
1 kleine Zwiebel, gerieben
½ TL gemahlener Piment
½ TL gemahlener Zimt
¼ TL gemahlener schwarzer Pfeffer, plus etwas mehr zum Abschmecken
1 Dose (400 g) gehackte Tomaten
2 Knoblauchzehen, zerdrückt (optional)
4 EL Olivenöl, plus etwas mehr zum Beträufeln
5 Kartoffeln, geschält und in feine Scheiben geschnitten
5 Tomaten, in Scheiben geschnitten
1 grüne Paprika oder große grüne Spitzpaprika, entkernt und in Ringe geschnitten
Salz

Zum Servieren

– Reis mit Vermicelli (Seite 32) oder Pita-Brot, selbst gemacht (Seite 38) oder gekauft

Dieses Gericht ist in Palästina vermutlich die traditionellste Zubereitung mit *kafta*. Jeder hat seine eigene Art, die *kafta* zu formen und zu arrangieren. Das Ergebnis ist aber immer eine Mischung aus gut gewürztem Hackfleisch mit knusprigen Kartoffeln in einer herrlichen Tomatensauce. Dieses Rezept stammt von Juju, der besten Freundin meiner Mutter. Wenn die Sauce etwas mehr Kick haben soll, können Sie noch grüne Chilis und Knoblauch dazugeben. Ich liebe sie aber so, wie sie ist, weil Juju die Sauce so zubereitet, wie ihre Mutter und Großmutter es schon getan haben. Dieses bewährte und unglaublich leckere Gericht ist ein perfektes Abendessen, nicht nur unter der Woche.

Den Backofen auf 200°C vorheizen. Für das Fleisch das Hackfleisch in einer großen Schüssel mit Petersilie, Zwiebel, Gewürzen und 1 Teelöffel Salz kurz von Hand vermengen. Nicht zu lange bearbeiten.

Die gehackten Tomaten in einer zweiten Schüssel mit Knoblauch, falls verwendet, Olivenöl und ½ Teelöffel Salz verrühren. In eine Auflaufform (etwa 30 cm x 20 cm) füllen.

Die Hackfleischmasse zu kleinen Frikadellen formen und in Reihen abwechselnd mit Kartoffeln, Tomaten und Paprika in die Tomatensauce setzen. Mit etwas frisch gemahlenem Pfeffer würzen und mit Olivenöl beträufeln. Die Form mit Alufolie abdecken und im vorgeheizten Ofen 20–30 Minuten garen. Die Alufolie entfernen und den Auflauf weitere 15 Minuten im Ofen garen, bis die Kartoffeln gebräunt sind.

Aus dem Ofen nehmen und 5 Minuten ruhen lassen. Sofort mit Reis oder Pita-Brot servieren.

Auberginen mit Lamm-Nuss-Füllung

صينية باذنجان

Vorbereitungszeit: 45 Minuten
Zubereitungszeit: 30 Minuten
Für 6 Personen

Für die Füllung

1 Rezeptmenge Geröstete Pinienkerne (Seite 31)
1 Rezeptmenge Lammfleisch mit Zwiebeln und Gewürzen (Seite 30)
1 TL Sumach (optional)

Für die Auberginen

etwa 1,5 kg Auberginen (6 mittelgroße oder 12 kleine Auberginen)
Pflanzenöl, zum Braten (siehe Hinweis)
350 g Tomaten, gewürfelt
Olivenöl, zum Beträufeln
350 ml Hühnerbrühe, selbst gemacht (Seite 34) oder aus dem Glas, alternativ Wasser
½ TL Neun-Gewürze-Pulver (Seite 24)
1 EL Granatapfelsirup
Salz und gemahlener schwarzer Pfeffer

Zum Servieren

— Reis oder Brot

Meine Ururgroßmutter hatte dieses Rezept mit im Gepäck, als sie aus Syrien nach Palästina kam. Sie hat es dann an meine Urgroßmutter weitergegeben, die es meiner Teta Asma überließ, die es an meine Mutter weitergab, von der ich es habe. Rezepte, die eine so lange Zeit überdauern und seit Generationen zubereitet werden, haben etwas ganz Besonderes. Diese gefüllten Auberginen sind einfach sensationell und lohnen den Aufwand.

Für die Füllung die Pinienkerne, wie auf Seite 31 angegeben, rösten und das Lammfleisch mit Zwiebel und Gewürzen, wie auf Seite 30 angegeben, zubereiten. In einer Schüssel mischen und, falls verwendet, den Sumach unterrühren. Die Füllung kann bis zu 2 Tage im Voraus zubereitet und bis zur Weiterverarbeitung im Kühlschrank aufbewahrt werden.

Für die Auberginen mit einem Sparschäler in regelmäßigen Abständen längs Streifen von den Auberginen abschälen. Die Auberginen längs halbieren. In ein Sieb legen, großzügig mit Salz bestreuen und etwa 1 Stunde ziehen lassen. Abspülen und mit Küchenpapier trocken tupfen. Kleine Auberginen ganz lassen, nicht salzen und dafür vor dem Braten mehrmals mit einem Messer einstechen.

Pflanzenöl etwa 2 cm hoch in eine große Pfanne füllen und erhitzen. Die Auberginen portionsweise darin etwa 10 Minuten unter ein- bis zweimaligem Wenden von beiden Seiten goldbraun braten. Vorsicht, Spritzgefahr! Aus dem heißen Fett nehmen und auf Küchenpapier abtropfen lassen.

Den Backofen auf 190°C vorheizen. Die Auberginen mit den Schnittseiten nach oben in eine große Auflaufform legen (etwa 30 cm x 40 cm). Die Auberginenhälften mit einem spitzen Messer mittig einschneiden, dabei zu den Enden einen Abstand von 3 cm lassen. Die Auberginen mit den Fingern vorsichtig weiten, sodass eine Tasche entsteht. Die Füllung hineingeben. Restliche Füllung zwischen den Auberginen verteilen.

Die Tomatenwürfel daraufsetzen, mit Olivenöl beträufeln, dann salzen und pfeffern. Brühe oder Wasser mit Gewürzmischung, Granatapfelsirup und 2 Teelöffeln Salz verrühren und über die gefüllten Auberginen gießen. Im vorgeheizten Ofen 30 Minuten backen.

Aus dem Ofen nehmen und vor dem Servieren mindestens 5 Minuten ruhen lassen. Mit Reis oder Brot servieren.

Hinweis: Die Auberginen können auch im Ofen gebraten werden: mit Öl bestreichen und 20–30 Minuten bei 200°C garen.

Pikante Lammkeule

فخدة خروف بالفرن

Vorbereitungszeit: 10 Minuten + Marinieren
Zubereitungszeit: 3 Stunden 30 Minuten
Für 6–8 Personen

- 3 EL Granatapfelsirup
- 2 EL Olivenöl
- 1 EL Salz
- 1 EL gemahlener Koriander
- 1 EL gemahlener Kreuzkümmel
- 2 TL gemahlene Dillsamen
- 2 TL Sumach
- 4 große Knoblauchzehen, zerdrückt
- 1 TL Neun-Gewürze-Pulver (Seite 24)
- ½ TL rotes Chilipulver
- 2–3 Lorbeerblätter
- 1 Lammkeule mit Knochen (2,2–2,5 kg)

Früher war Fleisch wertvoll und teuer und wurde im Allgemeinen nur an Feiertagen zubereitet. Vermutlich deshalb galten und gelten bis heute Bratenstücke als Zeichen der größten Wertschätzung für Gäste. Neben traditionellen Gerichten wie Lamm-Reis-Topf mit Joghurt (Seite 206), Hähnchen mit Gemüsereis (Seite 198) oder Lamm-Kichererbsen-Pilaw mit Knoblauch (Seite 202), die gern mit großen Lammfleischstücken am Knochen gekrönt werden, gehörte diese ganze Lammkeule zu den Gerichten, die meine Mutter oft zubereitete, wenn wir Gäste hatten. Das Fleisch brät mehrere Stunden bei niedriger Hitze im Ofen und wird dadurch wunderbar zart. Es gibt viele Möglichkeiten, die Lammkeule zu würzen – wichtig ist aber, dass sie langsam bei niedriger Hitze gegart wird. Diese Version gehört zu meinen Favoriten, Sie können das Fleisch aber auch mit Za'atar oder Dukka (Seite 244) würzen.

Für die Marinade alle Zutaten außer Lorbeerblätter und Lammkeule in eine Schale geben und sorgfältig verrühren.

Mit einem scharfen Messer rundum tiefe, kleine Taschen in die Lammkeule schneiden, damit die Marinade besser ins Fleisch eindringen kann. Die Marinade von Hand ins Fleisch und insbesondere in die Einschnitte massieren. Die Lorbeerblätter hineinstecken. Die Lammkeule mindestens 1 Stunde, vorzugsweise über Nacht im Kühlschrank marinieren.

Den Backofen auf 220°C vorheizen. Die Lammkeule in eine große Bratform, idealerweise mit einsetzbarem Rost, legen. Im vorgeheizten Ofen 15 Minuten braten.

Die Form aus dem Ofen nehmen und die Temperatur auf 160°C reduzieren. 120 ml Wasser in die Bratform füllen. Dann mit Alufolie abdecken, dabei eine kleine Kuppel bilden, damit die Alufolie das Fleisch nicht berührt. Im Ofen weitere 3 Stunden garen. Nach der Hälfte der Zeit den Flüssigkeitsstand prüfen und gegebenenfalls etwas Wasser zugießen.

Die Alufolie entfernen, die Hitze wieder auf 220°C erhöhen und die Lammkeule weitere 5–10 Minuten braten, damit sich eine schöne Kruste bildet. Aus dem Ofen nehmen, locker mit Alufolie abdecken und vor dem Servieren 15 Minuten ruhen lassen.

Rechts
Gewürzstand auf dem Souk El Attarine in der Jerusalemer Altstadt.

Cumin
Curry
Карри
Falafel
Rice
Fish Spice
épices pour le poisson
Рыба специи
شاورما
שווארמה
Shawarma Spice
épice pour shawarma
Шаурма специи
BBQ
مشاوي مشكل
על האש
Thailand Rice & Soup
Riz thaï et soupe
Таиланд рис и суп
مشاوي تركي
על האש טורקי
Turkish BBQ
BBQ turc
Турецкий барбекю
Italian Spice
Gulf Rice & Vegetables
Riz des pays du Golf et legumes
Райс, овощи залива
ارز و شوربة استرالي
אורז ומרק-אוסטרלי
Australian Rice & Soup Spice
Riz australien et soupe épicée
Австралийский рис и суп
ارز و شوربة شرقي
אורז ומרק-מזרחי
Oriental Rice& Soup
Восточные Райс и суп
ارز و شوربة هندي
אורז ומרק-הודי
Indian Rice & Soup
Riz indien et soupe
Индийский рис и суп
Rice and Vegital
Riz - So
Infusion
حب هال
הל
Cardamom
Cardamome
Кардамон
بهار سلطة
תבלין סלט
Salad Spice
épices à salade
Салат специй

Reis, Getreide und Fatteh

Wie die meisten Kinder wollte auch ich ganz schnell groß werden. Nun, da ich erwachsen bin, wünsche ich mir nichts sehnlicher, als wieder Kind zu sein und einen Tag bei meiner Teta Fatima zu verbringen und ihren und Großvaters Familiengeschichten, Märchen und Anekdoten zuzuhören.

In all diesen Erzählungen, die ich als Kind hörte, war es immer wichtig, eigenes Land zu besitzen. Schließlich bedeutete Landbesitz für die meisten palästinensischen Familien Leben und Lebensgrundlage. Man baute darauf Weizen an – Bulgur und Freekeh und das daraus gebackene Brot war und ist unser Grundnahrungsmittel.

Ich war also nicht überrascht zu erfahren, dass bei Ausbruch des Palästinakrieges 1948, als viele Menschen fliehen mussten, mein Großvater sich weigerte, sein Haus zu verlassen. Die ganze Familie packte ihre Sachen und flüchtete, nur er und sein ältester Sohn blieben zur Bewachung von Haus und Land zurück. Außerdem war es Frühsommer, und die Speicher waren bis oben voll mit Weizen. Für die Familie war Weizen mehr wert als Gold, es war der Lohn ihrer Arbeit und ihre Lebensgrundlage. Die Familie meiner Großmutter konnte glücklicherweise in ihr Haus zurückkehren. Aber diese Geschichte zeigt, wie wichtig Getreide bzw. Weizen für Palästinenser ist: als Nahrungsquelle und als Kapital.

Viele der folgenden Rezepte basieren auf diesen günstigen, nährstoffreichen und sättigenden heimischen Getreidesorten. Sie mögen auf den ersten Blick zu simpel erscheinen, um so lecker zu schmecken, wie ich sie beschreibe. Oft sind es aber kleine Tricks und Kniffe, wie die Zwiebeln für den Linsen-Bulgur-Pilaw (Seite 164) fast anbrennen zu lassen, und einfachste Techniken, wie Freekeh erst in Ghee oder Butter anzubraten (Seite 162), die aus den einfachsten Zutaten tatsächlich etwas ganz Besonderes machen. In anderen Rezepten wie Reispilaw mit Lamm und Nüssen (Seite 166) wird einfacher weißer Reis durch die Zugabe von Hackfleisch und Gewürzen zu einem sättigenden Gericht. Reis ist zwar kein heimisches Korn, wurde aber gegen Ende der osmanischen Herrschaft und dem Beginn des britischen Mandats in großen Mengen aus Ägypten nach Palästina importiert und hat seitdem seinen Platz in der Landesküche gefunden.

Ob ganz einfach oder aufwendig – diese Gerichte mit Reis und Getreide haben alle eine lange Tradition. Sie werden mit allgegenwärtigen Zutaten wie Weizen, Freekeh, Bulgur, Reis und Brot zubereitet, geschmacklich aber mit diversen Gemüsesorten, Gewürzen und Zubereitungsmethoden aufgewertet. Genießen Sie die verschiedenen Aromen und die Einfachheit der Gerichte, weil darin nicht nur das Wesen der authentischen palästinensischen Küche, sondern auch unsere Art zu leben spürbar wird.

Links
Eine Getreidemühle in dem Ort Nahef in Galiläa.

Risotto mit Joghurt und Knoblauch

لبنيه

Vorbereitungszeit: 5 Minuten
Zubereitungszeit: 30 Minuten
Für 4 Personen

- 500 g Naturjoghurt (vorzugsweise Ziegenjoghurt)
- 475 ml Wasser
- 1 TL Salz
- 1 TL Speisestärke (entfällt bei Verwendung von Ziegenjoghurt)
- 1 EL Olivenöl
- 4 Knoblauchzehen, zerdrückt
- 1 TL Zitronensaft (optional)
- 350 g gegarter weißer Reis

Zum Garnieren (optional)

- Olivenöl, zum Braten
- 2 Knoblauchzehen, in feine Scheiben geschnitten
- 25 g Geröstete Pinienkerne (Seite 31)
- 1 EL zerdrückte getrocknete Minze

Dieses Risotto ist eine tolle Möglichkeit, übrig gebliebenen Reis oder Gekochte Joghurtsauce (Seite 29) zu verwerten, und gehört zu meinen Leibgerichten. Der säuerliche Joghurt und die Schärfe des Knoblauchs symbolisieren palästinensisches Seelenessen in Reinform. Für eine aufwendigere Präsentation garniere ich das Risotto entweder mit gerösteten Pinienkernen oder gebratenen Knoblauchscheiben.

Den Joghurt mit Wasser, Salz und, falls verwendet, Speisestärke in einen schweren Topf geben und bei mittlerer bis starker Hitze zum Kochen bringen. Dabei ständig rühren, damit der Joghurt nicht gerinnt! Die Hitze so reduzieren, dass der Joghurt nur schwach köchelt, solange der Knoblauch zubereitet wird.

Das Olivenöl in einer kleinen Pfanne erhitzen. Den Knoblauch darin bei mittlerer Hitze 1–2 Minuten braten, bis er zu duften beginnt. Nicht braun werden lassen. Den Knoblauch in den Joghurt rühren. Die Sauce sollte recht salzig und säuerlich schmecken. Je nach Joghurtart deshalb noch mit Zitronensaft und weiterem Salz abschmecken.

Den Reis in den Joghurt rühren. Die Hitze leicht erhöhen und die Mischung zum Köcheln bringen, bis sie die Konsistenz eines dünnflüssigen Risottos hat. Je nach Reissorte noch mit etwas Wasser strecken. Dabei beachten, dass der Reis beim Abkühlen stark eindickt.

Zum Servieren das Olivenöl in einer kleinen Pfanne erhitzen und die Knoblauchscheiben darin goldgelb braten. Aus dem Öl nehmen und auf Küchenpapier abtropfen lassen.

Das Risotto in flache Schalen füllen und mit den Knoblauchscheiben garnieren. Alternativ mit Pinienkernen und etwas Minze bestreuen.

Hinweis: Für dieses Rezept wird die Joghurtsauce frisch zubereitet. Sie können aber auch übrig gebliebene Joghurtsauce von einem anderen Rezept in diesem Buch verwenden wie vom Lamm-Reis-Topf mit Joghurt (Seite 206) oder Lammklößchen in Joghurtsauce (Seite 204). In diesem Fall muss kein Knoblauch angebraten werden, da die Joghurtsauce bereits Knoblauch enthält. Die übrig gebliebene Joghurtsauce sanft erhitzen und den Reis darin einige Minuten köcheln lassen. Wasser und Salz nach Bedarf unterrühren.

Freekeh-Pilaw mit Lamm und Pinienkernen

فريكه مفلفله

Vorbereitungszeit: 15 Minuten
Zubereitungszeit: 1 Stunde
Für 6–8 Personen

2 EL Butter
2 EL Olivenöl
2 Zwiebeln, fein gewürfelt
1 TL Salz
1 TL Neun-Gewürze-Pulver (Seite 24)
½ TL gemahlener Kreuzkümmel
450 g Freekeh
1 l Hühnerbrühe, selbst gemacht (Seite 34) oder aus dem Glas

Für Lammfleisch und Pinienkerne
1 Rezeptmenge Geröstete Pinienkerne (Seite 31)
3 EL Olivenöl
500 g Lammkeule oder Rinderfilet, in 1 cm große Würfel geschnitten
1 TL Neun-Gewürze-Pulver (Seite 24)
1 TL Salz

Durch seine feine Rauchnote schmeckt Freekeh (früh geernteter, gerösteter Weizen) ganz anders als anderes Getreide. In der Kombination mit Butter und Olivenöl, gebratenen Zwiebeln und warmen Gewürzen entsteht ein unvergleichliches komplexes Aroma – ein Fest für die Geschmacksknospen. Dieses Gericht sieht auf einer Platte angerichtet und mit Pinienkernen und Lammfleisch garniert sehr eindrucksvoll aus, ist also bestens geeignet für Gäste. Sie können auch Lammkoteletts, Hähnchenschenkel oder auch ein ganzes Brathähnchen verwenden.

Die Butter mit dem Öl in einem großen Topf bei mittlerer Hitze zerlassen. Die Zwiebeln mit Salz und Gewürzen darin 6–8 Minuten unter gelegentlichem Rühren dünsten, bis die Zwiebeln weich sind und zu bräunen beginnen. Den Freekeh einstreuen und mit einem Holzlöffel rühren, bis die Körner mit Fett überzogen sind und glänzen. Weitere 6–8 Minuten unter gelegentlichem Rühren garen, bis die Körner leicht geröstet sind und nussig riechen.

Mit der Brühe ablöschen, rühren und zum Kochen bringen. Die Hitze auf niedrige Stufe reduzieren und den Freekeh 35–45 Minuten bei aufgesetztem Deckel garen. Dabei gelegentlich rühren, damit der Freekeh nicht am Topfboden festhaftet, und bei Bedarf etwas Wasser zugießen. Abschmecken. Wenn der Freekeh noch zu viel Biss hat, etwas Wasser zugießen und bei niedriger Hitze etwas weitergaren. Er sollte weder zu weich noch zu hart sein. Die Textur von gegarten Perlgraupen ist ideal. Den Topf vom Herd nehmen und den Freekeh vor dem Servieren 15 Minuten ruhen lassen.

Inzwischen die Pinienkerne rösten und beiseitestellen. Das Olivenöl in derselben Pfanne bei starker Hitze heiß werden lassen, aber nicht bis zum Rauchpunkt erhitzen. Das Fleisch hineingeben, mit den Gewürzen und Salz bestreuen und unter häufigem Rühren 10–15 Minuten braten, bis das Fleisch trocken ist und zu bräunen beginnt. Die Pfanne vom Herd nehmen und abgedeckt bis zum Servieren ruhen lassen.

Den Freekeh auf eine große Platte geben und mit einer Gabel auflockern. Das Fleisch darauf anrichten und mit den Pinienkernen bestreuen. Sofort servieren.

Variante: Anstelle von gebratenem Fleisch können Sie den Freekeh auch mit gebratenen Lammkoteletts (2–4 Stück pro Person) oder gebratenen Hähnchenteilen (1 Schenkel oder Brust pro Person) oder zerkleinertem Hähnchenfleisch garnieren.

Linsen-Bulgur-Pilaw

مجدرة برغل

Vorbereitungszeit: 10 Minuten
Zubereitungszeit: 45–60 Minuten
Für 4–6 Personen

- 225 g Linsen, verlesen und abgespült (siehe Hinweis)
- 1 l Wasser
- 120 ml Olivenöl
- 3 Zwiebeln, fein gewürfelt
- 1 TL Salz
- ½ TL gemahlener Kreuzkümmel
- 175 g grober Bulgur

Für die Zwiebel-Garnierung

- Pflanzenöl, zum Braten
- 1 große Zwiebel, halbiert, in feine Scheiben geschnitten
- 1 TL Speisestärke

Die Kombination von gebratenen Zwiebeln, Bulgur, Linsen und hochwertigem Olivenöl ist einfach unschlagbar. Mit dem Palästinensischen Salat (Seite 104) und etwas Joghurt wird aus dem Linsen-Bulgur-Pilaw ein gesundes, nährstoffreiches Essen. Wegen der Zutaten gilt dieses Gericht als bäuerlich-rustikales Essen, das niemand für einen besonderen Anlass zubereiten würde. Schade eigentlich!

Die Linsen mit dem Wasser in einen großen Topf geben und bei starker Hitze zum Kochen bringen. Die Hitze reduzieren und die Linsen 15–30 Minuten köcheln lassen, bis sie fast gar sind. Grundsätzlich sollte 5 Minuten kürzer gegart werden, als auf der Packung angegeben ist.

Inzwischen das Olivenöl in einer Pfanne erhitzen. Die Zwiebeln darin bei mittlerer bis starker Hitze 15–20 Minuten unter regelmäßigem Rühren braten, bis sie schön gebräunt sind und knusprig werden. Gut gebräunte Zwiebeln können schnell verbrennen, deshalb nicht aus den Augen lassen, rühren und die Pfanne sofort vom Herd nehmen, wenn die Zwiebeln fertig gebräunt sind. Durch die Zwiebeln erhält der Pilaw seine schöne Farbe und sein tolles Aroma.

Die Zwiebeln samt Öl zu den Linsen geben. Salz und Kreuzkümmel sorgfältig einrühren. Den Bulgur untermengen und aufkochen. Die Hitze reduzieren und das Ganze bei aufgesetztem Deckel 10–15 Minuten sehr sanft köcheln lassen. Von Zeit zu Zeit eine Garprobe nehmen und wenn Bulgur oder Linsen noch nicht ganz gar sind, das Wasser aber schon verkocht ist, etwas Wasser nachgießen und weiterköcheln lassen.

Wenn der Pilaw fertig ist, ein sauberes Küchentuch oder Küchenpapier auf den Topf legen, den Deckel aufsetzen und den Pilaw vor dem Servieren 15 Minuten ruhen lassen.

Inzwischen für die Garnierung Öl in einer kleinen, hohen Pfanne erhitzen. Die Zwiebelscheiben in einer Schüssel mit der Speisestärke bestäuben und darin wenden. Ins heiße Fett geben und knusprig und goldbraun braten. Mit einem Schaumlöffel herausnehmen und auf Küchenpapier abtropfen lassen.

Auf dem Pilaw anrichten und sofort servieren.

Hinweis: Traditionell werden braune Linsen für dieses Gericht verwendet. Sie können aber auch alle anderen Sorten (nur keine Spaltlinsen) verwenden: z.B. grüne Linsen, Puy- oder Beluga-Linsen.

Reispilaw mit Lamm und Nüssen

حشوه

Vorbereitungszeit: 10 Minuten + Einweichen
Zubereitungszeit: 45 Minuten
Für 6–8 Personen

- 2 EL Butter
- 2 EL Olivenöl
- 1½ EL Neun-Gewürze-Pulver (Seite 24)
- 700 g Lamm- oder Rinderhackfleisch (siehe Hinweis)
- 500 g Jasminreis (oder Mittelkornreis), gewaschen, 15 Minuten in Wasser eingeweicht und abgetropft
- 1 l Hühner- oder Rinderbrühe oder Lammfond
- 50 g Geröstete Pinienkerne (Seite 31)
- 120 g Geröstete Mandeln (Seite 31)
- Salz

Bei uns heißt dieses Gericht *hashweh*, was eigentlich „Füllung" bedeutet, denn dieser Reis (siehe Abbildung auf Seite 191) wird auch als Füllung für Hähnchen, Lamm, Täubchen und andere Fleischstücke verwendet. Er ist so lecker, dass wir ihn auch oft pur servieren – bei festlichen Anlässen gern mit Hühnchen oder Lamm garniert. Ob als Gericht oder als Füllung: die wärmenden Gewürze im Reis mit saftigem Lammfleisch und knackigen Nüssen sind ein echter Hochgenuss. Fast immer wird Joghurt zu diesem Gericht serviert, ich finde auch den Krautsalat mit Tomaten (Seite 108) dazu toll.

Die Butter mit dem Olivenöl in einem großen Topf bei starker Hitze zerlassen. Wenn die Buttermischung zu schäumen beginnt, das Gewürzpulver einstreuen und 1 Minute braten, bis es duftet. Das Hackfleisch zugeben und 10–15 Minuten unter häufigem Rühren bräunen. Wenn das Fleisch zu viel Saft abgibt, garen, bis die Flüssigkeit verdampft und das Fleisch trocken ist.

Den Reis untermischen, bis die Körner mit Fett überzogen sind und glänzen. Mit der Brühe ablöschen und zum Kochen bringen. Die Hitze reduzieren, den Deckel aufsetzen und das Ganze 15–20 Minuten köcheln lassen, bis der Reis durchgegart ist. Wenn die Flüssigkeit zu schnell verdampft, bevor der Reis gar ist, noch etwas Wasser zugießen. Der Reis sollte weich sein, aber noch etwas Biss haben und nicht klumpen.

Eventuell mit Salz abschmecken (je nachdem, wie salzhaltig die Brühe ist). Die Pinienkerne untermischen. Den Topf vom Herd nehmen und den Reis bei aufgesetztem Deckel vor dem Servieren 10 Minuten ruhen lassen.

Den Reis mit einer Gabel auflockern, in eine Servierform geben und mit den gerösteten Mandeln garnieren.

Hinweis: Wenn ich nicht viel Zeit habe, verwende ich für dieses Gericht, wie angegeben, Rinder- oder Lammhackfleisch, auch wenn ich die Textur von klein gewürfeltem Fleisch lieber mag. Ich kaufe dann ein ganzes Fleischstück, dabei bevorzuge ich für dieses Gericht in der Regel Flank-Steak vom Rind oder Keulenfleisch vom Lamm, aber Sie können auch ein anderes Fleischstück verwenden. Damit es sehr klein gewürfelt werden kann (nicht größer als Kichererbsen), empfiehlt es sich, das Fleisch anzufrieren. So lässt es sich leichter schneiden.

Reis-Linsen-Pilaw

مجدرة رز

Vorbereitungszeit: 10 Minuten + Einweichen
Zubereitungszeit: 45–60 Minuten
Für 4–6 Personen

225 g Linsen, verlesen und abgespült (siehe Hinweis Seite 164)
1 l Wasser
200 g Reis, 15 Minuten in Wasser eingeweicht und abgetropft
2 TL Salz
½ TL gemahlener Kreuzkümmel
½ TL Neun-Gewürze-Pulver (Seite 24, optional)
120 ml Olivenöl
3 Zwiebeln, fein gewürfelt

Für die Zwiebel-Garnierung
Pflanzenöl, zum Braten
1 große Zwiebel, halbiert, in feine Scheiben geschnitten
1 TL Speisestärke

Reis und Linsen sind in vielen Ländern Grundnahrungsmittel. Dieses Gericht, in dem beides kombiniert wird, ist ein palästinensisches Standardgericht, weil die Zutaten fast immer vorhanden sind. Auch wenn der Pilaw sehr einfach ist und früher als Arme-Leute-Essen galt, weil er kein Fleisch enthält, ist die Kombination aus Reis und Linsen mit knusprigen Zwiebeln und Gewürzen eine ganz wunderbare Mahlzeit! Es ist der Variante mit Bulgur (Seite 164) sehr ähnlich, außer dass die Zwiebeln nicht so stark gebraten werden.

Die Linsen mit dem Wasser in einen großen Topf geben und bei starker Hitze zum Kochen bringen. Die Hitze reduzieren und die Linsen 15–30 Minuten köcheln lassen, bis sie fast gar sind. Die genaue Garzeit hängt von der Linsensorte ab, aber grundsätzlich sollte 5 Minuten kürzer gegart werden, als auf der Packung angegeben.

Den Reis mit 1 Teelöffel Salz und den Gewürzen zugeben und zum Kochen bringen. Die Hitze wieder reduzieren und das Ganze bei aufgesetztem Deckel köcheln lassen, bis der Reis gegart ist. Wenn Reis und Linsen noch nicht ganz durchgegart sind, das Wasser aber schon verkocht ist, etwas Wasser nachgießen und weiterköcheln lassen.

Inzwischen das Olivenöl in einer Pfanne erhitzen. Die Zwiebeln mit dem restlichen Salz darin bei mittlerer bis starker Hitze 12–15 Minuten unter regelmäßigem Rühren braten, bis sie schön gebräunt sind und knusprig werden.

Wenn der Reis gar ist, die Zwiebeln samt Öl unterziehen. Den Topf vom Herd nehmen, ein sauberes Küchentuch oder Küchenpapier auf den Topf legen, den Deckel aufsetzen und den Pilaw vor dem Servieren 10 Minuten ruhen lassen, damit sich die Aromen besser entwickeln.

Inzwischen für die Garnierung Öl in einer kleinen, hohen Pfanne erhitzen. Die Zwiebelscheiben in einer Schüssel mit der Speisestärke bestäuben und darin wenden. Ins heiße Fett geben und knusprig und goldbraun braten. Dabei darauf achten, dass sie nicht zu dunkel werden, da die Zwiebeln schnell verbrennen. Mit einem Schaumlöffel herausnehmen und auf Küchenpapier abtropfen lassen.

Auf dem Pilaw anrichten und sofort servieren.

Rindfleischpasteten mit Freekeh und Gemüse

صرر أوزي بالفريكه

Vorbereitungszeit: 30 Minuten
Zubereitungszeit: 1 Stunde 30 Minuten
Ergibt 8 Pasteten (für 4–8 Personen)

1 EL Butter
2 EL Olivenöl
1 große Zwiebel, fein gewürfelt
1 TL Salz
½ TL Neun-Gewürze-Pulver (Seite 24)
½ TL gemahlener Kreuzkümmel
200 g Rinder- oder Lammhackfleisch
200 g Freekeh
500 ml Wasser
100 g Karotten, gewürfelt
100 g grüne Erbsen
1 Rezeptmenge Geröstete Pinienkerne (Seite 31)
500 g fertiger Blätterteig
1 Ei, mit 1 EL Wasser verquirlt

Dieses Gericht wird oft für besondere Anlässe zubereitet. Besonders eindrucksvoll ist es auch, aus den Zutaten eine große kuppelartige Pastete zu backen, die dann am Tisch aufgeschnitten wird. Normalerweise werden die Pasteten mit einer Reisfüllung zubereitet, ich aber verwende Freekeh dafür, weil meine Mutter sie so macht. Wenn Sie lieber Reis nehmen möchten, garen Sie einfach weißen Reis und mischen Sie ihn unter das gebratene Fleisch.

Die Butter mit dem Öl in einem großen Topf bei mittlerer Hitze zerlassen. Die Zwiebel mit Salz und Gewürzen hineingeben. Die Hitze reduzieren und die Zwiebelwürfel 6–8 Minuten unter gelegentlichem Rühren garen, bis sie weich sind und zu bräunen beginnen.

Die Hitze auf hohe Stufe erhöhen. Das Hackfleisch zugeben und 10–12 Minuten unter häufigem Rühren anbräunen. Dabei Klumpen mit einem Holzlöffel zerdrücken. Wenn das Hackfleisch viel Saft abgibt, etwas länger garen, bis das Fleisch trocken ist. Die Hitze wieder reduzieren und den Freekeh untermischen. Unter gelegentlichem Rühren etwa 6 Minuten garen, bis die Körner leicht geröstet sind.

Mit dem Wasser ablöschen, kurz rühren und zum Kochen bringen. Die Hitze auf niedrige Stufe reduzieren und die Mischung bei aufgesetztem Deckel 35–45 Minuten köcheln lassen, bis der Freekeh weich ist. Andernfalls noch etwas Wasser zugeben und weitergaren.

Inzwischen einen kleinen Topf Salzwasser zum Kochen bringen. Die Karotten darin 3–4 Minuten kochen. Die Erbsen zugeben und weitere 3 Minuten kochen. Das Gemüse abgießen, unter kaltem Wasser abschrecken und abtropfen lassen.

Die Freekeh-Füllung in eine breite Schüssel geben und etwa 10 Minuten ausdampfen lassen. Karotten und Erbsen mit den Pinienkernen untermischen.

Den Backofen auf 200 °C vorheizen. Den Blätterteig dünn ausrollen und zu acht etwa 15 x 15 cm großen Quadraten schneiden. Eine geeignete Schale mit einem Teigstück auslegen und 3–5 Esslöffel der Freekeh-Mischung hineingeben. Die vier Teigecken darüberschlagen, sodass die Füllung dicht eingeschlossen ist. Die Schale stürzen und die Pastete auf ein mit Backpapier ausgelegtes Backblech setzen. Mit den restlichen Zutaten ebenso verfahren.

Die Pasteten mit dem Ei bestreichen und im vorgeheizten Ofen 20 Minuten goldgelb backen. Sofort servieren.

Kibbeh-Torte

صينية كبه

Vorbereitungszeit: 30 Minuten
Zubereitungszeit: 1 Stunde
Für 6–8 Personen

Für den Kibbeh-Teig

280 g sehr feiner Bulgur
1 kleine Zwiebel, geviertelt
1 TL Salz
½ TL Neun-Gewürze-Pulver (Seite 24)
½ TL gemahlener Kreuzkümmel
250 g mageres Ziegen-, Lamm- oder Rindfleisch, zweimal durch die feine Scheibe des Fleischwolfs gedreht
Olivenöl, zum Bestreichen

Für die Füllung

1 Rezeptmenge Geröstete Pinienkerne (Seite 31)
1 Rezeptmenge Lammfleisch mit Zwiebeln und Gewürzen (Seite 30)
50 g Walnusskerne, grob gehackte und leicht geröstet

Frittierte Kibbeh schmecken wunderbar. Allerdings ist die Zubereitung zeitaufwendig, und dann müssen sie auch noch frittiert werden. Wenn mir also nach Kibbeh ist, ich aber keine Lust habe, lange in der Küche zu stehen, mache ich diese genauso leckere gebackene Version aus dem Ofen.

Für den Teig den Bulgur in einer großen Schüssel mit kaltem Wasser bedecken und 15 Minuten quellen lassen. Das Wasser abgießen und den Bulgur möglichst gut ausdrücken.

Die Zwiebel mit Salz, Gewürzen und 1 Esslöffel kaltem Wasser im Mixer fein hacken. Das Fleisch zugeben und mit der Pulse-Funktion einarbeiten, bis eine glatte Masse entstanden ist. Den Bulgur zugeben und erneut zu einer glatten Masse mixen. In eine Schüssel geben, kurz von Hand durchkneten, in Fischhaltefolie einschlagen und mindestens 1 Stunde oder über Nacht im Kühlschrank ruhen lassen.

Inzwischen für die Füllung Pinienkerne, wie auf Seite 31 angegeben, rösten. Lammfleisch mit Zwiebeln und Gewürzen, wie auf Seite 30 angegeben, zubereiten. Pinienkerne, Lammmischung und Walnüsse in einer Schüssel vermengen.

Den Backofen auf 200°C vorheizen. Eine Backform (28 cm Ø oder 30 cm x 20 cm) mit Olivenöl einfetten. Eine Schüssel Wasser zum Befeuchten der Hände bereitstellen.

Den Teig halbieren. Eine Hälfte gleichmäßig auf den Boden der vorbereiteten Form drücken. Dabei immer wieder die Hände befeuchten. Die Füllung darauf verteilen und leicht andrücken. Für den Teigdeckel eine Handvoll vom restlichen Teig abnehmen, zwischen den Handflächen flach drücken und auf die Füllung legen. Auf diese Weise mit immer wieder befeuchteten Händen weitere Teigstücke formen und leicht überlappend auf die Füllung legen, bis ein geschlossener Teigdeckel entstanden ist. Den Teigdeckel glatt streichen.

Mit einem spitzen Messer ein dekoratives geometrisches Muster in den Teigdeckel ritzen. Bei einer rechteckigen Form ist ein Rautenmuster am gängigsten. Bei einer runden Form den Kreis in Viertel oder Achtel teilen und dann in jedem Dreieck ein Rautenmuster einritzen. Die Torte nun so in Stücke schneiden, wie diese serviert werden sollen.

Die Torte kann nun direkt gebacken oder bis zu 3 Monate eingefroren werden. Großzügig mit Olivenöl bestreichen und 35–45 Minuten im vorgeheizten Ofen goldbraun backen, dabei mehrmals prüfen, und wenn die Oberfläche zu trocken wirkt, mit Olivenöl bestreichen. Vor dem Anschneiden und Servieren 10 Minuten abkühlen lassen.

Brot brechen: Fatteh

Man kann kaum behaupten, dass *fatteh* palästinensisch sei, weil es in der ganzen Levante bekannt ist. Zwar gibt es ganz typische palästinensische Varianten, wie Fatteh aus Gaza (Seite 176), aber ansonsten bezeichnet *fatteh* eine Zubereitungsmethode, die man von Syrien bis in den Libanon, von Jordanien bis Ägypten überall kennt.

Das Wort *fatteh* leitet sich ab von einem altarabischen Verb mit der Bedeutung „Brot in Stücke brechen und in einer Flüssigkeit oder Sauce einweichen". Das Einweichen von Brotstücken in einer Speise – ob die Brotstücke nun in eine Linsensuppe gegeben oder hauchdünnes Fladenbrot mit Reis, Fleisch und Sauce geschichtet wird –, ist im arabischen Raum als *fatt* bekannt. Daher auch der Name für das Gericht: *fatteh*.

Die Ursprünge dieser Methode und folglich des Gerichts reichen vermutlich zurück bis in ganz alte Zeiten, als Reis und anderes Getreide noch nicht so verfügbar waren wie Weizen. Deshalb war Brot die wichtigste Kohlenhydratquelle.

Wenn heute von *fatteh* die Rede ist, meint man normalerweise Gerichte, für die Fladenbrote oder Brotstücke erst mit einer warmen Zubereitung belegt und dann mit einer kalten Sauce auf Tahini-, Joghurt- oder Zitronenbasis überzogen werden. Die Brotgrundlage kann aus dünnen Fladenbroten oder auch knusprig frittierten oder gebackenen Pita-Croûtons bestehen, während für den Belag Zubereitungen aus Gemüse, Hülsenfrüchten, Fleisch usw. verwendet werden.

Die folgenden drei Rezepte gehören zu den traditionellsten palästinensischen *fatteh*-Zubereitungen. Die langen Zutatenlisten lassen vielleicht eine aufwendige Zubereitung vermuten, aber eigentlich sind es ganz einfache Gerichte, die durch den Kontrast zwischen weichen und krossen, warmen und kalten Texturen überzeugen, und natürlich schmecken sie so lecker, dass man gar nicht genug davon bekommen kann.

Rechts
Zwei Stapel Pita-Brote in Jerusalem.

Kichererbsen und Lammfleisch mit Tahinisauce auf geröstetem Pita-Brot

فتة حمص

Vorbereitungszeit: 15 Minuten
Zubereitungszeit: 1 Stunde 15 Minuten
Für 6–8 Personen

3 große dünne libanesische Pita-Brote (etwa 250 g)
2 Dosen (à 400 g) Kichererbsen, abgetropft (Flüssigkeit aufgefangen)
1 TL gemahlener Kreuzkümmel

Für die Tahini-Joghurt-Sauce
225 g Tahini
1 große Knoblauchzehe, zerdrückt
1 TL Salz
225 g Naturjoghurt
4 EL frisch gepresster Zitronensaft

Für die Zitronensauce
1 große Knoblauchzehe, fein gewürfelt
1 frische grüne Chili, fein gewürfelt
2 EL frisch gepresster Zitronensaft
2 EL Olivenöl

Für die Garnierung
1 Rezeptmenge Geröstete Pinienkerne (Seite 31)
1 EL Butter oder Ghee
500 g Lammkeule oder Rinderfilet, in 1 cm kleine Würfel geschnitten
1 TL Neun-Gewürze-Pulver (Seite 24)

Zum Servieren
- 2 EL fein gehackte glatte Petersilie
- rote Chiliflocken oder Granatapfelkerne (optional)

Dieses *fatteh* ist *das* palästinensische Brunch-Gericht schlechthin. So gern wir Saucen oder Hummus mit weichem Brot aufnehmen, bei diesem Gericht wird das Brot geröstet, kommt ganz nach unten und wird mit dem Löffel gegessen. Für eine vegetarische Version verwenden Sie für die Garnierung nur Pinienkerne.

Den Backofen auf 180°C vorheizen. Die Pita-Brote in 2 x 2 cm große Quadrate schneiden und auf einem Backblech verteilen. Im vorgeheizten Ofen etwa 15 Minuten rösten, bis die Stücke trocken und knusprig sind und zu bräunen beginnen. Dabei gelegentlich wenden. (Dieser Schritt kann auch schon einige Tage im Voraus durchgeführt werden.)

Für die Tahini-Joghurt-Sauce das Tahini mit Knoblauch, Salz, Joghurt und Zitronensaft in einer großen Schüssel glatt verrühren. Mit 120–180 ml Kichererbsenwasser strecken. Die Sauce sollte eine dickflüssige, aber gießfähige Konsistenz erhalten.

Für die Zitronensauce alle Zutaten in einer Schale sorgfältig verrühren.

Für die Garnierung die Pinienkerne, wie auf Seite 31 angegeben, in einer großen Pfanne rösten. Auf einen Teller heben, das Öl aber in der Pfanne lassen. Butter oder Ghee dazugeben und zerlassen. Wenn die Butter zu schäumen beginnt, das Fleisch zufügen. Mit dem Neun-Gewürze-Pulver bestreuen und bei mittlerer bis starker Hitze etwa 10 Minuten unter gelegentlichem Rühren braten, bis das Fleisch trocken und schön gebräunt ist.

Inzwischen die Kichererbsen mit dem Kreuzkümmel in einen Topf geben, mit Wasser bedecken und zum Kochen bringen. Dann bei sehr niedriger Hitze warm halten, bis das Fleisch gar ist.

Die Brotstücke auf einer großen, tiefen Platte verteilen. Mit der Hälfte der Zitronensauce beträufeln. Die Kichererbsen bis auf etwa 2 Esslöffel für die Garnierung mit etwa 120 ml Kochwasser darauf verteilen. Das Brot sollte die Flüssigkeit aufsaugen, aber nicht matschig werden.

Mit der Tahini-Joghurt-Sauce überziehen. Fleisch und Pinienkerne darauf verteilen. Mit den zurückgelegten Kichererbsen, Petersilie, Chiliflocken oder Granatapfelkernen bestreuen. Mit der restlichen Zitronensauce beträufeln und sofort servieren.

Fatteh aus Gaza

فته غزاويه

Vorbereitungszeit: 10 Minuten
Zubereitungszeit: 2 Stunden 30 Minuten
Für 6–8 Personen

3 große, dünne libanesische Pita-Brote (etwa 250 g)
2 EL Olivenöl
500 g Reis, 15 Minuten in Wasser eingeweicht und abgetropft
1 Rezeptmenge Geröstete Pinienkerne (Seite 31)

Für die Brühe
4 EL Olivenöl (optional)
2 kg Fleisch am Knochen (Lammhaxe, Beinscheiben vom Kalb, Lammkeule oder Schulterstück oder 1 ganzes küchenfertiges Hähnchen)
2 l Wasser
3 Stücke Mastix, mit 1 Prise Salz zerrieben (optional)
2 Lorbeerblätter
2 EL Salz
1 EL Neun-Gewürze-Pulver (Seite 24)
1 Zwiebel
1 Karotte

Für die Chili-Knoblauch-Sauce
4–6 große Knoblauchzehen
2–4 frische grüne Chilis oder Jalapeño-Chilis, entkernt, wenn die Sauce nicht so scharf sein soll
120 ml frisch gepresster Zitronensaft
Salz

Dieses besondere *fatteh* gibt es nur in Palästina, genauer in Gaza. Hier wird die Joghurtsauce durch eine Sauce aus Chili, Knoblauch und Zitronensaft ersetzt. Ich kenne das Gericht von der Freundin meiner Mutter, Oula aus Gaza, die mir auch die Tomatensalsa aus Gaza (Seite 113) gezeigt hat.

Den Backofen auf 180°C vorheizen. Die Pita-Brote in 2 x 2 cm große Quadrate schneiden und auf einem Backblech verteilen. Im vorgeheizten Ofen etwa 15 Minuten rösten, bis die Stücke trocken und knusprig sind und zu bräunen beginnen. Dabei gelegentlich wenden. (Dieser Schritt kann auch schon einige Tage im Voraus durchgeführt werden.)

Für die Brühe das Olivenöl, falls verwendet, in einem großen Topf erhitzen. Das Fleisch darin bei mittlerer bis starker Hitze 6–8 Minuten rundum braun braten. Bei der Verwendung von Hähnchen entfällt dieser Schritt. Mit dem Wasser ablöschen und zum Kochen bringen, dabei den Schaum von der Oberfläche abschöpfen. Mastix, falls verwendet, Lorbeerblätter, Salz, Neun-Gewürze-Pulver, Zwiebel und Karotte zugeben. Die Hitze reduzieren und das Ganze bei aufgesetztem Deckel je nach Fleischart 1–2 Stunden köcheln lassen (im Schnellkochtopf 30–50 Minuten).

Inzwischen für die Sauce Knoblauch und Chilis im Blitzhacker fein hacken. In eine Schale füllen, mit Salz bestreuen und den Zitronensaft unterrühren.

Das Fleisch aus der Brühe nehmen und mit 120 ml Brühe in eine Schüssel geben. Mit Alufolie abgedeckt warm halten. Die restliche Brühe durch ein Sieb in eine Schüssel gießen.

Für den Reis 2 Esslöffel Olivenöl in einem großen Topf erhitzen. Den Reis darin bei mittelstarker Hitze 1–2 Minuten rühren, bis die Körner mit Fett überzogen sind und glänzen. Mit 600 ml der Brühe ablöschen und zum Kochen bringen. Die Hitze reduzieren und den Reis bei aufgesetztem Deckel etwa 20 Minuten gar kochen. Den Topf vom Herd nehmen und den Reis vor dem Servieren 10–15 Minuten ruhen lassen.

Die Brotstücke auf einer großen, tiefen Servierplatte verteilen. Mit etwa 3 Esslöffeln Chili-Knoblauch-Sauce beträufeln. 200 ml Brühe abmessen und über das Brot gießen. Den Reis mit einer Gabel auflockern und auf dem Brot verteilen. Das Fleisch darauf anrichten (Hähnchenfleisch von den Knochen lösen, die Haut entfernen und das Fleisch auf dem Reis anrichten). Mit 3 Esslöffeln Chili-Knoblauch-Sauce beträufeln. Mit den Pinienkernen bestreuen. Sofort mit der restlichen Chili-Knoblauch-Sauce und der restlichen Brühe servieren.

Auberginen-Fatteh

فتة باذنجان

Vorbereitungszeit: 15 Minuten + Salzen
Zubereitungszeit: 1 Stunde 30 Minuten
Für 4–6 Personen

3 große, dünne libanesische Pita-Brote (etwa 250 g)
1 kg Auberginen
Pflanzenöl, zum Frittieren
1 Rezeptmenge Lammfleisch mit Zwiebeln und Gewürzen (Seite 30)
1 kg Tomaten, grob gehackt, oder 2 Dosen (à 400 g) gehackte Tomaten
½ TL Tomatenmark
1 EL Granatapfelsirup (optional)
Salz

Für die Garnierung
½ Rezeptmenge Geröstete Pinienkerne (Seite 31)
½ Rezeptmenge Geröstete Mandeln (Seite 31)
1 kleines Bund glatte Petersilie oder Minze, Blätter fein gehackt
rote Chiliflocken oder Granatapfelkerne (optional)

Für die Joghurtsauce
500 g Naturjogurt
50 g Tahini
4 EL frisch gepresster Zitronensaft
1 große Knoblauchzehe
½ TL Salz

Eigentlich wird dieses Fatteh-Gericht mit kleinen Auberginen zubereitet, die ausgehöhlt, gefüllt, frittiert und dann in Tomatensauce geschmort werden. Meine Version ist eine einfachere Alternative, bei der die Auberginen frittiert und Fleisch und Tomatensauce getrennt zubereitet werden. Außerdem finde ich, dass sich bei dieser Methode die Aromen viel besser mischen und alle Komponenten mit jedem Bissen zu schmecken sind.

Den Backofen auf 180 °C vorheizen. Die Pita-Brote in 2 x 2 cm große Quadrate schneiden und auf einem Backblech verteilen. Im vorgeheizten Ofen etwa 15 Minuten rösten, bis die Stücke trocken und knusprig sind und zu bräunen beginnen. Dabei gelegentlich wenden. (Dieser Schritt kann auch schon einige Tage im Voraus durchgeführt werden.)

Die Auberginen längs vierteln und in Würfel schneiden. In ein großes Sieb legen, großzügig mit Salz bestreuen und etwa 1 Stunde ziehen lassen.

Reichlich Pflanzenöl in einer Fritteuse oder in einem großen, schweren Topf auf 180 °C erhitzen. Die Temperatur ist richtig, wenn ein hineingegebenes Stückchen Brot sofort sprudelnd an die Oberfläche steigt. Die Auberginen portionsweise im heißen Fett goldbraun frittieren. Mit einem Schaumlöffel herausnehmen und auf Küchenpapier abtropfen lassen.

Inzwischen für die Garnierung Pinienkerne und Mandeln, wie auf Seite 31 angegeben, in einer großen Pfanne rösten. Auf Küchenpapier abtropfen lassen. In derselben Pfanne auch das Lammfleisch mit Zwiebeln und Gewürzen, wie auf Seite 30 angegeben, zubereiten. Tomaten, Tomatenmark und, falls verwendet, Granatapfelsirup in das Hackfleisch einrühren und zum Kochen bringen. Die Hitze reduzieren und das Ganze etwa 30 Minuten köcheln lassen, bis die Tomatensauce eingedickt ist. Beiseitestellen.

Für die Joghurtsauce alle Zutaten in einer Schüssel glatt verrühren.

Das Gericht kann auf einzelnen Tellern oder auf einer großen Platte angerichtet werden: Dazu das Brot auf den Tellern oder auf der Platte auslegen. Die Auberginen darauf verteilen, dabei einen Rand lassen, damit das Brot noch sichtbar ist. Die Auberginen mit der heißen Tomatensauce überziehen. Die Joghurtsauce darauf verteilen. Mit den gerösteten Nüssen, Petersilie und, falls verwendet, Chiliflocken oder Granatapfelkernen bestreuen. Sofort servieren, damit das Brot knusprig bleibt.

جبنه نعاج
28 شيقل
فقط
1 كيلو لبنه بلديه
20 شيقل
كبدة الخاروف
20 شيقل

Festtagsgerichte

Ich erinnere mich, wie ich meiner Teta Fatima neugierig zusah, als sie Wasser in eine Form goss, ihre Hände wie in einem anmutigen Tanz darin kreisen ließ und leise dazu summte. Sie machte *maftoul.* Ich erinnere mich auch, dass ich mich wunderte, was sie da eigentlich tat, und vermutete, dass es wohl Zauberei sein musste, mit der sie Bulgur und Mehl in hübsche kleine Perlen verwandelte, ähnlich wie Couscous, aber größer und geschmackvoller. Je mehr Wasser und Mehl sie zugab, je länger sie rollte, desto größer wurde der Berg aus goldgelben Perlen. Ihr Bruder sollte in dieser Woche nach mehr als 20 Jahren in den Vereinigten Staaten zum ersten Mal zu Besuch kommen, und natürlich wurde ein großes Festessen zu seinen Ehren geplant.

Und was war es für ein tolles Fest, als Berge von Essen auf Platten zu den Tischen im Garten getragen wurden. Sonnenstrahlen sickerten durch das Blätterdach der Pekannussbäume und wurden von den Platten reflektiert, auf denen sich Maftoul mit Kürbis, Kichererbsen und Hähnchen (Seite 196) türmten. Dazwischen thronte ein Hähnchen mit Gemüsereis (Seite 198), und ich weiß noch, wie herrlich es nach Knoblauch duftete, als meine Mutter *shushbarak*, Lammklößchen in Joghurtsauce (Seite 204), zwischen die Schalen mit Oliven, eingelegtem Gemüse, Cremes und frischem Gemüse auf die Tische stellte.

Ich war noch klein, nicht älter als zehn, und wie die zahlreichen anderen Kinder wurde ich ermahnt, nicht herumzurennen und das Festessen nicht zu stören. Wir wurden alle auf eine Strohmatte in der Küche gesetzt, wo wir zusammen das reichhaltige, leckere Festessen genossen.

Gemeinsam zu essen, war in meiner Familie immer wie ein feierlicher Anlass, und in einem interkonfessionellen Haushalt gab es wirklich keinen Mangel an Festtagen. In diesem Kapitel finden Sie Rezepte, die wir meistens zu Feiertagen oder anderen besonderen Anlässen zubereiteten, ob es nun Hochzeiten, Zeugnisvergaben, Geburtstage, Besuch von außerhalb oder die Zusammenkunft des erweiterten Familienkreises waren.

Die folgenden Gerichte wurden vor allem deshalb bei feierlichen Anlässen aufgetischt, weil sie sich sehr gut in großen Mengen zubereiten lassen, und in einer Großfamilie ist dieser praktische Aspekt besonders wichtig. Zudem können die meisten dieser Gerichte mit ganz schlichten Beilagen wie Joghurtsauce, Oliven und frischem Gemüse serviert werden, was die Zubereitung besonders einfach und doch so großzügig macht.

Diese Gerichte sind aber nicht nur Feiertagen vorbehalten. Viele mache ich regelmäßig. Sie sind vielleicht etwas zeitaufwendiger, aber sie sind einfach so lecker – auch noch am nächsten Tag –, dass sich der Aufwand wirklich lohnt.

Links
Eine Metzgerei in der Altstadt von Jerusalem.

Kreuzkümmelreis mit Fisch

صياديه

Vorbereitungszeit: 15 Minuten + Einweichen
Zubereitungszeit: 1 Stunde 45 Minuten
Für 6–8 Personen

Für den Fond
- 1 kg Fischköpfe, -knochen und -abfälle (sehr fetthaltigen Fisch wie Lachs oder Forelle meiden)
- etwa 1,5 l Wasser
- 2 Lorbeerblätter
- 1 EL Salz
- 1 EL Pimentbeeren
- 1 EL Koriandersamen
- 1 TL Kreuzkümmelsamen
- 1 TL schwarze Pfefferkörner

Für den Fisch
- 1 EL Olivenöl
- 1 EL Zitronensaft
- 1½ TL Kreuzkümmel
- 1½ TL gemahlener Koriander
- 1 TL Neun-Gewürze-Pulver (Seite 24)
- 1 TL Salz
- 1 kg weiße Fischfilets wie Wolfsbarsch, Steinbutt oder Heilbutt
- 120 g Weizenmehl (Type 405)
- 2 EL feiner Weizengrieß (optional)
- Pflanzenöl, zum Braten

Für den Reis
- 120 ml Olivenöl
- 4 Zwiebeln, fein gehackt
- ½ TL Salz
- 1 TL gemahlener Kreuzkümmel
- 1 TL gemahlener Koriander
- 1 TL Neun-Gewürze-Pulver (Seite 24)
- 500 g Jasmin- oder Basmatireis, gewaschen, eingeweicht und abgetropft

Zum Servieren
- Petersilien- oder Koriander-Tahini-Dip (Seite 76)
- 1 Rezeptmenge Geröstete Pinienkerne (Seite 31)

Ein echtes Seemannsgericht. Die Grundlage für den Reis ist ein guter Fond, der aus Fischköpfen, -schwänzen und -knochen zubereitet wird. Besonders traditionell ist dieses Gericht in den Küstenstädten wie Haifa, Akka und Jaffa, wo man täglich fangfrischen Fisch kaufen kann. Zuerst werden dann die Filets entnommen, dann wird aus den Abfällen ein schmackhafter Fond zubereitet. Reichen Sie einen Petersilien- oder Koriander-Tahini-Dip (Seite 76) dazu.

Für den Fond die Fischknochen abspülen. In einen großen Topf geben und das Wasser zugießen. Zum Kochen bringen, dabei den Schaum von der Oberfläche abschöpfen. Die übrigen Zutaten zugeben und die Hitze so regulieren, dass der Fond sanft köchelt. Mit Deckel 30–40 Minuten garen. Den Fond durch ein feines Sieb in eine Schüssel gießen.

Inzwischen für den Fisch Olivenöl, Zitronensaft, Gewürze und Salz in einer flachen Form verrühren, die Fischfilets darin wenden und bis zur Weiterverarbeitung im Kühlschrank marinieren.

Für den Reis das Olivenöl in einem mittelgroßen Topf erhitzen. Die Zwiebeln darin bei starker Hitze 15–20 Minuten unter regelmäßigem Rühren braun braten. Mit 1 Liter Fond ablöschen. Salz und Gewürze zugeben und 5 Minuten kochen. Abschmecken. Den Reis in den Fond geben und bei aufgesetztem Deckel 3–4 Minuten kochen. Die Hitze reduzieren und den Reis 15–20 Minuten köcheln lassen, bis er gar ist. Nach der Hälfte der Garzeit den Flüssigkeitsstand prüfen und gegebenenfalls einige Esslöffel Fond zugießen. Wenn der Reis gar ist, ein Küchentuch auf den Topf legen, den Deckel aufsetzen und den Topf beiseitestellen.

Für den Fisch so viel Öl in eine große Pfanne füllen, dass der Boden bedeckt ist, und bei mittlerer bis starker Hitze heiß werden lassen. Mehl und Grieß, falls verwendet, auf einem großen, flachen Teller mischen. Wenn das Öl heiß ist, die Fischfilets in der Mehlmischung wenden, bis sie vollständig eingehüllt sind. Überschüssiges Mehl abklopfen und die Fischfilets mit der Hautseite nach unten ins heiße Fett geben. Je nach Dicke der Filets portionsweise 2–5 Minuten von jeder Seite braten. Dabei nur einmal wenden. Auf Küchenpapier abtropfen lassen und warm halten, bis alle Filets gebraten sind.

Zum Servieren den Reis auf eine große Platte geben. Die Fischfilets darauflegen und mit den Pinienkernen bestreuen. Den Petersilien- oder Koriander-Tahini-Dip mit je 1 Esslöffel Wasser und Zitronensaft strecken und dazu reichen.

MAHASHI: WIR FÜLLEN ALLES

Araber lieben gefüllte Speisen und Palästinenser ganz besonders. Wir füllen alles, ob Gemüse wie Karotten, Gurken, Auberginen, Zucchini, Tomaten, Kartoffeln, Paprika, Zwiebeln, Kohl und Weinblätter oder ganze Hähnchen, Lammnacken, Lamminnereien, Lammrippchen und sogar ganze Lämmer. Die Füllung selbst – und wie sie gewürzt ist – kann sehr unterschiedlich sein, aber meistens besteht sie entweder aus einer Mischung aus Reis und Fleisch (siehe Kohlröllchen, Seite 188), aus *hosseh* (siehe Lammfleisch mit Zwiebeln und Gewürzen, Seite 30), oder einer fleischfreien Mischung aus Bulgur, Tomaten und Kräutern (siehe Teta Asmas Taboulé, Seite 98).

Das Wort *mahashi* ist die Bezeichnung für Gefülltes, vor allem für gefülltes Gemüse, egal wie es zubereitet und in welcher Sauce es serviert wird. Um Gemüse zu füllen, muss es erst ausgehöhlt werden. Dafür wird ein spezieller Gemüseaushöhler verwendet, der ähnlich aussieht wie ein Apfelausstecher, nur länger und schmaler, und online, in Kaufhäusern oder Haushaltswarengeschäften erhältlich ist.

Da es diverse Zubereitungsarten, Saucen und Füllungen gibt, ergeben sich viele Variationsmöglichkeiten. Gurken beispielsweise erhalten mehr Geschmack, wenn sie in einer säuerlichen Tamarindensauce gegart werden, während Kürbis traditionell entweder in Tomaten- oder Joghurtsauce zubereitet wird. Es gibt unendliche Kombinationsmöglichkeiten und Garmethoden. Hier im Kapitel möchte ich Ihnen die traditionellsten Rezepte zeigen und Ihnen Ideen an die Hand geben, wenn Sie mit verschiedenen Sorten Fleisch und Gemüse, Füllungen und Gewürzen experimentieren wollen.

Gefüllte Kartoffeln in Tomatensauce

بطاطا محشيه

Vorbereitungszeit: 1 Stunde 30 Minuten
Zubereitungszeit: 45–50 Minuten
Für 6–8 Personen

- 1,5 kg Kartoffeln (8 mittelgroße oder 12 kleine)
- 1 Rezeptmenge Geröstete Pinienkerne (Seite 31)
- 1 Rezeptmenge Lammfleisch mit Zwiebeln und Gewürzen (Seite 30)
- Pflanzenöl, zum Braten

Für die Sauce

- 2 EL Olivenöl
- 8–10 Knoblauchzehen, zerdrückt
- 700 g passierte Tomaten
- 500 ml Wasser
- 1 TL Salz
- ¼ TL Neun-Gewürze-Pulver (Seite 24)

Zum Servieren

- Reis mit Vermicelli (Seite 32)
- Naturjoghurt

Dieses rustikale Gericht lässt sich mit nur wenigen einfachen Zutaten zubereiten, die man fast immer im Haus hat. Kartoffeln, die normalerweise als Fleischbeilage serviert werden, nehmen hier die Hauptrolle ein, und ihr Geschmack wird durch die würzige Füllung und die reichhaltige Tomatensauce unterstrichen. Dieses sättigende, wärmende Essen ist perfekt für kalte Wintertage, wenn man sehr hungrig ist und etwas für Herz und Magen braucht.

Die Kartoffeln schälen und aushöhlen. Dazu den Gemüseaushöhler fast bis zum Boden einstechen, drehen und herausziehen. Mehrmals wiederholen und das Loch vergrößern, bis die Kartoffeln schön ausgehöhlt sind und eine etwa 5 mm dünne Wand stehen bleibt. Die Kartoffeln innen waschen und umgedreht in einem Sieb abtropfen lassen.

Inzwischen die Pinienkerne, wie auf Seite 31 angegeben, rösten. Lammfleisch mit Zwiebeln und Gewürzen, wie auf Seite 30 angegeben, zubereiten. Die Pinienkerne mit der Lammfleisch-Zwiebel-Mischung vermengen und die Kartoffeln damit füllen. Übrig bleibende Füllung kann später unter die Sauce gemischt werden.

Pflanzenöl etwa 2 cm hoch in eine große Pfanne gießen und erhitzen. Die gefüllten Kartoffeln portionsweise hineinsetzen (Achtung, Spritzgefahr!) und 10 Minuten braten, bis sie schön gebräunt sind. Dabei nach der Hälfte der Zeit wenden. Auf Küchenpapier abtropfen lassen.

Für die Sauce das Olivenöl in einem großen Topf erhitzen. Den Knoblauch darin 2–3 Minuten braten, bis er duftet, aber noch nicht gebräunt ist. Die passierten Tomaten mit Wasser, Salz, Gewürzmischung sowie übriger Füllung zufügen.

Die Kartoffeln in die Tomatensauce setzen und bei aufgesetztem Deckel zum Kochen bringen. Die Hitze reduzieren und die Kartoffeln 30–40 Minuten sanft köcheln lassen, bis sie gar sind. Wenn die Sauce zu dick wird, bevor die Kartoffeln gar sind, nach und nach etwas Wasser unterrühren. Abschmecken.

Zum Servieren den Reis in Servierschalen füllen, die Kartoffeln daraufsetzen und mit der Sauce überziehen.

Gefülltes Gemüse in Tomatensauce

محشي بندوره

Vorbereitungszeit: 1 Stunde 30 Minuten
Zubereitungszeit: 1 Stunde
Für 6–8 Personen

Für Gemüse und Sauce

2,5 kg weiße Zucchini, Babyauberginen oder Cucuzza-Kürbis (siehe Hinweis)
650 g vollreife Tomaten, püriert, oder passierte Tomaten
1 l Hühnerbrühe, selbst gemacht (Seite 34) oder aus dem Glas, alternativ Wasser
1 EL Salz
½ TL Neun-Gewürze-Pulver (Seite 24)
2–4 EL Tomatenmark (optional)

Für die Füllung

500 g Rund- oder Mittelkornreis
4 EL Olivenöl oder zerlassene Butter (oder eine Mischung)
1 EL Neun-Gewürze-Pulver (Seite 24)
1 EL Salz
2 TL Tomatenmark
500 g Lamm- oder Rinderhackfleisch

Das ist mein ultimatives Seelenessen. Gemüsesorte und Tomatensauce variieren von Koch zu Köchin. Für mich selbst müssen es Zucchini sein! Und für die Sauce verwende ich am liebsten frische Tomaten, die ich selbst püriere. Sie können aber aber auch passierte Tomaten aus dem Karton oder aus der Dose verwenden und oder mit Brühe verdünntes Tomatenmark. Das Gericht schmeckt auch noch am nächsten und übernächsten Tag!

Das Gemüse entstielen und aushöhlen. Dazu den Gemüseaushöhler fast bis zum Boden einstechen, drehen und herausziehen. Mehrmals wiederholen und das Loch vergrößern, bis das Gemüse schön ausgehöhlt ist und eine etwa 3 mm dünne Wand stehen bleibt.

Inzwischen für die Füllung den Reis in einer großen Schüssel mit Olivenöl, Gewürzmischung, Salz und Tomatenmark vermengen. Das Lammfleisch von Hand untermengen.

Das Gemüse zu gut drei Vierteln locker mit der Reis-Hackfleisch-Mischung füllen. Bis zum oberen Rand sollten gut 1 cm frei bleiben. Die Füllung nicht pressen und das Gemüse nicht überfüllen, da der Reis beim Garen quillt. Gegebenenfalls das Gemüse sacht auf die Arbeitsfläche klopfen, damit die Füllung besser nach unten rutscht.

Das gefüllte Gemüse nebeneinander in einen großen Topf stellen und mit Tomaten und Brühe übergießen. Mit Salz und Neun-Gewürze-Pulver würzen. 10 Minuten bei starker Hitze kochen. Dann die Hitze reduzieren und das Gemüse 60–90 Minuten gar kochen. Wenn sich die Schale leicht mit einem kleinen Messer ablösen lässt, ist es fertig.

Nach der Hälfte der Garzeit die Sauce probieren und abschmecken. Gegebenenfalls noch etwas Tomatenmark unterrühren. In diesem Fall etwas Sauce aus dem Topf nehmen, das Tomatenmark damit anrühren und die Mischung zurück in den Topf gießen. Falls passierte Tomaten verwendet wurden, kann der Schritt entfallen.

Das Gemüse auf einer Servierplatte anrichten. Die Tomatensauce durch ein Sieb in eine Servierschale passieren und zum Gemüse reichen.

Hinweis: Wenn Sie eine Mischung aus saisonalem Gemüse verwenden, achten Sie beim Kauf darauf, dass alles ungefähr dieselbe Größe hat, damit es gleichzeitig gar ist. Die Zeitangaben in diesem Rezept beziehen sich auf etwa 10 cm langes und nicht allzu dickes Gemüse.

Gefüllte Weinblätter

ورق دوالي

Vorbereitungszeit: 1 Stunde 30 Minuten
Zubereitungszeit: 2 Stunden 30 Minuten
Für 6–8 Personen

Für die Füllung
500 g Rund- oder Mittelkornreis
4 EL Olivenöl oder zerlassene Butter (oder eine Mischung)
1 EL Neun-Gewürze-Pulver (Seite 24)
1 TL Tomatenmark
1 EL Salz
500 g Lamm- oder Rinderhackfleisch

Für Röllchen und Fleisch
500 g Weinblätter (siehe Hinweis)
3 EL Olivenöl
12 Lammkoteletts oder 6 Querrippenstücke (Short Ribs) oder 25 Hähnchenflügel oder andere aromatische Fleischschnitte (optional)
3 Tomaten, in Scheiben geschnitten
1 l Rinder- oder Hühnerbrühe oder Lammfond oder Wasser
2 EL Tomatenmark
1 EL Salz
1 TL Neun-Gewürze-Pulver (Seite 24)
1 EL Zitronensaft (nur bei eingelegten Weinblättern)

Es gibt keine Familie in Palästina, die dieses Gericht nicht mehrmals im Jahr zubereitet. Bei uns gab es diese Weinblätter zu jedem freudigen Anlass, zu Zeugnisvergaben, Hochzeiten und Geburtstagen. Oder ich mache es zu Familienabendessen, wenn ich etwas Zeit habe.

Für die Füllung den Reis in einer großen Schüssel mit Olivenöl, Gewürzmischung, Tomatenmark und Salz vermengen. Das Lammfleisch von Hand sorgfältig untermischen.

Für die Röllchen möglichst viele Weinblätter auf der Arbeitsfläche auslegen. Die gerippte Seite sollte nach oben zeigen und der Stielansatz zum Körper liegen. Je nach Größe der Blätter etwa 1 Esslöffel Füllung oberhalb des Stielansatzes daraufgeben und zu einer Linie formen. Die beiden Seiten rechts und links darüberklappen und das Blatt von unten so aufrollen, dass die Füllung gut eingeschlossen ist, aber nicht zu fest, da der Reis beim Garen quillt. So fortfahren, bis Weinblätter und Füllung aufgebraucht sind.

Das Öl in einem großen Topf auf mittlerer Stufe erhitzen und das Fleisch von beiden Seiten braun anbraten. Den Topf vom Herd nehmen und die Tomatenscheiben zwischen den Fleischstücken platzieren, sodass der ganze Topfboden bedeckt ist. Wenn kein Fleisch verwendet wird, den ganzen Topfboden mit Tomatenscheiben belegen.

Die gerollten Weinblätter in konzentrischen Kreisen oder in Reihen auf den Fleischstücken anordnen.

Brühe, Fond oder Wasser in einer Schüssel mit Tomatenmark, Salz und Neun-Gewürze-Pulver verrühren. Wenn Fleisch verwendet wird, reicht Wasser für ein tolles Aroma. Wenn nicht, ist Brühe oder Fond zu empfehlen, die für einen kräftigeren Geschmack sorgen. Über die Weinblätter gießen. Die Weinblätter mit einem umgedrehten Teller, der etwas kleiner als der Topfdurchmesser ist, beschweren, um zu verhindern, dass die Weinblätter beim Kochen nach oben treiben. Zum Kochen bringen, dann die Hitze reduzieren und die Weinblätter 2–2½ Stunden bei aufgesetztem Deckel köcheln lassen, bis fast die ganze Flüssigkeit verkocht ist.

Bei der Verwendung von eingelegten Weinblättern diese 5 Minuten vor Ende der Garzeit mit dem Zitronensaft beträufeln. Deckel und Teller entfernen. Die Weinblätter mit dem Fleisch auf eine Servierplatte stürzen.

Hinweis: Eingelegte Weinblätter sollten vor der Verwendung erst 15 Minuten in warmem Wasser eingeweicht, sorgfältig abgespült und trocken getupft werden, um die Lake gründlich zu entfernen.

KOHLRÖLLCHEN

ملفوف

Vorbereitungszeit: 1 Stunde 30 Minuten
Zubereitungszeit: 1 Stunde
Für 4–6 Personen

1 Weißkohl (etwa 2 kg, siehe Hinweis)
8–10 Knoblauchzehen, ungeschält
500 ml Hühner- oder Rinderbrühe oder Lammfond
Salz

Für die Füllung
250 g Rundkornreis, abgespült, 15 Minuten in Wasser eingeweicht und abgetropft
3 EL Olivenöl oder zerlassene Butter
1 TL Salz
1 TL Neun-Gewürze-Pulver (Seite 24)
½ TL gemahlener Kreuzkümmel
250 g Lamm- oder Rinderhackfleisch

Zum Servieren
- 120 ml Zitronensaft
- 1 TL rote Chiliflocken
- Naturjoghurt

Meine Mutter macht dieses Gericht nur im Winter in der Kohlsaison. Die Kohlpflanzen werden lediglich durch Regen gewässert und schmecken dadurch viel besser. In England kann ich nicht so wählerisch sein. Wenn ich also einen guten Weißkohl finde, kaufe ich ihn und bereite *malfouf* zu. „Guter" Weißkohl bedeutet, dass der Kohlkopf nicht zu kompakt ist und die Blätter sich dadurch leicht ablösen lassen. Wirsing oder Spitzkohl sind geeignete Alternativen. In manchen Familienrezepten werden gegen Ende der Garzeit Zitronensaft und zerdrückter Knoblauch zugegeben. Ich lasse den Knoblauch lieber ganz und serviere mit Chiliflocken gemischten Zitronensaft separat dazu.

Einen großen Topf, in dem der ganze Kohlkopf Platz hat, zur Hälfte mit Wasser füllen. Etwas Salz einstreuen und zum Kochen bringen.

Mit einem scharfen Messer den Strunk kegelförmig aus dem Kohlkopf herausschneiden. Wenn das Wasser im Topf kocht, den Kohlkopf mit dem kegelförmigen Loch nach oben vorsichtig hineinsetzen und etwa 5 Minuten kochen. Sobald die äußeren Blätter weicher werden, diese mit einer Küchenzange nach und nach ablösen und auf einen großen Teller geben. Wenn nur noch das Kohlherz übrig bleibt, kann es herausgenommen und können die Blätter nach dem Abkühlen abgenommen werden.

Inzwischen für die Füllung den Reis in einer Schüssel mit Olivenöl oder Butter, Salz, Neun-Gewürze-Pulver und Kreuzkümmel vermischen. Das Hackfleisch von Hand sorgfältig einarbeiten.

Die Kohlblätter nacheinander einzeln auf einem Schneidebrett ausbreiten und die dicke Mittelrippe herausschneiden, sodass zwei Blatthälften entstehen. Wenn die Blatthälften sehr groß sind, können sie nochmals halbiert werden. Die zugeschnittenen Kohlblätter sollten ungefähr die Größe eines Handtellers haben und von der Form her in etwa gleich sein.

Je etwa 1 Teelöffel Füllung auf der unteren Kante der Blätter verteilen, dabei zu beiden Seiten einen 2 cm breiten Rand lassen. Die Blätter fest aufrollen, ohne die Seiten einzuschlagen. Wenn die Kanten nach dem Rollen nicht gerade sind, mit einem Messer entsprechend zuschneiden. Dabei aber berücksichtigen, dass die Füllung zu beiden Seiten noch Platz braucht, um sich beim Garen auszudehnen, ohne aus dem Blatt herauszuquellen.

Wenn Sie wollen, dass einige Kohlblätter am Topfboden aromatisch anbräunen, übrig bleibende Blätter auf dem Boden eines großen Topfes verteilen. Die Kohlröllchen mit der Naht nach unten dicht an dicht in den Topf legen. Die Knoblauchzehen dazwischenstecken.

Mit der Brühe übergießen und je nach Salzgehalt der Brühe mit etwas Salz abschmecken. Mit einem Teller beschweren, damit die Röllchen beim Garen nicht nach oben steigen. Den Deckel aufsetzen und das Ganze bei starker Hitze zum Kochen bringen. Dann die Hitze reduzieren und alles etwa 1 Stunde köcheln lassen, bis die Füllung ganz durchgegart ist, die Kohlblätter sehr weich sind und die Flüssigkeit fast vollständig verdampft ist. Den Topfinhalt von Zeit zu Zeit prüfen und bei Bedarf etwas Flüssigkeit nachgießen, wenn diese fast verdampft ist, die Röllchen aber noch nicht gar sind.

Den Topf vom Herd nehmen und die Kohlröllchen 10 Minuten ruhen lassen. Deckel und Teller entfernen und die Röllchen auf eine große Servierplatte stürzen. Den Topf langsam anheben.

Zum Servieren den Zitronensaft mit den Chiliflocken verrühren und zusammen mit dem Joghurt separat zu den Kohlröllchen reichen. Reste halten sich bis zu 2 Tage im Kühlschrank oder können mehrere Wochen eingefroren werden.

Hinweis: Der Kohl lässt sich auch in der Mikrowelle vorbereiten. Dafür den Kohlkopf in eine große flache Form setzen und bei hoher Wattzahl 5–7 Minuten erhitzen. Herausnehmen und so viele Blätter wie möglich ablösen. Wenn das Herz erreicht ist oder die inneren Blätter noch nicht weich genug sind, den restlichen Kohlkopf wieder in die Mikrowelle stellen und weitere 5 Minuten erhitzen.

Eine andere Alternative ist, den ganzen Kohlkopf über Nacht einzufrieren, am nächsten Morgen herauszunehmen und auftauen zu lassen. Dann sind die Blätter weich genug, um einzeln abgenommen zu werden. Diese Methode ist bei Weitem die einfachste, vorausgesetzt, Sie haben ausreichend Platz im Gefrierfach für einen ganzen Kohlkopf. Der Nachteil allerdings ist, dass die Blätter am Rand braun werden können.

Hähnchen mit Reisfüllung

دجاج محشي

Vorbereitungszeit: 30 Minuten + Einweichen
Zubereitungszeit: 2 Stunden
Für 4 Personen

- 3 EL Olivenöl, plus etwas mehr zum Beträufeln
- 1 EL Salz
- 1 EL Neun-Gewürze-Pulver (Seite 24)
- 1 TL Paprikapulver (optional)
- 1 küchenfertiges Hähnchen (1,8–2,5 kg)
- Küchennadel und -garn

Für die Füllung

- 1 EL Ghee oder Butter
- 1 EL Olivenöl
- 300 g Lamm- oder Rinderhackfleisch
- 1 TL Neun-Gewürze-Pulver (Seite 24)
- 250 g Jasmin- oder Mittelkornreis, gewaschen, 15 Minuten in Wasser eingeweicht und abgetropft
- 500 ml Wasser
- 1 TL Salz
- 50 g Geröstete Pinienkerne und Mandeln (Seite 31)

Dies ist mein absolutes Lieblingsgericht aus der Kindheit. Und es war das erste Gericht, das meine Großmutter für mich kochte, als ich nach meinem ersten Jahr an der Uni nach Hause kam, und es ist immer noch das Erste, das meine Mutter zubereitet, wenn ich zu Besuch bin. Perfekt gewürztes, knuspriges Brathähnchen mit einer reichhaltigen Füllung ist Seelenessen pur.

Olivenöl, Salz und Gewürze in einer Schale verrühren. Das Hähnchen außen und innen und auch unter der Haut damit einreiben. Das Hähnchen kalt stellen.

Für die Füllung Ghee oder Butter mit dem Olivenöl bei starker Hitze in einem Bräter zerlassen. Das Hackfleisch darin mit dem Neun-Gewürze-Pulver 5 Minuten unter häufigem Rühren anbräunen. So lange garen, bis die Flüssigkeit verdampft und das Hackfleisch trocken ist.

Den Reis untermischen, bis die Körner mit Fett überzogen sind und glänzen. Mit dem Wasser ablöschen und das Salz zugeben. Zum Kochen bringen, dann die Hitze reduzieren und den Reis bei aufgesetztem Deckel 10–12 Minuten köcheln lassen, bis er bissfest ist (er gart im Hähnchen noch weiter). Wenn die Flüssigkeit verdampft ist, bevor der Reis gar ist, noch etwas Wasser zugießen. Wenn der Reis gar, aber noch zu viel Flüssigkeit vorhanden ist, den Deckel abnehmen und bei starker Hitze kochen, bis das Wasser verdampft ist.

Den Reis sofort in eine große Schüssel geben, Pinienkerne und Mandeln mit einer Gabel untermischen und den Reis dabei auflockern. Mindestens 30 Minuten abkühlen lassen.

So viel Füllung wie möglich in den Bauchraum des Hähnchens geben und zunähen, dann Flügel und Schenkel binden. Die restliche Reisfüllung beiseitestellen.

Den Backofen auf 200 °C vorheizen. Falls noch Füllung außen am Hähnchen klebt, diese entfernen. Das Hähnchen mit Olivenöl beträufeln und in eine Bratform mit Gittereinsatz setzen. Etwa 4 Esslöffel Wasser zugießen. Falls keine Form mit Rost vorhanden ist, das Hähnchen direkt in die Form setzen und kein Wasser zufügen. Mit Alufolie abdecken.

Im vorgeheizten Ofen 30 Minuten braten, dann die Hitze auf 180 °C reduzieren und weitere 60–90 Minuten braten, bis das Hähnchen durchgegart ist. Die Alufolie abnehmen und noch 5–25 Minuten braten, bis die Haut knusprig ist. Das Hähnchen aus dem Ofen nehmen und vor dem Tranchieren einige Minuten ruhen lassen. Inzwischen die übrig gebliebene Reisfüllung aufwärmen und als Beilage reichen.

Rechts
Hähnchen mit Reisfüllung auf *hashweh* bzw. Reispilaw mit Lamm und Nüssen (Rezept auf Seite 166).

Gemüse mit Lammhackfüllung in Zitronen-Knoblauch-Sauce

شيخ المحشي

Vorbereitungszeit: 1 Stunde 30 Minuten
Zubereitungszeit: 1 Stunde
Für 6–8 Personen

1,5 kg kleine bis mittelgroße weiße Zucchini
1 Rezeptmenge Lammfleisch mit Zwiebeln und Gewürzen (Seite 30)
1 Rezeptmenge Geröstete Pinienkerne (Seite 31)
Pflanzenöl, zum Braten
Olivenöl zum Beträufeln, plus ggf. mehr zum Bestreichen

Für die Sauce
2 EL Olivenöl
8–10 Knoblauchzehen, fein gehackt
500 ml Hühner- oder Rinderbrühe oder Lammfond
¼ TL Neun-Gewürze-Pulver (Seite 24)
1 TL Speisestärke
2–4 EL Zitronensaft
Salz

Zum Servieren
- Reis mit Vermicelli (Seite 32)
- Naturjoghurt

Dieses Gericht, das im Arabischen so viel bedeutet wie „König des gefüllten Gemüses", heißt deshalb so, weil das Gemüse nur mit Fleisch und nicht mit einer Mischung aus Reis und Fleisch gefüllt wird. Es ist in der ganzen Levante beliebt, und normalerweise werden kleine weiße Zucchini *(kusa)* mit einer Fleisch-Zwiebel-Mischung gefüllt, frittiert und dann in einer Tomaten- oder Joghurtsauce gegart. Das Rezept hier ist typisch palästinensisch, da die Zucchini in einer mit Zitrone und Knoblauch aromatisierten Brühe gegart werden.

Die Zucchini wie auf Seite 184 beschrieben aushöhlen, dabei eine etwa 5 mm dünne Wand stehen lassen. Das Lammfleisch mit Zwiebeln und Gewürzen, wie auf Seite 30 angegeben, zubereiten. Die Pinienkerne, wie auf Seite 31 angegeben, rösten. Lammmischung und Pinienkerne in einer Schüssel vermengen. Dann die Zucchini damit füllen.

Pflanzenöl etwa 2 cm hoch in eine große Pfanne füllen und erhitzen. Die Zucchini darin nacheinander 4–6 Minuten goldbraun braten, dabei nach der Hälfte der Zeit wenden. Auf Küchenpapier abtropfen lassen.

Alternativ den Backofengrill vorheizen. Die Zucchini mit Olivenöl bestreichen und 10–15 Minuten grillen. Dabei nach der Hälfte der Zeit wenden.

Inzwischen den Backofen auf 200°C vorheizen.

Für die Sauce das Olivenöl in einem Topf auf mittlerer Stufe erhitzen und 1–2 Knoblauchzehen darin etwa 2 Minuten braten, bis sie zu duften beginnen, aber noch nicht gebräunt sind. Mit der Brühe ablöschen und mit Salz und Neun-Gewürze-Pulver würzen. Zum Kochen bringen. Die Speisestärke in einer Schale mit 2–3 Esslöffeln Brühe glatt rühren. In den Topf gießen und unter Rühren 1 Minute köcheln lassen. Den Zitronensaft in die Sauce rühren und den Topf vom Herd nehmen.

Die Zucchini in einer Lage in eine ausreichend große runde oder eckige Auflaufform legen und mit der Sauce überziehen. Mit dem restlichen Knoblauch bestreuen und mit Olivenöl beträufeln. Im vorgeheizten Ofen 15 Minuten backen, bis die Sauce köchelt und der Knoblauch goldbraun ist. Mit Reis und Joghurt servieren.

Weizentopf

هريسه بلحمه

Vorbereitungszeit: 5 Minuten
Zubereitungszeit: 5–6 Stunden
Für 8–10 Personen

2 EL Olivenöl
1 küchenfertiges kleines Hähnchen (1,1–1,3 kg), in 4 Teile zerlegt
500 g Rinderschmorfleisch, in große Würfel geschnitten
1 Ochsenschwanzspitze (optional)
1 große Zwiebel, geviertelt
1½ TL Salz
1 TL Neun-Gewürze-Pulver (Seite 24)
4 Stücke Mastix
3 l Wasser
400 g Weizenkörner

Zum Servieren
– gemahlener Zimt
– geröstete Nüsse

Der wärmende, wohltuende Weizentopf ist perfekt für kalte Wintertage. Er hat zwar eine lange Garzeit, damit die Weizenkörner weich werden und eine breiartige Konsistenz erhalten (im Schnellkochtopf geht's schneller), aber diese Speise lässt sich sehr gut einfrieren, sodass es durchaus lohnend ist, größere Mengen davon zuzubereiten.

Das Olivenöl in einem großen Topf oder Schnellkochtopf erhitzen. Die Hähnchenteile darin mit der Haut nach unten etwa 1–2 Minuten bräunen. Fleischwürfel und, falls verwendet, Ochsenschwanz zugeben und etwa 5 Minuten rundum bräunen. Zwiebel, Salz, Neun-Gewürze-Pulver und Mastix einrühren. Mit dem Wasser ablöschen und zum Kochen bringen. Dabei den Schaum von der Oberfläche abschöpfen. Die Hitze reduzieren und alles 60–80 Minuten köcheln lassen (25 Minuten im Schnellkochtopf), bis die Fleischteile durchgegart sind.

Inzwischen den Weizen in reichlich kaltem Wasser einweichen. Nach der Garzeit die Hähnchenteile aus der Brühe nehmen und beiseitestellen. Die Brühe durch ein Sieb in eine Schüssel gießen und mit den Fleischwürfeln aus dem Sieb wieder in den Topf füllen. Ochsenschwanz und Zwiebel aus dem Sieb entsorgen.

Die Weizenkörner abtropfen lassen. In die Brühe geben und zum Kochen bringen. Die Hitze reduzieren und die Körner bei aufgesetztem Deckel etwa 2 Stunden (1 Stunde im Schnellkochtopf) unter gelegentlichem Rühren köcheln lassen, bis sie weich sind.

Inzwischen das Hähnchenfleisch von den Knochen lösen, die Haut entsorgen und das Fleisch in sehr feine Streifen schneiden. In den Topf geben, einrühren und bei aufgesetztem Deckel weitere 2 Stunden (1 Stunde im Schnellkochtopf) unter häufigem Rühren garen, damit der Weizen sich nicht am Topfboden festsetzt. Bei der Zubereitung in einem normalen Topf muss vermutlich zwischendurch immer wieder etwas Wasser zugegossen werden. Besser etwas zu viel Wasser als zu wenig, da die Weizenkörner das Wasser schließlich auch absorbieren. Sobald Körner und Fleisch nicht mehr mit köchelndem Wasser bedeckt sind, muss nachgegossen werden.

Den Deckel abnehmen bzw. den Schnellkochtopf öffnen und 15–45 Minuten offen garen, bis das Fleisch zerfällt, die Weizenkörner sehr weich sind und das Gericht eine dickliche Konsistenz hat. Die genaue Zeit hängt von der Weizenqualität, vom Topf und der Größe der Fleischstücke ab.

In Servierschalen füllen und etwa 1 Minute abkühlen lassen. Mit Zimt und gerösteten Nüssen bestreut servieren.

Hähnchen auf Zwiebel-Sumach-Fladenbrot

مسخن

Vorbereitungszeit: 30 Minuten
Zubereitungszeit: 1 Stunde
Für 8 Personen

Für das Hähnchen

8 Hähnchenschenkel oder Brusthälften mit Haut und Knochen
2 l Wasser
3 EL Olivenöl
1 TL Neun-Gewürze-Pulver (Seite 24)
1 TL Sumach
½ TL Salz

Für die Fladenbrote

175 ml Olivenöl
8 Zwiebeln, grob gewürfelt
1 EL Salz
1–2 EL Sumach
1 EL gemahlener Kreuzkümmel
2 TL Neun-Gewürze-Pulver (Seite 24)
8 Taboon-Brote (Seite 42) mit 20 cm Ø (siehe Hinweis)

Zum Servieren

- 4 EL Sumach
- 1 Rezeptmenge Geröstete Pinienkerne (Seite 31)
- Oliven

Wenn es ein Gericht gibt, das rein palästinensisch ist, dann ist es *musakhan*. Das Wichtigste für *musakhan* sind gute Zutaten, die korrekt zubereitet werden. Für mich und noch mehr für meinen Bruder ist dieses Gericht sehr mit Teta Fatima verbunden: Als wir einmal im Sommer mit meinen Eltern und Freunden in einem Restaurant in Jericho waren, bekam mein damals zweijähriger Bruder einen Wutanfall, als das Essen serviert wurde, und heulte, dass er nur „Teta Fatimas *musakhan*" essen möchte. Zwar bekommen wir bei *musakhan* keine Anfälle mehr, doch verbinden wir dieses Gericht immer noch sehr mit unserer Großmutter.

Den Backofen auf 190°C vorheizen.

Für das Hähnchen die Hähnchenteile in eine große Bratform legen, Olivenöl, Gewürze und Salz darauf verteilen und von Hand ins Fleisch reiben. Dabei darauf achten, dass auch etwas Marinade unter die Haut gelangt. Die Hähnchenteile mit der Hautseite nach oben in einer Lage in die Form legen und im vorgeheizten Ofen etwa 1 Stunde gar braten.

Inzwischen für die Fladenbrote Olivenöl, Zwiebeln, Salz und Gewürze in einer großen Pfanne bei niedriger Temperatur 30–40 Minuten unter gelegentlichem Rühren garen, bis die Zwiebeln weich und vollständig durchgegart sind. Wenn die Zwiebeln zu trocken werden bzw. beim Garen zu wenig Wasser ziehen, noch einige Esslöffel Wasser unterrühren. Die Pfanne vom Herd nehmen.

Die Hähnchenteile aus dem Ofen nehmen, locker mit Alufolie bedecken und 15 Minuten ruhen lassen. Den Bratensaft aus der Form über die Zwiebeln gießen und untermischen.

Den Backofengrill vorheizen. Zum Servieren den Rand der Brotfladen rundum ins Öl der Zwiebeln dippen und auf ein Backblech setzen. Die Zwiebelmischung darauf verstreichen, dabei wie bei einer Pizza einen breiteren Rand lassen. Mit Sumach und Pinienkernen bestreuen.

Je 1–2 Fladenbrote auf den Ofenrost legen und 2–5 Minuten unter dem heißen Grill rösten, bis Ränder und Zwiebelmasse gebräunt sind. Aus dem Ofen nehmen und je ein Hähnchenteil darauflegen. Sofort servieren.

Hinweis: Für dieses Gericht eignet sich am besten Taboon-Brot. Wenn Sie es nicht selbst backen wollen, können Sie es durch gekauftes Naan- oder Pita-Brot ersetzen.

Maftoul mit Kürbis, Kichererbsen und Hähnchen

مفتول

Vorbereitungszeit: 30 Minuten
Zubereitungszeit: 2 Stunden
Für 4 Personen

Für die Brühe
1 kg Hähnchenteile (etwa 4 Brusthälften am Knochen oder 4 Schenkel oder 2 von beidem)
1 Zwiebel
1 EL Salz
2 TL Neun-Gewürze-Pulver (Seite 24)
2 TL gemahlener Kümmel
2 TL gemahlener Kreuzkümmel
1 Lorbeerblatt
½ TL Tomatenmark (optional, für die Farbe)

Für das Gemüse
2 EL Olivenöl
1 Zwiebel, halbiert, in feine Scheiben geschnitten
½ Butternusskürbis, gewürfelt
1 Dose (400 g) Kichererbsen, abgespült und abgetropft

Für die maftoul
1 EL Olivenöl
1 EL Butter
500 g *maftoul* (siehe Hinweis)

Zum Grillen
Olivenöl, zum Beträufeln
Salz und gemahlener schwarzer Pfeffer

Maftoul, diese wunderbaren kaviargroßen Perlen aus gerolltem Weizen, ist eines der typischsten palästinensischen Gerichte. Das Wort *maftoul* bedeutet „gerollt" und bezieht sich auf die Technik, bei der feine Bulgurkörner in Mehl gerollt werden, um diese Perlen zu erhalten. In Galiläa sind die Perlen tendenziell größer und werden *moghrabieh* genannt, während in Mittel- und Südpalästina die Kugeln etwa kaviargroß sind und eben *maftoul* genannt werden.

Für die Brühe die Hähnchenteile in einen großen Topf geben und das Wasser zugießen. Bei starker Hitze zum Kochen bringen, dabei den Schaum von der Oberfläche abschöpfen. Dann Zwiebel, Salz, Gewürze, Lorbeerblatt und Tomatenmark, falls verwendet, zufügen und die Hitze reduzieren. Die Brühe köcheln lassen, bis die Hähnchenteile gar sind, aber noch nicht auseinanderfallen. Die Hähnchenteile aus der Brühe nehmen und mit Alufolie abgedeckt warm halten.

Für das Gemüse das Olivenöl in einem Topf erhitzen. Die Zwiebelscheiben darin bei mittlerer Hitze etwa 5 Minuten dünsten, bis sie weich sind und an den Rändern bräunen. Den Kürbis zugeben und 2–3 Minuten garen. 1 Liter von der Brühe durch ein sehr feines Sieb zugießen. Die Kichererbsen zugeben und etwa 15 Minuten köcheln lassen, bis der Kürbis gar ist und die Aromen sich entwickelt haben.

Inzwischen für die *maftoul* Olivenöl und Butter in einem Topf mit dicht aufliegendem Deckel erhitzen. Die *maftoul* zugeben und bei mittlerer Hitze 5 Minuten rühren, bis die Perlen leicht geröstet sind. 500 ml Brühe durch ein feines Sieb zugießen und zum Köcheln bringen. Wenn die *maftoul* etwa die Hälfte der Brühe aufgesogen haben, den Herd ausschalten und die *maftoul* bei aufgesetztem Deckel 15 Minuten quellen lassen. Mit dieser Methode gelingen *maftoul* am besten: durchgegart, aber immer noch locker.

Den Backofengrill vorheizen. Zum Grillen die Hähnchenteile mit Olivenöl beträufeln, salzen und pfeffern. Mit der Hautseite nach oben 3–5 Minuten grillen, bis die Haut knusprig braun ist. Inzwischen die *maftoul* in eine große Servierform füllen und etwas Kürbismischung darauf verteilen. Die Hähnchenteile darauf anrichten. Die restliche Kürbismischung in Schalen dazu reichen.

Hinweis: Maftoul erhalten Sie entweder online oder in gut sortierten arabischen Lebensmittelgeschäften. Falls nicht, verwenden Sie *moghrabieh* oder *fregola sarda,* oder auch groben Couscous.

Hähnchen mit Gemüsereis

مقلوبه

Vorbereitungszeit: 15 Minuten + Einweichen
Zubereitungszeit: 2 Stunden
Für 8 Personen

Für den Reis
1 Rezeptmenge Gewürzte Brühe, dabei statt des Suppenhuhns 4 Hähnchenschenkel oder 4 Brusthälften am Knochen verwenden (Seite 34)
Pflanzenöl, zum Braten
2 große Auberginen (etwa 1 kg), in 2 cm dicke Scheiben geschnitten
1 Blumenkohl, in Röschen geschnitten
750 g Jasminreis (oder Langkornreis), abgespült, 15 Minuten in Wasser eingeweicht und abgetropft
1 EL Olivenöl, plus etwas mehr zum Beträufeln
1 EL gemahlene Kurkuma
1 EL Neun-Gewürze-Pulver (Seite 24)
1 EL Salz

Für das Hähnchen
Olivenöl, zum Beträufeln
Salz und frisch gemahlener schwarzer Pfeffer

Zum Servieren
- 1 Rezeptmenge Geröstete Mandeln (Seite 31)
- 1 Rezeptmenge Palästinensischer Salat (Seite 104)
- Naturjoghurt

Maqluba bedeutet „umgedreht" und bezieht sich darauf, dass der Topf nach dem Garen gestürzt wird und eine Art Reistorte mit Fleisch und Gemüse zum Vorschein kommt. Es gibt so viele Variationen von *maqluba*, wie es palästinensische Familien gibt. Diese Version stammt von meiner Teta Fatima. Sie können auch Lammfleischstücke am Knochen (aus der Schulter) anstelle von Hähnchen verwenden.

Für den Reis die Brühe, wie auf Seite 34 angegeben, zubereiten. Die Hähnchenteile herausnehmen und mit der Hautseite nach oben auf den Ofenrost legen. Die Brühe durch ein Sieb in eine Schüssel gießen.

Pflanzenöl etwa 2 cm hoch in eine große Pfanne füllen und erhitzen. Auberginen und Blumenkohl darin 5–10 Minuten bei mittlerer Hitze unter einmaligem Wenden goldbraun braten. Auf Küchenpapier abtropfen lassen. Für eine einfachere, wenngleich nicht so traditionelle Methode das Gemüse mit Olivenöl bestreichen und unter dem Backofengrill garen.

Den Reis in einer Schüssel mit Olivenöl, Kurkuma, Gewürzmischung und Salz vermengen, bis die Körner mit Fett überzogen sind und glänzen.

Etwas Olivenöl in einen großen beschichteten Topf träufeln und durch Schwenken auf dem Boden verteilen. So viel Reis hineingeben, dass der Topfboden bedeckt ist. Das Gemüse darauf verteilen und mit dem restlichen Reis bedecken. Wenn der Topf kleiner ist, müssen die Schichten wiederholt werden.

Den Topf bei mittlerer bis starker Hitze auf den Herd setzen. So viel von der frisch gemachten Hühnerbrühe zugießen, bis der Reis 2 cm hoch bedeckt ist. Einen Teller auf den Reis setzen, damit er beim Garen nicht nach oben steigt, und den Reis 15 Minuten kochen. Dann die Temperatur reduzieren und etwa 15–20 Minuten gar köcheln lassen.

Den Topf vom Herd nehmen und mit aufgesetztem Deckel 10–15 Minuten ruhen lassen.

Inzwischen den Backofengrill vorheizen. Für das Hähnchen die Hähnchenteile auf dem Ofenrost mit Olivenöl bestreichen, salzen und pfeffern und 5–7 Minuten grillen, bis die Haut goldbraun und knusprig ist.

Den Deckel abnehmen und den Topfinhalt auf eine große Servierplatte stürzen. Den Topf dabei langsam anheben. Die gegrillten Hähnchenteile auf der Reistorte anrichten. Mit den Gerösteten Mandeln bestreuen und sofort mit Palästinensischem Salat und Joghurt servieren.

Kibbeh-Tatar

كبه نيه

Vorbereitungszeit: 1 Stunde
Für 4-6 Personen

- 250 g mageres Ziegen-, Lamm- oder Rindfleisch, gründlich pariert und gewürfelt
- 250 g sehr feiner Bulgur
- 1 TL Salz
- 1 Zwiebel, geviertelt
- 25 g frische Minze-, Majoran-, Basilikum- und/oder Thymianblätter
- 2 EL rote Paprikapaste (in arabischen oder türkischen Lebensmittelgeschäften, falls nicht erhältlich durch 1 TL Tomatenmark gemischt mit 1 EL Paprikapulver und 1 EL Wasser ersetzen)
- 1 TL fein abgeriebene Biozitronenschale
- ½ TL Neun-Gewürze-Pulver (Seite 24)
- ½ TL gemahlener Kreuzkümmel
- Olivenöl, zum Beträufeln

Zum Servieren

- 1 Rezeptmenge Lammfleisch mit Zwiebeln und Gewürzen (Seite 30)
- frisches Gemüse wie Frühlingszwiebeln, Radieschen, grüne Chilis, Tomaten, grüner Salat
- frische Minzeblätter
- Brot (optional)

Dies ist das klassische Festtagsgericht in Galiläa. Keine Hochzeit, kein Feiertag, kein wichtiger Anlass ohne diesen Tatar, der zusammen mit Lammfleisch mit Zwiebeln und Gewürzen (Seite 30) und frischem Gemüse serviert wird. Traditionell wurde das Fleisch für Kibbeh mit einem riesigen Holzstößel in einem Steinmörser zerkleinert, und das dabei entstehende Geräusch zeigte an, dass sich ein Dorf auf eine Feier vorbereitete. Für Tatar darf nur ganz frisches Hackfleisch verwendet werden. Kaufen Sie das Fleisch also bei einem guten Metzger und wolfen es frisch zu Hause. Sie können es als Stück auch einige Tage einfrieren und im Kühlschrank antauen lassen, bevor es in den Fleischwolf kommt. Von abgepacktem Hackfleisch aus dem Supermarkt ist absolut abzuraten. Wenn Sie also keine leistungsstarke Küchenmaschine mit Fleischwolf haben, bestellen Sie bei Ihrem Metzger.

Die Fleischwürfel auf einen Teller geben und während der restlichen Vorbereitungen ins Gefrierfach stellen.

Den Bulgur in einer großen Schüssel gut mit Wasser bedecken und durchwaschen, dann das meiste Wasser abgießen (Restwasser wird vom Bulgur aufgesogen). Mit dem Salz bestreuen und etwa 15 Minuten beiseitestellen.

Den Bulgur sorgfältig von Hand kneten, bis er aufweicht. Probieren, und wenn der Bulgur immer noch Biss hat, esslöffelweise kaltes Wasser unterkneten (das alles dauert insgesamt 10–15 Minuten). Beiseitestellen.

Zwiebeln, Kräuter, Paprikapaste, Zitronenschale und Gewürze im Mixer zu einer glatten Paste verarbeiten. Falls nötig, esslöffelweise kaltes Wasser einarbeiten. Das Fleisch aus dem Gefrierfach nehmen, mit 1–2 Eiswürfeln zur Paste in den Mixer geben und zu einer feinen Masse mixen.

Eine Schüssel mit Eiswasser bereitstellen. Die Fleischmasse zum Bulgur geben und einige Minuten sorgfältig von Hand einarbeiten. Dabei die Hände regelmäßig ins Eiswasser tauchen, damit das rohe Fleisch nicht zu sehr erwärmt wird.

Die Masse auf einer Servierplatte flach, aber leicht gewölbt verstreichen. Zum besseren Formen die Handflächen verwenden, dabei vorher mit Eiswasser befeuchten. Das Tatar mit Olivenöl beträufeln und mit dem Rücken eines Teelöffels ein dekoratives Muster eindrücken.

Zum Servieren eine Portion Tatar auf einen Teller geben, flach verstreichen und das Lammfleisch daraufgeben. Nach Belieben mit frischem Gemüse, Minze und Brot servieren.

Lamm-Kichererbsen-Pilaw mit Knoblauch

قدره

Vorbereitungszeit: 15 Minuten + Einweichen
Zubereitungszeit: 2 Stunden 30 Minuten
Für 6–8 Personen

Für die Brühe
3 EL Olivenöl
2–3 Stücke Mastix
2 Lorbeerblätter
1 EL Neun-Gewürze-Pulver (Seite 24)
½ TL gemahlene Kurkuma
600 g Lammschulter ohne Knochen, in 5 cm große Würfel geschnitten, oder 2,5 kg Lamm- oder Rinderschmorfleisch am Knochen
1 Zwiebel
2 l Wasser
1 EL Salz

Für den Reis
2 EL Olivenöl
2 EL Butter
1 große Zwiebel, halbiert, in feine Scheiben geschnitten
15–18 ganze Knoblauchzehen
1 TL gemahlener Kreuzkümmel
1 TL Neun-Gewürze-Pulver (Seite 24)
1 TL gemahlene Kurkuma
1 TL Salz
500 g Reis (Jasmin- oder Mittelkornreis), gewaschen und abgetropft
1 Dose (400 g) Kichererbsen, abgespült und abgetropft

Zum Servieren
- Geröstete Pinienkerne und Mandeln (Seite 31)
- Naturjoghurt

Qidreh, was wörtlich übersetzt „Topf“ bedeutet, wird fast nie zu Hause gegart. Dieses typische Gericht aus Hebron wird zwar zu Hause vorbereitet, dann aber zum Gemeindeherd gebracht, wo es in einem speziellen Kupferkessel über einem Holzfeuer gegart wird. Traditionell wird für *qidreh* Lammfleisch am Knochen verwendet. Aber eigentlich ist es mit kleineren Lammschmorstücken in einem gusseisernen Bräter im Ofen auch ganz leicht zu Hause zuzubereiten. Servieren Sie dazu Naturjoghurt.

Für die Brühe das Olivenöl in einem großen Topf erhitzen. Mastix, Lorbeerblätter, Neun-Gewürze-Pulver und Kurkuma darin 1 Minute garen, bis die Mischung zu duften beginnt. Das Fleisch zugeben und 3 Minuten von allen Seiten anbräunen. Die ganze Zwiebel zugeben und wenden, bis sie mit der Gewürzmischung überzogen ist. Mit dem Wasser ablöschen. Salzen und alles zum Kochen bringen, dabei den Schaum von der Oberfläche abschöpfen. 60–80 Minuten (20 Minuten im Schnellkochtopf) köcheln lassen, bis das Fleisch zart ist. Die Brühe durch ein Sieb in eine Schüssel gießen und das Fleisch auf einem Teller beiseitestellen.

Den Backofen auf 160°C vorheizen. Für den Reis Öl und Butter in einem gusseisernen Bräter erhitzen. Wenn die Butter zerlassen ist, die Hitze auf niedrige Stufe reduzieren. Die Zwiebel darin 10–15 Minuten unter gelegentlichem Rühren weich und goldgelb garen. Die Knoblauchzehen zugeben und 2–3 Minuten mitgaren. Mit Gewürzen und Salz bestreuen und 1 Minute garen. Erst den Reis untermischen und dann die Kichererbsen kurz unterheben.

1 Liter von der Brühe über die Reismischung gießen und die Hitze auf hohe Stufe erhöhen. Sobald die Brühe zu kochen beginnt, den Bräter vom Herd nehmen. Das Fleisch darauflegen. Den Deckel aufsetzen, den Bräter in den vorgeheizten Ofen schieben und das Ganze 1 Stunde garen, bis der Reis weich und das Fleisch schön gebräunt ist.

Den Bräter aus dem Ofen nehmen und 5 Minuten ruhen lassen. Mit den Nüssen bestreuen und mit Joghurt servieren.

Hinweis: Traditionell wird das Gericht für Anlässe mit größerer Personenzahl zubereitet. Dafür werden die Fleischstücke vom Reis genommen und der Reis auf eine große Servierplatte gestürzt. Dann werden die Fleischstücke wieder auf dem Reis angerichtet und mit den Nüssen bestreut. Für eine kleine Familienportion sieht das Gericht aber auch im Topf serviert schön aus.

Lammklösschen in Joghurtsauce

شُشبرك

Vorbereitungszeit: 1 Stunde 30 Minuten
Zubereitungszeit: 1 Stunde
Für 6–8 Personen

500 g Weizenmehl (Type 405), plus etwas mehr zum Bestäuben
1 TL Salz
4 EL Pflanzenöl
250–350 ml Wasser
1 Rezeptmenge Lammfleisch mit Zwiebeln und Gewürzen, aber ohne Nüsse (Seite 30)
1 Rezeptmenge Gekochte Joghurtsauce (Seite 29)
1 l Wasser

Zum Servieren

- 2 EL zerriebene getrocknete Minze (optional)
- Geröstete Pinienkerne (Seite 31)

Ein Freund von mir war mal in Hebron zu „Katzenohren" eingeladen. Er lehnte höflich und entsetzt ab. Erst nach mehreren solchen Erfahrungen fand er schließlich heraus, dass er eigentlich zu *shushbarak* eingeladen war: Klößchen, die so geformt waren, dass sie Katzenohren glichen. Im Grunde ist dieses Gericht recht einfach, es erfordert nur etwas Geduld.

Mehl und Salz in einer großen Schüssel mischen. Das Öl zugießen und von Hand untermischen. Dann 250 ml Wasser mit den Fingern einarbeiten. Nach und nach weiteres Wasser unterkneten, bis ein glatter Teig entstanden ist. Wenn er sich zu fest anfühlt, 5 Minuten ruhen lassen und nochmals kneten. Den Vorgang ein- bis zweimal wiederholen, bis ein weicher, kompakter Teig entstanden ist. Den Teig halbieren, zu Kugeln formen und abgedeckt 30 Minuten ruhen lassen.

Auf einer bemehlten Arbeitsfläche eine Teigportion etwa 3 mm dünn ausrollen und 6 cm große Kreise ausstechen. Die Teigreste zusammenkneten, zu einer Kugel formen und beiseitelegen.

Je ½ Teelöffel der Lammfleischmischung in die Mitte auf die Kreise setzen. Die Kreise zusammenklappen und die Ränder zusammendrücken. Wenn alle Teigkreise gefüllt sind, die Reste ausrollen und weitere „Katzenohren" formen, bis die Füllung aufgebraucht ist.

Den Backofen auf 180°C erhitzen. Die Teigtaschen auf Backbleche setzen und im Ofen portionsweise 15–20 Minuten backen (bzw. eher trocknen), bis sie ganz leicht gebräunt sind. Die Teigtaschen können nun direkt weiterverarbeitet oder nach dem Erkalten eingefroren werden.

Die Joghurtsauce zum Kochen bringen. Das Wasser unterrühren und erneut zum Kochen bringen. Die Teigtaschen in die Sauce geben und 20–30 Minuten gar ziehen lassen. Wenn sie nach dieser Zeit immer noch zu fest sind, weitere 10 Minuten garen. In Servierschalen füllen und mit Pinienkernen und, falls verwendet, Minze bestreuen.

Hinweis: Die Joghurtsauce wird mit Wasser gestreckt, da sie beim Abkühlen stark eindickt. Beginnen Sie mit der im Rezept angegebenen Menge. Eventuell müssen Sie noch weiteres Wasser zugießen und die Sauce nochmals abschmecken.

Variante: Statt der „Katzenohren" können Sie auch Kibbeh (Seite 90) in der Sauce garen. Dazu die Kibbeh nicht frittieren, sondern 10–15 Minuten bei 200°C im Ofen backen, dann 5 Minuten in der Joghurtsauce gar ziehen lassen.

Lamm-Reis-Topf mit Joghurt

منسف

Vorbereitungszeit: 15 Minuten + Einweichen
Zubereitungszeit: 1 Stunde 30 Minuten
Für 4–6 Personen

Für die Brühe
2 EL Olivenöl
4–6 Lammhaxen (insgesamt 1,5 kg)
1,5 l Wasser
1 Zwiebel
5 Stücke Mastix
15 Pimentbeeren
4 Gewürznelken
4 Kardamomkapseln
3 Lorbeerblätter
1 Stück Mazis (Muskatblüte)
1 Zimtstange
1 TL Salz

Für den Reis
1 Rezeptmenge Gekochte Joghurtsauce (Seite 29, siehe Hinweis)
50 g Geröstete Pinienkerne (Seite 31)
120 g Geröstete Mandeln (Seite 31)
400 g Reis (Jasmin- oder Rundkornreis)
1 EL Butter oder Ghee
2 EL Olivenöl
550 ml Wasser
½ TL Salz
¼ TL gemahlene Kurkuma
2 hauchdünne große *shrak*-Brote oder indische Roti, mexikanische Weizentortillas oder dünne libanesische Pita-Brote

Essen ist eine Art, mit der Palästinenser Respekt und Wertschätzung zum Ausdruck bringen. In vielen Teilen Palästinas gilt eine große Platte *mansaf* als größte Ehrerweisung für Gäste, vor allem in Taybeh, der Heimatstadt meines Mannes. Als meine Eltern zum ersten Mal die Familie meines Mannes besuchten, gab es also ein reichhaltiges, köstliches *mansaf*.

Für die Brühe das Öl in einem großen Topf erhitzen. Die Lammhaxen darin bei mittlerer bis starker Hitze rundum anbräunen. Mit dem Wasser ablöschen und zum Kochen bringen, dabei den Schaum von der Oberfläche abschöpfen. Zwiebel, Mastix, Gewürze und Salz zugeben. Die Hitze reduzieren und die Brühe 1½–2 Stunden (40–50 Minuten im Schnellkochtopf) köcheln lassen, bis das Fleisch zart ist, aber noch nicht vom Knochen fällt.

Inzwischen für den Reis die Joghurtsauce, wie auf Seite 29 angegeben, zubereiten. Die Nüsse, wie auf Seite 31 angegeben, rösten und alles beiseitestellen. Den Reis unter fließendem kaltem Wasser abspülen, dann 15–30 Minuten in Wasser einweichen, abgießen und abtropfen lassen.

Die Brühe durch ein Sieb in eine Schüssel gießen, Zwiebel und Gewürze entsorgen. Die Brühe unter die Joghurtsauce rühren. Die Lammhaxen hineingeben und weitere 15–30 Minuten garen. Wie geschmackvoll die Sauce wird, hängt davon ab, ob Sie *kishek* verwendet haben; sie sollte jedenfalls recht salzig und säuerlich schmecken. Gegebenenfalls entsprechend abschmecken.

Butter und Öl in einem Topf bei starker Hitze zerlassen. Den Reis darin wenden, bis die Körner mit Fett überzogen sind und glänzen. Mit dem Wasser ablöschen. Salz und Kurkuma zugeben und zum Kochen bringen, dann 2–5 Minuten köcheln lassen. Noch mal rühren, dann ein sauberes Küchentuch auf den Topf legen und den Deckel aufsetzen. Den Topf vom Herd nehmen und den Reis 15 Minuten quellen lassen.

Die Brote in Stücke zupfen und auf einer großen Servierplatte verteilen. Mit dem Reis bedecken und die Lammhaxen darauf anrichten. Mit so viel Joghurtsauce überziehen, dass sie Reis und Brot aufweicht. Mit den gerösteten Nüssen bestreuen. Die restliche Sauce separat dazu reichen.

Hinweis: Mansaf wird traditionell mit *kishek* oder *jameed* (Seite 29), aber ohne Knoblauch zubereitet. Der Geschmack von *kishek* ist so besonders, dass sich die Suche danach wirklich lohnt. Wenn Sie welchen finden, lassen Sie den gebratenen Knoblauch für die Sauce weg. Falls nicht, geben Sie ihn dazu, um den Joghurt geschmacklich zu verbessern.

Desserts und Feingebäck

Wann immer sie gefragt wird, ob sie noch Nachtisch will, sagt meine Mutter einen Spruch, der ungefähr so geht: „Egal, was ich esse: Es gibt noch Platz in meinem Bauch, denn nur etwas Süßes füllt aus." Sie sagt also niemals Nein zu einem Dessert, und mir geht es, ehrlich gesagt, genauso. Ich war schon immer eine Naschkatze und rede mir ein, dass das völlig in Ordnung geht, weil arabische Süßigkeiten anders als viele westliche Desserts, die viel Sahne, Butter und Eier enthalten, hauptsächlich mit Nüssen, getrockneten Früchten, Gewürzen und Saaten zubereitet werden. Dass man sie mit reichlich Zucker oder Zuckersirup süßt, ignoriere ich natürlich geflissentlich.

Leichtere Desserts wie Grießkuchen mit Bockshornklee (Seite 220) oder Anisplätzchen (Seite 224) gönne ich mir öfters mal zum Frühstück oder als Nachmittagssnack. Üppigeren Desserts gebe ich mich nicht so oft hin. In den meisten palästinensischen Familien gibt es im Alltag „nur" frische Früchte oder ein paar Nüsse zum Nachtisch. Richtige Desserts sind eher festlicheren Anlässen oder besonderen Gelegenheiten vorbehalten. Die süße Ausnahme dieser Regel in der arabischen Welt ist die „Dessertsaison": der Fastenmonat Ramadan. In dieser Zeit wimmeln die Straßen vor Händlern, die allerlei Süßes, insbesondere die süßen *atayif*-Teigtaschen (Seite 222) feilbieten. Fast 30 Tage lang gönnt man sich jeden Abend nach Sonnenuntergang zum Fastenbrechen allerlei süße Leckereien, von Knafeh (Seite 214) bis Baklava (Seite 216) oder auch Süßspeisen, die es während des restlichen Jahres kaum gibt, wie sirupgetränkte Schmalzkrapfen, die man in allen Bäckereien kaufen kann.

Glücklicherweise müssen Sie nicht ein Jahr lang auf diese Süßspeisen warten, da die meisten auch jederzeit zu Hause zubereitet werden können. Andererseits ist es ja genau das Schöne an palästinensischen Desserts, dass viele mit speziellen Anlässen, Jahreszeiten oder religiösen Feiertagen verbunden sind. Kümmelflammeri (Seite 228) beispielsweise gibt es zur Geburt eines Kindes, Palästinensische Feiertagskringel (Seite 230) zu Eid al-Fitr und Festtagsküchlein mit Datteln oder Nüssen (Seite 212) zu Ostern, um nur einige zu nennen.

Natürlich halten nicht alle Palästinenser diese Traditionen ein. Aber es ist was ganz Besonderes, auf eine bestimmte Zeit zu warten, weil man sich auf die dazugehörigen Speisen freut, oder zu wissen, welcher Anlass mit welchen Speisen in welcher Atmosphäre gefeiert wird. Und nicht zuletzt sind es diese Traditionen über alle Religionen, Kontinente und die Zeit hinweg, die uns innerhalb der palästinensischen Kultur, auf die wir stolz sind, verbinden, und sie sorgen dafür, dass eine Mahlzeit so besonders endet, wie sie begonnen hat.

Links
Stand in einer Straße der Jerusalemer Altstadt, an dem frisch gepresste Säfte verkauft werden.

Frischkäsekuchen mit Pistazien

عيش السرايا

Vorbereitungszeit: 15-20 Minuten
Zubereitungszeit: 5-10 Minuten
Ergibt 1 Kuchen mit 23 cm Ø

Für den Boden

- Pflanzenöl, zum Einfetten
- 150 g geröstetes Weißbrot, wie Melba-Toast
- 250 g feiner Zucker
- 300 ml Wasser
- 1 TL Zitronensaft
- 25 g Butter
- 1 EL Orangenblütenwasser

Für den Belag

- 250 g Mascarpone oder Ricotta (für eine leichtere Version)
- 125 g Schlagsahne
- 1 TL Orangenblütenwasser
- 120 g ungesalzene Pistazienkerne, gehackt
- eingelegte Zitronenblüten, Himbeeren, Erdbeeren, Granatapfelkerne oder Himbeergelee (optional)

Der Name dieses Dessertkuchens bedeutet „Brot der königlichen Paläste“, und es ist in der Tat ein königliches Dessert. Diese opulente Süßspeise, ein Erbe aus der osmanischen Herrschaft in Palästina (*saray* ist das türkische Wort für königlicher Palast), ist eigentlich ganz einfach zu machen. Geröstetes Brot wird mit Zuckersirup getränkt und mit cremigem Frischkäse und Pistazien garniert. Das hört sich nicht besonders spektakulär an, schmeckt aber toll!

Eine Springform (22–24 cm Ø) mithilfe von Küchenpapier dünn mit Pflanzenöl einfetten.

Für den Boden den Toast in einer großen Schüssel von Hand in kleine Stücke brechen. Alternativ im Mixer mit der Pulse-Funktion oder im Blitzhacker sehr grob zerhacken. In eine Schüssel geben.

Den Zucker mit Wasser und Zitronensaft in einem kleinen, schweren Topf bei mittlerer bis starker Hitze zum Kochen bringen. Die Hitze reduzieren und die Flüssigkeit 3–4 Minuten köcheln lassen, bis der Sirup leicht eingedickt ist. Den Topf vom Herd nehmen. Butter und Orangenblütenwasser zugeben und rühren, bis die Butter geschmolzen ist.

Den Toast mit dem Sirup beträufeln und sorgfältig mit einem Löffel rühren, bis der Sirup vollständig aufgesogen ist. Das Brot auf dem Boden der vorbereiteten Form verteilen und andrücken. Erkalten lassen.

Inzwischen für den Belag Mascarpone oder Ricotta mit Sahne und Orangenblütenwasser in der Küchenmaschine mit dem Schneebesen etwa 1 Minute auf mittlerer bis hoher Stufe rühren, bis die Masse glatt, cremig und steif ist. Aber nicht zu lange rühren.

Die Mascarponemasse in die Form füllen und glatt streichen. Mit den Pistazien bestreuen. Vor dem Servieren einige Stunden kalt stellen, bis der Belag fest ist.

Den Rand der Springform abnehmen und die Torte samt Formboden auf eine Tortenplatte heben. Falls verwendet, für weitere Farbtupfer mit eingelegten Blüten, Himbeeren, Erdbeeren, Granatapfelkernen oder Geleestücken garnieren.

Festtagsküchlein mit Datteln oder Nüssen

كعك ومعمول

Vorbereitungszeit: 2 Stunden + Ruhen
Zubereitungszeit: 5–10 Minuten
Ergibt etwa 30 Küchlein

Für den Teig
1 kg feiner Weizengrieß
500 g weiche Butter
60 ml Pflanzenöl
250 g Weizenmehl (Type 405)
1 TL Salz
½ TL Mastix, mit ½ TL Zucker vermahlen (optional)
½ TL gemahlener Mahlab (optional)
1 TL Trockenbackhefe
2 EL Zucker
4 EL Rosenwasser
4 EL Orangenblütenwasser

Füllung 1:
1 kg Dattelpaste
2 TL gemahlener Zimt
¼ TL frisch geriebene Muskatnuss
¼ TL gemahlene Gewürznelken

Füllung 2:
1 kg grob gehackte Walnuss- oder Pistazienkerne (oder eine Mischung)
200 g Zucker
2 EL Orangenblütenwasser
2 EL Rosenwasser
4 EL zerlassene Butter
1 TL gemahlener Zimt

Zum Servieren
– Puderzucker, zum Bestäuben

Mit einer muslimischen Mutter und einem christlichen Vater durfte ich doppelt so viele religiöse Feste feiern. Das bedeutete auch doppelt so viele Geschenke, schulfreie Tage und vor allem für eine Naschkatze wie mich: Es gab doppelt so häufig *ka'ak bi ma'amoul*. Diese kleinen gefüllten Grießkuchen sind gleichbedeutend für christliche wie islamische Feiertage in Palästina. Sie mögen etwas aufwendig sein, aber sie bleiben auch wochenlang frisch und sind die Arbeit wert.

Für den Teig den Grieß mit Butter und Öl in eine große Schüssel geben und 10–15 Minuten von Hand vermengen, bis die Masse nassem Sand gleicht. Mit Frischhaltefolie abdecken und über Nacht stehen lassen.

Mehl, Salz, Mastix und Mahlab, falls verwendet, mit den Händen in die Grießmasse reiben. Hefe, Zucker, Rosen- und Orangenblütenwasser untermischen. Esslöffelweise Wasser leicht unterkneten (nicht zu lange bearbeiten, sonst werden die Küchlein zu fest), bis die Zutaten binden und der Teig nicht mehr krümelig ist. Abgedeckt 15–30 Minuten gehen lassen.

Inzwischen für die Dattelfüllung alle Zutaten in einer Schüssel glatt verrühren. Zu traubengroßen Kugeln formen. Für die Nussfüllung alle Zutaten vermengen.

Für Dattelküchlein walnussgroße Portionen vom Teig abnehmen und etwas flach drücken. Die Dattelkugeln in die Mitte daraufsetzen, ganz mit dem Teig umhüllen und zu einer Kugel rollen. Zwischen den Handflächen leicht flach drücken und mit einem Kochlöffelstiel ein Loch in die Mitte drücken. Dann rundum ein dekoratives Muster einritzen oder -drücken.

Für die Nussküchlein etwa walnussgroße Teigportionen abnehmen und mit dem Daumen eine Vertiefung eindrücken. Etwa 1 Teelöffel Nussfüllung hineingeben. Den Teig darum verschließen, sodass eine Art Halbkugel entsteht. Rundum ein dekoratives Muster einritzen oder -drücken.

Den Backofen auf 200°C vorheizen. Mehrere Backbleche mit Backpapier belegen. Die Küchlein daraufsetzen und 5–10 Minuten backen, bis die unteren Ränder ganz leicht gebräunt sind. Herausnehmen und vollständig erkalten lassen.

Die Festtagsküchlein in einem dicht schließenden Behälter aufbewahren. So halten sie sich bis zu 10 Tage bei Zimmertemperatur. Sie lassen sich auch bis zu 3 Monate einfrieren. Vor dem Servieren mit Puderzucker bestäuben.

Knafeh

كنافه

Vorbereitungszeit: 20 Minuten
Zubereitungszeit: 30 Minuten
Für 6–8 Personen

- 180 g Ghee oder Butter, zerlassen, plus etwas mehr zum Einfetten
- 400 g trockener Mozzarella (keinen frischen Büffelmozzarella verwenden)
- 250 g Ricotta
- 450 g *kataifi* (siehe Hinweis)
- 1 Rezeptmenge Aromatisierter Zuckersirup (Seite 35), zimmerwarm
- 4–6 EL gemahlene Pistazienkerne

Knafeh (auch *kunafah* genannt) stammt vermutlich aus der palästinensischen Stadt Nablus. Die Süßspeise wird heute in der Regel nicht mehr selbst zubereitet, weil es sie in allen Bäckereien zu kaufen gibt, und zwar in diversen Varianten wie *na'ameh* (fein), *khishneh* (grob) oder *malfoufeh* (gerollt) und mit verschiedenen Füllungen wie Pistazien, Sahne, Frischkäse oder Walnüssen. Dieses Rezept wurde vom Onkel meines Vaters über die Frau meines Onkels schließlich an mich weitergegeben. Es ist ein sehr einfacher Dessertkuchen, in dem die Zutaten sehr gut zur Geltung kommen. Verwenden Sie deshalb nur bestmögliche Qualität.

Den Backofen auf 200°C vorheizen. Eine Backform (28 cm Ø) oder eine eckige Form (30 cm x 20 cm) großzügig mit Ghee oder Butter einfetten.

Für die Käsemasse den Mozzarella in eine große Schüssel reiben oder in sehr kleine Stücke schneiden. Den Ricotta sorgfältig unterrühren. Bis zur Weiterverwendung kalt stellen.

Den *kataifi* im Blitzhacker oder Mixer zu etwa 2 cm langen Stücken zerkleinern. Alternativ tiefgefrorene Teigfäden mit den Fingern zerbrechen. In einer großen Schüssel von Hand mit dem flüssigen Ghee oder der flüssigen Butter mischen, bis das Fett eingearbeitet ist.

Die Hälfte des *kataifi* gleichmäßig auf dem Boden der vorbereiteten Form verteilen und andrücken. Die Käsemasse esslöffelweise gleichmäßig darauf verteilen und leicht mit einem angefeuchteten Löffelrücken oder mit der befeuchteten Handfläche verstreichen, dabei darauf achten, dass die Teigfädenschicht intakt bleibt.

Den restlichen *kataifi* gleichmäßig darauf verteilen, sodass die Käsemasse vollständig bedeckt ist. Mit der flachen Hand gut andrücken.

Im vorgeheizten Ofen 25–35 Minuten backen, bis die Käsemasse geschmolzen und der *kataifi* goldbraun ist.

Aus dem Ofen nehmen und 5 Minuten abkühlen lassen, dann den Kuchen auf eine Tortenplatte stürzen. Sofort mit dem Zuckersirup tränken und mit den Pistazien bestreuen. Beim Servieren den restlichen Zuckersirup separat dazu reichen.

Hinweis: Kataifi oder *kadayıf* ist in türkischen Lebensmittelgeschäften erhältlich. Im Ramadan findet man die feinen Teigfäden auch frisch, sodass der Teig auch für einen späteren Gebrauch eingefroren werden kann. Es ist leichter, die Teigfäden zu zerkleinern, wenn er angefroren ist.

Baklava

بقلاوه

Vorbereitungszeit: 1 Stunde
Zubereitungszeit: 15-20 Minuten
Ergibt 40 Stück

- 200 g gemahlene Pistazienkerne, plus etwas mehr zum Bestreuen
- 180 g Zucker
- 1 EL Rosenwasser
- 150 g Ghee oder Butter, zerlassen
- 40 Filoteigblätter, etwa 15 x 20 cm (größere Blätter auf diese Maße zuschneiden)
- ½ Rezeptmenge Aromatisierter Zuckersirup (Seite 35), zimmerwarm

Zwar gibt es die bekannteste orientalische Süßspeise überall zu kaufen, doch ist es ziemlich schwierig, Baklava zu finden, die richtig gut schmeckt. Entweder ist sie in Sirup ertränkt oder eben zu trocken oder Butter und/oder Nüsse haben nicht die beste Qualität, oder die Baklava wurde nicht genug gebacken usw. Sie selbst zuzubereiten, ist vielen zu schwierig und aufwendig, weshalb sie lieber gekauft wird. Für mich hat sich das geändert, als ich bei einer Hochzeit in den USA war und meine Schwiegermutter dabei beobachten konnte, wie sie mehrere Packungen fertigen Filoteig auspackte und in nur einer halben Stunde ein großes Blech mit hübschen schneckenförmigen Baklavas hervorzauberte. Dieses Rezept hier basiert auf der Rezeptversion meiner Schwiegermutter. Es ist zwar nicht ganz traditionell, aber dafür so einfach und lecker, dass ich mittlerweile regelmäßig Baklava zu Hause zubereite.

Den Backofen auf 180 °C vorheizen und ein Backblech mit Backpapier auslegen.

Die Pistazien in einer Schüssel mit Zucker und Rosenwasser vermengen.

Die Teigblätter in einem Stapel auf die Arbeitsfläche legen und mit einem feuchten Küchentuch bedecken, damit sie nicht austrocknen. Ein Teigblatt auf der Arbeitsfläche ausbreiten und etwa 1 Teelöffel Pistazienmischung entlang der unteren kurzen Kante des Teigrechtecks verteilen. Das Teigblatt von dieser Kante her aufrollen und dabei mit etwas Ghee oder Butter bestreichen. Die Rolle vorsichtig, damit der Teig nicht bricht, zu einer Schnecke eindrehen. Mit Ghee oder Butter bestreichen und auf das vorbereitete Backblech setzen.

Auf diese Weise die restlichen Teigblätter verarbeiten. Die Baklava-Schnecken nochmals mit Ghee oder Butter bestreichen und im vorgeheizten Ofen 15–20 Minuten goldgelb backen.

Aus dem Ofen nehmen, die Baklava sofort mit dem Zuckersirup übergießen und mit gemahlenen Pistazien bestreuen. Alternativ die Baklavas erkalten lassen und mit frisch zubereitetem heißem Sirup tränken. Auskühlen und den Sirup einziehen lassen, dann die Baklavaschnecken auf einer Platte anrichten.

Variante: Sie können die Pistazien durch andere gemahlene Nüsse wie Walnüsse, Mandeln, Cashewkerne oder Haselnüsse ersetzen. Mischen Sie bei der Verwendung von Walnüssen noch 1 Teelöffel Zimtpulver unter.

Duftender Milchflan mit Pistazien

مهلبيه

Vorbereitungszeit: 2 Minuten
Zubereitungszeit: 10 Minuten
Für 10–12 Portionen

1 l Vollmilch (3,5% Fett)
250 g Schlagsahne
120 g Zucker, plus 1 Prise Zucker
80 g Speisestärke
3–4 Stücke Mastix

Zum Servieren
- grob gemahlene Pistazienkerne
- Kokosraspel
- Mandelblättchen
- Granatapfelkerne

Mouhalabieh ist so etwas wie palästinensische Pannacotta, aber leichter und einfacher in der Zubereitung. Am traditionellsten wird dieses Dessert mit Mastix aromatisiert. Sie können das getrocknete Harz des Mastixstrauches auch durch einen Teelöffel Rosen- oder Orangenblütenwasser oder je einen halben Teelöffel davon ersetzen. Rühren Sie es in die Milchmischung, bevor sie vom Herd genommen wird. Bei der Garnierung sind die Möglichkeiten endlos: ganze Nüsse, Kokosraspel, gehackte oder gemahlene Pistazien, Sirupe, Rosen- oder Granatapfelkonfitüre usw. Wenn Sie den Flan mit Konfitüre oder Sirup servieren wollen, verwenden Sie nur 100 g Zucker für den Flan, da die Garnierung ja recht süß ist.

---

750 ml Milch mit Sahne und Zucker in einem großen, schweren Topf bei mittlerer Hitze zum Sieden bringen.

Inzwischen die Speisestärke in einer Schale mit der restlichen Milch glatt anrühren. Den Mastix im Mörser mit 1 Prise Zucker fein zerreiben und in die angerührte Speisestärke rühren.

Wenn die Milch im Topf kurz vor dem Aufwallen ist, die angerührte Speisestärke zugießen und etwa 2 Minuten rühren, bis die Creme eindickt.

Den Topf vom Herd nehmen und den Flan in kleine Dessertgläser füllen. Erkalten und dann mindestens 4 Stunden oder über Nacht im Kühlschrank fest werden lassen.

Vor dem Servieren mit einer Zutat oder mehreren Zutaten nach Wahl garnieren.

Griesskuchen mit Bockshornklee

صينية حلبه

Vorbereitungszeit: 45 Minuten + Ruhen
Zubereitungszeit: 20–30 Minuten
Ergibt 1 Kuchen mit 28 cm Ø

- 2 EL Bockshornkleesamen
- 475 ml Wasser
- Tahini oder Butter, zum Einfetten
- 300 g Weizengrieß
- 60 g Weizenmehl (Type 405)
- 4 EL Olivenöl
- 4 EL Pflanzenöl
- 1 EL Zucker
- 1 EL Schwarzkümmelsamen
- 1 EL gemahlener Anis
- 1 TL Backpulver
- 1 TL Trockenbackhefe
- ½ TL gemahlener Zimt
- ½ TL Salz
- ¼ TL gemahlene Kurkuma
- 20–30 Pinienkerne oder abgezogene Mandeln
- 1 Rezeptmenge Aromatisierter Zuckersirup (Seite 35), zimmerwarm

Dieser Kuchen gehört zu den typischsten palästinensischen Süßspeisen. Durch den Bockshornklee erhält er einen ganz speziellen Geschmack, den man entweder liebt oder hasst. Der Kuchen wird nach dem Backen mit Sirup getränkt und muss einige Stunden, vorzugsweise über Nacht durchziehen. Das Rezept ergibt einen Kuchen von mittlerer Höhe. Manche mögen ihn lieber dünner und knuspriger. In diesem Fall wird der Teig einfach in einer größeren Form gebacken. Der saftige Kuchen ist eines meiner Lieblingsdesserts und schmeckt bestens mit einer Tasse starkem Kardamomkaffee (Seite 235).

Die Bockshornkleesamen mit dem Wasser in einen mittelgroßen Topf geben und bei starker Hitze zum Kochen bringen. Die Hitze reduzieren und die Samen 20–25 Minuten köcheln lassen, bis sie weich und prall sind. In ein feines Sieb abgießen, dabei das Wasser in einer Schüssel auffangen, und die Samen abtropfen lassen.

Inzwischen eine Backform aus Metall oder Glas (28 cm Ø oder 20 cm x 30 cm) mit Tahini oder Butter einfetten. Die restlichen Zutaten bis auf Pinienkerne und Zuckersirup in einer großen Schüssel sorgfältig vermengen, bis die Masse nassem Sand gleicht.

Die abgetropften Bockshornkleesamen mit 250 ml vom Bockshornkleewasser zugeben und von Hand oder mit einem Holzlöffel sorgfältig unterrühren. Bei Bedarf noch weiteres Wasser einarbeiten, bis ein weicher Teig entsteht, der aber nicht vom Löffel reißt, allerdings auch nicht so fest ist wie Brotteig.

Den Teig mit befeuchteten Händen in der vorbereiteten Form verteilen und die Oberfläche glätten. Mit einem scharfen Messer ein Rautenmuster einritzen. Je 1 Pinienkern oder Mandel in die Rauten setzen. Mit einem Küchentuch abgedeckt 1 Stunde gehen lassen.

Inzwischen den Backofen auf 200 °C vorheizen. Den Kuchen darin 20–30 Minuten goldbraun backen. Aus dem Ofen nehmen und zum Tränken sofort mit dem Zuckersirup übergießen. Vollständig erkalten lassen und dann mehrere Stunden oder über Nacht durchziehen lassen. Wenn der Kuchen noch warm angeschnitten wird, krümelt er zu stark.

Den Kuchen in der Form an den Markierungen in kleine Stücke schneiden. Übrig gebliebene Kuchenstücke halten sich mit Alufolie oder Frischhaltefolie abgedeckt bei Zimmertemperatur bis zu 5 Tage oder im Kühlschrank bis zu 2 Wochen.

Süße Teigtaschen mit Walnuss-, Käse- oder Cremefüllung

قطايف

Vorbereitungszeit: 30 Minuten + Ruhen
Zubereitungszeit: 15 Minuten
Ergibt etwa 10 große oder 20 kleine Teigtaschen

Für den Teig
120 g Weizenmehl (Type 405)
350 ml Wasser
2 EL Weizengrieß
1 EL Zucker
1 TL Trockenbackhefe
1 TL Backpulver
¼ TL Salz

Für die Walnussfüllung
250 g leicht geröstete Walnusskerne, grob gemahlen
½ TL gemahlener Zimt

Für die Käsefüllung
250 g Akkawi-Käse, grob gehackt oder geraspelt (siehe Hinweis, falls nicht erhältlich, durch gleiche Gesamtmenge geraspelten Mozzarella und Ricotta ersetzen)
2 Stücke Mastix, pulvrig fein zerrieben (optional)
¼ TL Rosen- oder Orangenblütenwasser

Für die Cremefüllung
250 g Ricotta
2 EL Schlagsahne
¼ TL Rosen- oder Orangenblütenwasser
25 g Pistazienkerne, grob gemahlen, zum Garnieren

weiche Butter, zum Einfetten
1 Rezeptmenge Aromatisierter Zuckersirup (Seite 35), zimmerwarm

Diese *atayif* genannten gefüllten Teigtaschen werden in meiner Heimat sowohl von Muslimen als auch von Christen mit dem Fastenmonat Ramadan gleichgesetzt. Denn nur in dieser Zeit gibt es die Teigtaschen in den Bäckereien zu kaufen, und in der ersten Woche reichen die Warteschlangen bis auf die Straße, weil alle endlich wieder *atayif* genießen wollen. Die Teigtaschen werden nur auf einer Seite gebacken und können größer oder kleiner sein: Die größeren sind normalerweise mit Nüssen oder Käse gefüllt und werden nach dem Backen in Sirup getränkt. Die kleinen enthalten eine einfache Cremefüllung, werden nur halb zusammengeklappt, in Pistazien getaucht und dann in dickem Sirup getränkt. Der Teig ist ganz einfach zuzubereiten. Probieren Sie es mal aus – egal in welchem Monat.

Für den Teig alle Zutaten in der Küchenmaschine oder mit dem elektrischen Handrührgerät zu einem glatten, recht dünnen Teig verarbeiten. In einen Krug füllen und etwa 30 Minuten gehen lassen.

Eine Füllung nach Wahl zubereiten. Die angegebenen Mengen reichen jeweils für eine Rezeptmenge Teig. Für die Walnuss- oder Käsefüllung alle Zutaten in einer kleinen Schüssel sorgfältig vermengen. Für die Cremefüllung alle Zutaten bis auf die Pistazien glatt verrühren.

Eine große antihaftbeschichtete Pfanne bei mittlerer Hitze heiß werden lassen. Den Teig noch mal glatt rühren und für große Teigtaschen 4–5 Esslöffel große, für cremegefüllte Mini-Teigtaschen etwa 1 Esslöffel große Teigportionen mit etwas Abstand in die Pfanne setzen. Am Rand sollten sich sofort Bläschen im Teig zeigen, die sich bald auf die ganzen Pfannkuchen ausbreiten. Wenn sich nach etwa 2 Minuten, je nach Größe, auf der ganzen Oberfläche Bläschen bilden und der Teig nicht mehr feucht ist, sind die *atayif* bereits fertig, da sie nur auf einer Seite gebacken werden. Auf ein mit einem sauberen Küchentuch ausgelegtes Backblech heben und mit einem zweiten Küchentuch bedecken, bis alle Pfannkuchen gebacken sind. Dann schnellstmöglich füllen, damit sie nicht austrocknen.

Für größere Teigtaschen mit Walnuss- oder Käsefüllung

Den Backofen auf 200°C vorheizen und ein Backblech mit Backpapier auslegen. Je etwa 1 Esslöffel Füllung auf die „Bläschenseite" der Pfannkuchen setzen und zu Halbmonden zusammenklappen. An den Rändern mit den Fingern zusammendrücken. Nicht zu viel Füllung verwenden, sonst quillt sie beim Backen heraus.

Die Teigtaschen auf das vorbereitete Backblech legen und großzügig auf beiden Seiten mit weicher Butter bestreichen. Im vorgeheizten Ofen 10–15 Minuten knusprig und goldbraun backen. Den Backvorgang beobachten, damit die *atayif* nicht verbrennen.

Aus dem Ofen nehmen und kurz in den Zuckersirup eintauchen. Mit einem Schaumlöffel wieder herausheben und auf eine Servierplatte legen.

Für die Mini-Teigtaschen mit Cremefüllung

Zunächst die Pfannkuchen zu Halbkreisen zusammenklappen („Bläschenseite" nach innen) und die Ränder zwischen Daumen und Zeigefinger bis zur Hälfte zusammendrücken, sodass sich eine Art „Tüte" ergibt. Die Creme mit einem Teelöffel in die verbliebene Öffnung füllen und leicht in die Pistazien drücken.

Die Mini-Teigtaschen auf einer Platte anrichten. Den restlichen Zuckersirup in eine Schale füllen und mit servieren, sodass jeder sein *atayif* selbst auf dem Kuchenteller mit Sirup beträufeln kann.

Hinweis: Wenn die Pfannkuchen beim Backen keine Bläschen entwickeln, ist der Teig möglicherweise zu dick oder die Hefe bzw. das Backpulver haben keine Triebkraft mehr. Arbeiten Sie esslöffelweise Wasser in den Teig, bis er eine gießfähige Konsistenz hat, und backen Sie einen Probepfannkuchen. Wenn das auch nichts hilft, müssen Sie einen neuen Teig mit neuer Hefe und neuem Backpulver zubereiten (auf das Ablaufdatum achten).

Es gibt verschiedene Sorten Salzlakenkäse, die im Nahen Osten sehr beliebt sind. Dazu gehört z.B. der weiße Akkawi-Käse *(jibneh akkawi)*, der meist aus Kuhmilch oder aus einer Mischung aus Kuh-, Schafs- und Ziegenmilch hergestellt wird. Er hat eine weiche, elastische Konsistenz, ist nur leicht salzig und weist ein mildes Aroma auf. Seinen Namen hat er von der Hafenstadt Akkon, aus der er ursprünglich stammt. Man bekommt diesen Käse abgepackt in arabischen Lebensmittelgeschäften. Sie können auch *jibneh baida* („weißer Käse") verwenden, der in der Konsistenz etwas fester und meist auch salziger ist.

Anisplätzchen

معكرونه

Vorbereitungszeit: 1 Stunde 30 Minuten
Zubereitungszeit: 20-30 Minuten
Ergibt 65 Plätzchen

500 g Weizenmehl (Type 405)
150 g feiner Zucker
90 g ungeschälte Sesamsaat, geröstet (siehe Hinweis)
4 EL gemahlener Anis
1 EL Schwarzkümmelsamen
2 TL Backpulver
100 g weiche Butter
250 ml Olivenöl (oder halb Olivenöl, halb Pflanzenöl)

Ein Essen mit Gästen ist in meiner Heimat nicht zu Ende, bevor Kaffee oder Tee mit einer kleinen Süßigkeit serviert werden. Diese feinen Plätzchen, die besonders in der Region Galiläa beliebt sind, sind fantastische süße Häppchen, weil sie leicht sind und sich mehrere Wochen halten. Sie sind perfekt nach einem Essen, zum Nachmittagskaffee oder auch als erste kleine Morgenknabberei. Mein Vater wurde nicht richtig wach, bevor er am Morgen nicht einige Anisplätzchen mit einem Kardamomkaffee (Seite 235) zu sich genommen hatte.

Den Backofen auf 180°C vorheizen und zwei Backbleche mit Backpapier auslegen.

Das Mehl mit Zucker, Sesam, Anis, Schwarzkümmelsamen und Backpulver in einer großen Schüssel sorgfältig vermengen.

Butter und Öl zugeben und einarbeiten, bis eine feste, krümelige Masse entstanden ist. Nach und nach esslöffelweise so viel Wasser unterkneten, bis die Zutaten binden.
Je nach Mehlqualität werden etwas mehr oder weniger als 120 ml Wasser benötigt.

Etwa dattelgroße Teigportionen abnehmen und oval formen. Mit den Fingern auf einem umgedrehten feinen Sieb oder einer Reibe flach drücken, sodass ein hübsches Muster entsteht. Die Teigstücke mit dem Muster nach oben auf die vorbereiteten Backbleche setzen.

Im vorgeheizten Ofen 20–25 Minuten goldbraun backen. Kurz abkühlen lassen, dann auf ein Kuchengitter heben und vollständig erkalten lassen. In einem dicht schließenden Behälter bei Zimmertemperatur aufbewahren.

Hinweis: Die Sesamsaat 7–10 Minuten bei niedriger bis mittlerer Hitze in einer Pfanne unter Rühren rösten, bis die Samen goldbraun sind. Auf einem Teller erkalten lassen.

Osmanische Taler

هريسه تركيه

Vorbereitungszeit: 30 Minuten
Zubereitungszeit: 20–25 Minuten
Ergibt etwa 30 Taler

- 125 g weiche Butter
- 60 g Puderzucker
- 1 Ei
- 250 g Weizenmehl (Type 405)
- 2 EL fein gemahlene Mandeln (oder Cashewkerne oder Haselnusskerne)
- 1 TL Backpulver
- 1 TL Vanilleextrakt
- 4 EL fein gemahlene Pistazienkerne
- ½ Rezeptmenge Aromatisierter Zuckersirup (Seite 35)

Dieses Gebäck habe ich zum ersten Mal als Kind bei einem Familienurlaub in der Türkei gegessen. Wir waren alle total verliebt in diese Leckerei, die man dort *şekerpare* (bedeutet so viel wie „Zuckerstückchen“) nennt, sodass der Hotelkoch schließlich meiner Mutter das Rezept überließ. Seitdem backen wir sie selbst. Zu Hause nannten wir sie „türkische *hareeseh*“, weil sie dem palästinensischen *hareeseh* (Grießkuchen, siehe Seite gegenüber) ähnlich sind, wenngleich mit anderer Textur und Geschmack. Das Gebäck ist zwar nicht typisch palästinensisch, aber da der osmanische Einfluss auf die Küche der ganzen Levante nicht zu leugnen ist und die süßen Taler schon seit Jahrzenten in meiner Familie gebacken werden, haben sie ihren Platz in diesem Buch verdient.

Den Backofen auf 180 °C vorheizen und ein Backblech mit Backpapier auslegen.

Butter und Puderzucker in der Küchenmaschine oder mit einem elektrischen Handrührgerät auf niedriger bis mittlerer Stufe etwa 1 Minute glatt und cremig rühren. Das Ei einarbeiten. Dann Mehl, Mandeln, Backpulver und Vanilleextrakt zugeben und etwa 2 Minuten rühren. Den Teig aus der Schüssel nehmen und zu einer Kugel kneten.

Den Teig in etwa 30 walnussgroße Portionen teilen, zu Kugeln rollen und auf das Backblech setzen. Von Hand leicht flach drücken und im vorgeheizten Ofen 20–35 Minuten goldbraun backen.

Inzwischen den Sirup, wie auf Seite 35 angegeben, zubereiten und warm halten.

Die Taler aus dem Ofen nehmen und zum Tränken mehrmals mit dem Sirup beträufeln. Sogleich mit den Pistazien bestreuen, damit sie mit dem Erkalten des Sirups haften bleiben, und ruhen lassen, bis die Taler den Sirup aufgesogen haben.

Die erkalteten Taler halten sich mit Frischhaltefolie abgedeckt bis zu 5 Tage bei Zimmertemperatur.

Griesskuchen

هريسه

Vorbereitungszeit: 15 Minuten + Ruhen
Zubereitungszeit: 30 Minuten
Ergibt 1 Kuchen mit 28 cm Ø

Butter oder Tahini, zum Einfetten
350 g Weizengrieß
1 Dose (400 g) Kondensmilch
120 ml Wasser
4 EL Tahini
4 EL Pflanzenöl
1½ TL Backpulver
1 Prise Salz
40 g abgezogene Mandel- oder Pistazienhälften
1 Rezeptmenge Aromatisierter Zuckersirup (Seite 35), zimmerwarm

Zum Servieren

- griechischer Naturjoghurt (siehe Hinweis)
- gehackte Pistazienkerne

Jede Kultur hat ihre eigene Version eines Grießkuchens. Im Nahen Osten gehört er außerdem zu den beliebtesten Desserts, so beliebt, dass man ihn in fast jeder Bäckerei finden kann. In Ägypten heißt er *basbousa*, im Libanon *nammoura* und in Palästina eben *hareeseh*. Nach dem Backen wird der Grießkuchen mit aromatisiertem Zuckersirup übergossen. Das Rezept variiert von Familie zu Familie, aber nach Jahren des Experimentierens bin ich der Meinung, dass dieses Rezept mit das Beste ist, das ich je ausprobiert habe. Es ergibt einen Grießkuchen, der wunderbar reichhaltig und süß, aber auch leicht und fluffig wird.

Eine Backform (28 cm Ø oder 20 cm x 30 cm, keine Springform verwenden) mit Tahini oder Butter einfetten.

Bis auf Mandelhälften und Sirup alle Zutaten in einer großen Schüssel sorgfältig mit einem Löffel zu einem recht flüssigen und klebrigen Teig verrühren. In die vorbereitete Form füllen und mit befeuchteten Handflächen glatt drücken. Mit Frischhaltefolie abdecken und mindestens 1 oder mehrere Stunden quellen lassen, bis die Masse fester geworden ist.

Den Backofen auf 180°C vorheizen.

Mit einem in Wasser getauchten spitzen Messer ein Rauten- oder anderes Muster in die Grießmasse ritzen. Je eine Mandel- oder Pistazienhälfte in die Rauten drücken. Im vorgeheizten Ofen 20–30 Minuten goldbraun backen.

Aus dem Ofen nehmen und den heißen Kuchen mit dem Sirup übergießen. Einige Stunden ziehen lassen (sonst wird der Kuchen krümelig und brüchig), dann in Stücke schneiden. Der Kuchen hält sich mit Frischhaltefolie abgedeckt mehrere Tage bei Zimmertemperatur.

Der Grießkuchen kann einfach so als süße Zwischenmahlzeit verzehrt werden. Für eine schönere Präsentation einen Joghurtspiegel auf einen Teller geben und ein Kuchenstück daraufsetzen. Großzügig mit gehackten Pistazien bestreuen.

Hinweis: Den Kuchen mit Naturjoghurt und Pistazien zu servieren, hat zwar keine große Tradition, aber ich finde die Kombination aus leicht säuerlichem Joghurt und süßem Kuchen sehr gelungen. Die Nüsse sorgen zusätzlich für Textur.

KÜMMELFLAMMERI

مغلي كراويه

Vorbereitungszeit: 5 Minuten
Zubereitungszeit: 15 Minuten
Für 8–12 Flammeri

80 g fein gemahlener Reis oder Reismehl (siehe Hinweis)
100 g Zucker
1 EL gemahlener Kümmel
¾ TL gemahlener Zimt
1 l Wasser

Zum Servieren
- Kokosraspel
- Pistazienstifte
- Mandelblättchen, leicht geröstet

Dieser Flammeri ist eine der ältesten Süßspeisen in der Levante und wird normalerweise zur Geburt eines Kindes zubereitet. Das traditionsreiche Dessert hat seinen Ursprung der antioxidativen und verdauungsfördernden Wirkung von Kümmel und Zimt zu verdanken. In den Wintermonaten wird der Flammeri warm, im Sommer kalt serviert. Man muss aber nicht warten, bis ein Kind geboren wird, um in den Genuss dieser leckeren Süßspeise zu kommen. Garniert wird sie meistens mit Kokosraspeln, Pistazien und Mandeln. Sie können aber auch Sultaninen, Walnuss- oder Pinienkerne verwenden.

Für den Flammeri alle Zutaten in einen schweren Topf geben und bei mittlerer Hitze 10–15 Minuten kochen und eindicken lassen. Dabei ständig rühren, damit die Masse nicht klumpt und sich am Topfboden festsetzt.

Die Masse in Dessertschalen oder Tassen füllen. Wenn der Flammeri nicht sofort serviert wird, erkalten lassen und im Kühlschrank kalt stellen.

Vor dem Servieren mit Kokosraspeln, Pistazien und Mandeln bestreuen.

Hinweis: Reismehl gibt es in gut sortierten Supermärkten, in Bioläden, Reformhäusern und asiatischen Lebensmittelgeschäften. Damit es die richtige Textur für dieses Dessert hat, sollte es aber vorzugsweise selbst gemahlen werden, da gekauftes Reismehl in der Regel extrafein gemahlen wurde und damit zu fein für dieses Rezept ist (das betrifft die Textur, geschmacklich macht es keinen Unterschied). Wenn Sie keinen grießig-fein gemahlenen Reis finden oder die Körner nicht selbst mahlen wollen, können Sie es durch dieselbe Menge feinen Weizengrieß ersetzen.

Weizenkörnerflammeri

بربارة / سنونيه

Vorbereitungszeit: 5 Minuten
Zubereitungszeit: 1–2 Stunden
Für 6–8 Personen

Für den Flammeri
- 250 g Weizenkörner, 1 Stunde in warmem Wasser eingeweicht und abgetropft
- 2 l Wasser
- 200 g Zucker
- 1½ EL gemahlener Anis
- 1 EL gemahlener Fenchel
- 1 EL gemahlener Zimt
- ¼ TL frisch geriebene Muskatnuss

Für die Garnierung (optional)
- Sultaninen
- geröstete Walnusskerne
- geröstete Sesamsaat
- geröstete Mandelblättchen
- Pistazienkerne
- Granatapfelkerne

Dieser Flammeri wird üblicherweise zu zwei Anlässen gereicht: einmal zum Barbaratag am 4. Dezember, der bei Christen im Nahen Osten ein Feiertag ist, sodass er dann *burbara* genannt wird. Zum anderen wird er zubereitet, wenn sich bei einem Baby die ersten Zähnchen zeigen, dann heißt der Flammeri *snooniyeh*. In diesem Fall wird die Süßspeise mit reichlich bunten Bonbons garniert, als Andeutung, dass das Kleinkind bald selbst in Süßes hineinbeißen kann. Ein leckerer Flammeri mit einer süßen Bedeutung, der auch zu jeder anderen Gelegenheit schmeckt.

Für den Flammeri die Weizenkörner mit dem Wasser in einen großen, schweren Topf geben. Bei starker Hitze zum Kochen bringen, dabei den Schaum von der Oberfläche abschöpfen. Die Hitze reduzieren und die Körner bei halb aufgesetztem Deckel etwa 1½ Stunden köcheln lassen, bis sie weich sind.

Zucker und Gewürze zugeben und 15 Minuten köcheln lassen. In Dessertschalen füllen und mit einer Garnierung nach Wahl bestreuen. Den Flammeri warm servieren.

Hinweis: Der Flammeri kann bis zu 1 Woche im Kühlschrank aufbewahrt werden, wird dabei allerdings immer fester. Vor dem Servieren sanft aufwärmen und dabei so viel Wasser unterrühren, bis die gewünschte Konsistenz erreicht ist. Nach Geschmack süßen.

Palästinensische Feiertagskringel

كعك عيد فلسطيني

Vorbereitungszeit: 1 Stunde 30 Minuten + Ruhen
Zubereitungszeit: 10–15 Minuten
Ergibt 30–35 Kringel

Für den Teig
250 g Weizengrieß
250 g Weizenmehl (Type 405)
125 g weiche Butter
120 ml Pflanzenöl
1 EL Schwarzkümmelsamen
1 EL gemahlener Anis
1 EL gemahlener Fenchel
1 TL Backpulver
¼ TL Salz
1 TL Trockenbackhefe
1 TL Zucker
250 ml lauwarmes Wasser

Für die Füllung
500 g Dattelpaste
1 TL gemahlener Zimt
je 1 Prise frisch geriebene Muskatnuss und gemahlene Gewürznelken (optional)

Dattelgefülltes Gebäck ist im Nahen Osten ein Symbol für christliche wie muslimische Feiertage. Die Festtagsküchlein mit Datteln oder Nüssen (Seite 212) beispielsweise sind überall weitverbreitet. Diese gefüllten Kringel hier sind typisch palästinensisch und werden mit einer Mischung aus Mehl und Grieß, die mit Anis und Fenchel gewürzt wird, zubereitet. Das Rezept stammt von meiner Teta Fatima.

Für den Teig Grieß, Mehl, Butter und Öl in einer großen Schüssel von Hand verkneten, bis die Masse nassem Sand gleicht. Mit Frischhaltefolie abdecken und einige Stunden oder über Nacht quellen lassen.

Schwarzkümmelsamen, Anis, Fenchel, Backpulver und Salz mit den Fingern in die Grießmischung einarbeiten.

Die Hefe mit Zucker und 120 ml lauwarmem Wasser anrühren. Zur Grießmischung geben und einarbeiten, dabei nach und nach das restliche Wasser zufügen, bis die Zutaten gebunden sind und ein nicht krümelnder Teig entstanden ist. Abgedeckt gehen lassen.

Inzwischen für die Füllung die Dattelpaste mit dem Zimt und, falls verwendet, den anderen Gewürzen glatt verrühren. Walnussgroße Portionen von der Dattelmasse abnehmen und zu etwa 10 cm langen Strängen rollen.

Vom Teig walnussgroße Portionen abnehmen (den restlichen Teig immer abdecken, damit er nicht austrocknet). Zu dünnen Rollen formen und mit den Fingern flach drücken. Eine Dattelrolle darauflegen, gegebenenfalls auf die Teiglänge zurechtschneiden. Den Teig über die Dattelfüllung legen, verschließen und den Strang etwa 15 cm lang rollen. Die beiden Enden leicht überlappend übereinanderlegen und mit dem Ende eines dünnen Gegenstands (z.B. Essstäbchen) zusammendrücken.

Den Backofen auf 200°C vorheizen und zwei Backbleche mit Backpapier auslegen.

Die Kringel auf die vorbereiteten Bleche heben und im vorgeheizten Ofen 10–12 Minuten goldbraun backen. Mindestens 15 Minuten auf den Blechen abkühlen lassen, dann auf ein Küchengitter setzen und vollständig erkalten lassen. Die gefüllten Kringel halten sich in einem dicht schließenden Behälter 2–3 Wochen bei Zimmertemperatur oder bis zu 3 Monate im Gefrierfach.

Getränke, Eingelegtes und Gewürzmischungen

Bevor es Kühlschränke und Supermärkte gab, lebten wir von der Natur und dem, was der Boden hergab. Wir hatten Oliven, die man einlegte oder aus denen Öl gewonnen wurde. Obstbäume schenkten uns Früchte, aus denen wir für das ganze Jahr Konfitüren und Saft machen konnten. Wenn die Berglandschaften im Frühjahr voller blühendem Za'atar standen, sammelten wir einen ganzen Jahresvorrat zum Trocknen. Man nahm sich, was die Natur einem schenkte, lebte und aß mit den Jahreszeiten und fand Möglichkeiten der Konservierung, um übers Jahr zu kommen.

Ganz ähnlich geht es mir auch mit unseren Rezepten. Je nach Jahreszeit bereiten wir saisonal geprägtes Essen zu, aber es scheint, dass wir uns je nach Altersabschnitt unseres Lebens auch auf bestimmte Gerichte einstellen. Eine meiner Ängste als Kind und eine Frage, die ich andauernd meiner Mutter stellte, war: „Wenn ich nicht mehr bei dir lebe, wie kann ich dann dieses Essen kriegen?" Kinderängste sind schon drollig. Wenn wir noch ganz klein sind, scheinen sie übermächtig. Mit dem Älter- und Größerwerden wachsen wir normalerweise über sie hinaus. Diese spezielle Sorge aber nagte auch noch an mir, als ich älter wurde. Als ich dann im Ausland lebte, gab es etliche Gerichte meiner Mutter und Großmutter, die ich nur einmal im Jahr dort genießen konnte. Andere habe ich nachkochen können, aber sie schmeckten nicht so wie zu Hause. Meine Sorge wurde nur noch realer, als ich selbst Kinder bekam und mir klar wurde, dass sie vermutlich im Ausland aufwachsen würden. Ich beschäftigte mich mit der Frage, wie sie die palästinensische Kultur würden verstehen können, ohne ihre Speisen kennenzulernen.

Aus diesem Grund habe ich damit angefangen, Rezepte zu sammeln und zu archivieren, um unsere Geschichte zu bewahren, und nicht zuletzt, um meinen Kindern zu ermöglichen, das Gefühl der Geborgenheit, die eine authentische palästinensische Küche vermittelt, zu erfahren. Und so entstand dieses Buch.

Das letzte Kapitel enthält Zubereitungen, die wir immer aus saisonal frischen Zutaten zubereiten, um ein Jahr damit auszukommen, sowie Getränke, die wir in den verschiedenen Jahreszeiten servieren. Diese Rezepte laden Sie ein, weitere Traditionen, mit denen sich die Palästinenser so stark verbunden fühlen, kennenzulernen und der warmen, großzügigen Kultur, auf die Palästinenser so stolz sind, zu begegnen.

Links
Traditionelle Mokkakännchen und Kaffeemühlen in der Jerusalemer Altstadt.

Kardamomkaffee

قهوه عربيه

Vorbereitungszeit: 1 Minute
Zubereitungszeit: 7–10 Minuten
Für 4–6 Personen

250 ml Wasser
2–3 TL Zucker (optional)
6 gestrichene TL sehr fein gemahlener Arabica-Kaffee
¼ TL fein gemahlener Kardamom

Nichts kann für mich die Vorstellung von Heimat besser zum Ausdruck bringen, als der Anblick meiner Mutter oder meiner Tante, die über einem *breeq* Wasser am Herd stehen und auf den richtigen Moment warten, um das Kaffeepulver einzurühren, dann das Kännchen hochheben, wieder auf den Herd setzen, hochheben und wieder aufsetzen und so lange rühren, bis der Kaffee aufkocht, ohne überzulaufen – eine sehr knifflige Angelegenheit. Kaffee ist im Nahen Osten unverzichtbar und spielt eine zentrale Rolle in unserer Kultur. Kardamomkaffee wird zu jedem wichtigen Anlass, Treffen und Essen serviert. Die Zubereitung, die Auswahl der Kaffeebohnen, die Menge an Zucker und Kardamom variieren von Ort zu Ort und Familie zu Familie. Grundsätzlich aber ist es ungefiltertes aufgekochtes Kaffeepulver, das mit Kardamom aromatisiert, manchmal gesüßt und in sehr kleinen Tassen namens *fenjan* serviert wird. Selbst wenn der Kaffe gesüßt ist, hat er ein wunderbares leicht herbes Aroma, weshalb er fast immer mit einer kleinen Nascherei serviert wird.

Das Wasser mit dem Zucker, falls verwendet, in ein arabisches Mokkakännchen füllen (gibt es in arabischen/orientalischen Lebensmittelgeschäften, alternativ kann eine türkische *cezve* verwendet werden). Bei mittlerer bis starker Hitze auf den Herd setzen.

Wenn das Wasser sehr heiß ist, aber noch nicht kocht, das Kännchen vom Herd nehmen und Kaffee und Kardamompulver zufügen. Das Kännchen wieder auf den Herd setzen, die Hitze reduzieren und rühren, bis der Kaffee aufkocht. Weiterrühren, bis der Schaum von der Oberfläche verschwindet. Manche Leute mögen diesen Schaum und nehmen den Kaffee nach ein- bis zweimaligem Aufwallen vom Herd. Damit der Kaffee nicht überkocht, das Kännchen jedes Mal, wenn der Kaffee nach oben steigt, anheben und rühren, bis er wieder absinkt. Den Vorgang wiederholen, bis der Kaffee wieder kocht.

Das Kännchen vom Herd nehmen und den Kaffee mindestens 5 Minuten stehen lassen, damit sich das Kaffeepulver setzt. In kleine Tassen füllen und sofort servieren.

Zimttee

مغلي

Vorbereitungszeit: 5 Minuten
Zubereitungszeit: 30-60 Minuten
Für 6-8 Personen

8-10 Zimtstangen, leicht zerdrückt
1 EL gemahlener Zimt
1 TL Anissamen (optional)
1 TL gemahlener Ingwer oder ein 5-cm-Stück frische Ingwerwurzel, in Scheiben geschnitten (optional)
1,5 l Wasser
Zucker, zum Süßen
geröstete und grob gehackte Nüsse nach Wahl, wie Walnusskerne, Mandeln und Pinienkerne, zum Servieren

Maghlee ist ein würziger, wärmender Tee, der besonders gern nach der Geburt eines Kindes zubereitet und der jungen Mutter und allen ihren Gästen serviert wird. Diese Tradition ist im ganzen Nahen Osten verbreitet. Die Ursprünge dürften wohl in den vielen medizinischen Eigenschaften von Zimt liegen, der antioxidativ, entzündungshemmend, Cholesterin und Blutdruck senkend wirkt. Gästen wird dieser Tee traditionell in Tassen zusammen mit einer Schale gerösteter Nüsse serviert. Der Tee kann nach Belieben gesüßt werden.

Die Gewürze mit dem Wasser in einem Topf bei mittlerer bis starker Hitze zum Kochen bringen. Die Hitze reduzieren und den Tee 30-60 Minuten köcheln lassen. Je länger der Tee köchelt, desto kräftiger wird er.

Den Topf vom Herd nehmen und den Tee darin mindestens 15 Minuten ziehen lassen, bis die Gewürze sich am Boden abgesetzt haben. Durch ein feines Sieb in Teetassen gießen und nach Geschmack süßen. Mit gehackten Nüssen servieren, die über den Tee gestreut werden.

Tipp: Die Nüsse sollten grob gehackt werden, damit sie ohne Löffel im Tee getrunken werden können. So kann mit jedem Schluck das Nussaroma mit dem Tee genossen werden.

Beduinentee

شاي بدوي

Vorbereitungszeit: 2 Minuten
Zubereitungszeit: 12 Minuten
Für 4-6 Personen

1 l Wasser
4-6 Kardamomkapseln
1 Zimtstange
3 EL qualitativ hochwertiger loser Schwarztee
6 Stängel getrockneter Salbei
Zucker, zum Süßen

Diesen Tee kenne ich von der Schwester meines Vaters, und sie wiederum hat das Rezept von Beduinenfrauen, von denen sie frische Ziegenmilch und -joghurt bezog. Beduinen sind die Wüstenbewohner im Nahen Osten und berühmt für ihre Gastfreundschaft, denn es ist eine uralte Sitte, jedem Besucher oder Gast Kaffee oder Tee zu servieren. Der Tee wurde ursprünglich aus einem Kraut namens *maramia*, eine Pflanze aus der Salbeifamilie, zubereitet. Wir mischen für zu Hause Schwarztee mit Salbei, Kardamom und Zimt.

Das Wasser in einen Topf füllen und bei starker Hitze auf den Herd setzen. Wenn das Wasser zu kochen beginnt, Kardamom und Zimt zugeben und 5 Minuten kochen lassen.

Schwarztee und Salbei zufügen und weitere 1-2 Minuten köcheln lassen. Den Topf vom Herd nehmen und den Tee 3-5 Minuten ziehen lassen. Den Tee durch ein feines Sieb in Tassen gießen und nach Belieben mit Zucker süßen.

Minze- oder Salbeitee

شاي بالنعناع أو الميراميه

Vorbereitungszeit: 5 Minuten
Zubereitungszeit: 2 Minuten
Für 4 Personen

- 1 l Wasser
- 3 EL qualitativ hochwertiger loser Schwarztee
- 6 Stängel frische Minze oder getrockneter Salbei
- Zucker, zum Süßen

Im Frühjahr und Sommer gab es bei Teta Fatima immer Minzetee, im Herbst und Winter wärmenden Salbeitee. Bis heute finde ich, dass diese beiden Kräutertees zu ihrer Saison am besten schmecken. Beim Minzetee ist es wichtig, die Minze erst dazuzugeben, wenn der Schwarztee gekocht hat, damit er diese tiefe Bernsteinfarbe bekommt. Der Salbeitee schmeckt mit getrockneten Blättern besser als mit frischen, da Erstere einen recht konzentrierten Geschmack haben. Beide Kräutertees schmecken am besten leicht gesüßt.

Das Wasser in einem Topf bei starker Hitze auf den Herd setzen. Wenn das Wasser zu kochen beginnt, den Schwarztee zugeben und 1–2 Minuten kochen lassen.

Den Topf vom Herd nehmen, Minze- oder Salbeiblätter zugeben und 3–5 Minuten ziehen lassen. Den Tee durch ein feines Sieb in Tassen gießen und nach Geschmack mit Zucker süßen.

Rosenlimonade

عصير لمون وورد

Vorbereitungszeit: 3 Minuten
Für 1 Person

- einige frische Minzeblätter
- Zucker, zum Bestreuen
- 2 EL frisch gepresster Zitronensaft
- 2–3 EL Rosensirup, selbst gemacht (Seite 240) oder gekauft
- 350 ml gekühltes Mineralwasser, still oder mit Kohlensäure

An einem heißen Tag gibt es nichts Erfrischenderes als diese Rosenlimonade mit frischer Minze. Limonade ist sehr schnell zubereitet und lässt sich auch mit anderen Sirupen wie Granatapfel-, Maulbeer- oder Lavendelsirup aromatisieren. Für mich ist aber Rosensirup der perfekte Partner für Zitronen. Er ist auch der traditionellste Sirup, den wir zu Hause verwenden. Sie können das Rosensirup-Rezept von Seite 240 verwenden oder jeden anderen hochwertigen reinen Rosensirup aus dem Handel.

Die Minzeblätter in ein großes Glas geben und mit etwas Zucker bestreuen. Mit einem Stößel oder langen Löffeln leicht zerdrücken, um die Aromastoffe herauszulösen.

Den Zitronensaft zugießen und untermischen. Den Rosensirup unterrühren und mit dem kalten Mineralwasser auffüllen. Kurz umrühren und nach Belieben mit weiterem Sirup süßen.

Variante: Probieren Sie statt Rosen- auch mal Granatapfelsirup, und aromatisieren Sie die Limonade mit 1 Teelöffel Orangenblütenwasser statt mit Minze.

Granatapfelsirup

دبس رمان

Vorbereitungszeit: 2 Minuten
Zubereitungszeit: 1-2 Stunden
Ergibt etwa 300 ml

1 l frischer Granatapfelsaft (siehe Hinweis)
50–65 g Zucker (optional)
1 EL frisch gepresster Zitronensaft (optional)

Sollten Sie sich im Spätsommer mit meiner Mutter unterhalten, dann würde sie Ihnen sagen, dass sie Granatäpfel nicht ausstehen kann. Warum? Mein Vater verbringt in der Zeit jeden Nachmittag damit, Granatäpfel von unserem Baum zu pflücken, fein säuberlich zu schälen und so zu entkernen, dass kein einziger Kern zerdrückt wird. Die Granatapfelkerne werden dann entsaftet, um Limonade und Sirup daraus zu machen. Unsere Küche wird zu einer kleinen Manufaktur, das Hemd meines Vaters ist mit roten Flecken übersät, und meine Mutter muss ihre Küche vorübergehend abtreten. Bald darauf aber verschenkt sie die reiche Ernte in Form von Saft und Sirup an Familie und Freunde und erzählt stolz, dass alles der Ehemann produziert hat, und schon ist aller Überdruss vergessen! Granatapfelsirup kann man zwar problemlos in jedem gut sortierten Supermarkt kaufen. Ich rate Ihnen aber sehr, ihn auch mal selbst zu machen, nur dann weiß man ganz genau, was drinsteckt.

Den Granatapfelsaft in einem Topf bei mittlerer Hitze heiß werden lassen. Wenn frisch gepresster Saft verwendet wird, den Saft aufkochen, die Hitze reduzieren und den Saft unter gelegentlichem Rühren zu einer sirupartigen Konsistenz einkochen. Bei gekauftem Saft den Zucker mit Zitronensaft unter den Granatapfelsaft rühren und kochen, bis der Zucker sich aufgelöst hat. Dann die Hitze reduzieren und den Saft einköcheln lassen. Er sollte auf etwa drei Viertel reduziert werden. Der heiße Sirup sollte einen Löffelrücken überziehen, aber nicht zu dickflüssig sein, da er beim Abkühlen noch weiter eindickt. Der Vorgang nimmt 1–2 Stunden in Anspruch.

Wenn die gewünschte Konsistenz erreicht ist, den Sirup vom Herd nehmen und abkühlen lassen. In eine Glasflasche füllen. Erkalten lassen und im Kühlschrank lagern.

Hinweis: Zu Hause verwenden wir je nach Verwendungszweck unterschiedliche Granatapfelsorten. Für Sirup nehmen wir eine ganz spezielle Sorte mit dunkelrotem Fruchtfleisch, fein ausgewogener Süße und säuerlichem Aroma. Die Kerne werden entsaftet, und der Saft einfach zu Sirup eingekocht. Da diese spezielle Sorte im Ausland nicht so einfach zu finden und diese Methode recht zeitaufwendig ist, verwende ich andere Granatapfelsorten, die ich gerade finden kann, und passe den Geschmack beim Einkochen mit Zucker und Zitronensaft an. Wenn Sie nicht die Geduld oder die Lust haben, durch Pressen den Granatapfelsaft selbst herzustellen, verwenden Sie am besten Granatapfeldirektsaft (100 % Saft) aus dem Reformhaus.

دبس رمان

Rosensirup

شراب ورد

Vorbereitungszeit: 15 Minuten + Einweichen
Ergibt etwa 475 ml

- 2 Tassen dicht gepackte Rosenblütenblätter (siehe Hinweis)
- 1 TL Zitronensäure
- 475 ml kochendes Wasser
- 450 g extrafeiner Zucker

Arabische Desserts werden oft mit Rosenwasser aromatisiert. Aber dieser intensive Rosensirup sorgt für ein ganz anderes Geschmackserlebnis. Sie können den Sirup zubereiten und als Grundlage für eine Limonade (Seite 237) verwenden, über einen Milchflan (Seite 218) oder ein Eisdessert träufeln oder Schlagsahne damit verfeinern.

Die Rosenblütenblätter verlesen und Verschmutzungen, Insekten etc. entfernen. Wenn die Blätter stärker verschmutzt sind, können Sie sie auch waschen. Vorzugsweise sollten Sie aber saubere Blätter verwenden, die nicht gewaschen werden müssen. Die Blätter in einen großen hitzebeständigen Krug geben und mit der Zitronensäure bestreuen. Mit dem kochenden Wasser überbrühen, umrühren und 1–2 Stunden ziehen lassen.

Das Rosenwasser durch ein feines Sieb in eine große Schüssel gießen. Die Rosenblütenblätter so gut wie möglich ausdrücken, dann entsorgen. Nach und nach den Zucker in das Rosenwasser geben und nach jeder Zugabe rühren, bis der Zucker sich aufgelöst hat. In sterilisierte Glasflaschen füllen. Der Sirup hält sich im Kühlschrank bis zu 1 Jahr.

Hinweis: Für diesen Sirup werden die Blütenblätter der Rosa damascena verwendet, eine zarte, wunderbar duftende Rose, die es in allen Farbnuancen von Rosa und Rot gibt. Achten Sie unbedingt darauf, dass die Blütenblätter Lebensmittelqualität haben, das heißt nicht gespritzt sind.

Traditionell eingelegtes Gemüse

مكابيس

Vorbereitungszeit: 20 Minuten
Ergibt 2 Liter

8–10 Steckrüben
2 Rote Beten
2 l Wasser
8 EL grobes Meersalz

Sie werden kaum eine palästinensische Familie finden, bei der nicht ein paar Sorten eingelegtes Gemüse im Kühlschrank stehen. Eine kleine Auswahl an Eingelegtem ist für fast jede Mahlzeit Standard. Je nach Jahreszeit werden Rüben, Gurken, Auberginen, Chilis oder grüne Tomaten eingelegt. Die Methode ist ganz einfach: 1 Esslöffel grobes Meersalz pro 250 ml Wasser. Wir verwenden keinen Essig, weil er die positive probiotische Aktivität unterbindet. Deshalb nutzen wir einfach Salz und Wasser und lassen das Gemüse ein wenig länger gären, damit es ein feinsäuerliches Aroma entwickelt. Im Rezept werden Steckrüben eingelegt, aber bei den Variationen unten erfahren Sie, wie Sie auch anderes Gemüse verwenden können.

Die Rüben schälen und längs halbieren. Dann in 1 cm dicke Scheiben schneiden. Die Beten schälen und in mittelgroße Würfel schneiden.

Für die Salzlake das Wasser in einem Krug mit dem Salz verrühren und unter gelegentlichem Rühren stehen lassen, bis das Salz sich vollständig aufgelöst hat.

In der Zwischenzeit Rüben und Bete abwechselnd dicht in ein großes sterilisiertes Glas oder zwei kleinere sterilisierte Gläser mit gut schließendem Deckel schichten. So viel Lake zugießen, dass das Gemüse vollständig bedeckt ist. Den Deckel fest verschließen und das Gemüse bei Zimmertemperatur etwa 1 Woche stehen lassen. In einem geöffneten Glas hält sich das Gemüse bei Zimmertemperatur mehrere Wochen, im Kühlschrank mehrere Monate.

Varianten

Gurken: Möglichst kleine Einlegegurken verwenden oder größere Exemplare längs vierteln. Um die Gurken geschmacklich zu intensivieren, mit 2–3 ungeschälten Knoblauchzehen, 1 frischen grünen Chili (wer's pikant mag) und einigen Weinblättern, falls verfügbar, in ein Glas schichten.

Grüne Tomaten: Die Tomaten zu drei Vierteln kreuzweise einschneiden. Nach Belieben eine frische grüne Chili mit einlegen.

Grüne Chilis: Die Chilis zu einem Viertel einschneiden, damit die Lake besser eindringen kann, und mit einigen Knoblauchzehen aromatisieren.

Feigen-Walnuss-Dessertkonfitüre

قطين معقود

Vorbereitungszeit: 15 Minuten
Zubereitungszeit: 15-20 Minuten
Ergibt etwa 1 kg

- 300 g Zucker
- 1 TL frisch gepresster Zitronensaft
- 350 ml Wasser
- 500 g getrocknete Feigen, geviertelt
- 1 EL gemahlener Anis
- 60 g grob gehackte Walnusskerne, leicht geröstet
- 60 g ungeschälte Sesamsaat, geröstet

In den kalten Wintermonaten bereitete Teta Asma immer diese Süßspeise zu. Der Anisgeschmack, der die Feigen durchdringt, der knackig-nussige Biss von Sesam und Walnüssen sorgen für ein reichhaltiges, wärmendes süßes Vergnügen. Diese Dessertkonfitüre kann lauwarm serviert werden. Sie hält sich mehrere Wochen im Kühlschrank und schmeckt auch als Konfitüre auf einem Stück Brot oder als Garnierung für ein sahniges Dessert.

Zucker und Zitronensaft mit dem Wasser in einem großen Topf bei starker Hitze unter ständigem Rühren zum Kochen bringen, bis der Zucker sich vollständig aufgelöst hat. Die Hitze reduzieren. Feigen und Anis zugeben und 10–15 Minuten unter gelegentlichem Rühren köcheln und eindicken lassen. Der Sirup sollte nicht ganz verkocht sein, da die Dessertkonfitüre beim Abkühlen noch weiter eindickt.

Walnussstücke und Sesam kurz unterziehen. Den Topf vom Herd nehmen und die Feigen-Nuss-Mischung erkalten lassen. In ein großes Glas füllen. Die Dessertkonfitüre hält sich im Kühlschrank mehrere Wochen. Wenn sie noch länger aufbewahrt werden soll, in kleinere sterilisierte Schraubgläser füllen und ebenfalls im Kühlschrank aufbewahren.

ZA'ATAR

زعتر

Vorbereitungszeit: 15 Minuten + Abkühlen
Ergibt etwa 250 g

- 50 g getrocknete Za'atarblätter (siehe Hinweis)
- 180 g ungeschälte geröstete Sesamsaat
- 1 EL Sumach
- 1 TL Salz

Als ich klein war, zogen wir jedes Frühjahr in die Berge rund um Jerusalem hinaus, um wild wachsenden Za'atar zu sammeln. Wir verwendeten die Blätter für Salate und Brote und trockneten das Kraut für den Rest des Jahres. Die gleichnamige Gewürzmischung besteht aus getrockneten Za'atarblättern, Sesam und Sumach.

Die Za'atarblätter mit einem Drittel des Sesams in einem leistungsstarken Mixer feinpulvrig vermahlen. In eine große Schüssel füllen und die restlichen Zutaten sorgfältig untermischen.

Die Gewürzmischung in einen dicht schließenden Behälter füllen. Sie hält sich mehrere Monate bei Zimmertemperatur.

Hinweis: Getrocknete Za'atarblätter sind außerhalb der Levante nur schwer zu finden. Als Ersatz kann eine Mischung aus getrocknetem Oregano, Majoran und Thymian verwendet werden – am besten selbst geerntet und getrocknet.

DUKKA

دقه

Vorbereitungszeit: 15 Minuten + Salzen
Ergibt etwa 450 g

- 180 g ungeschälte Sesamsaat
- 160 g Weizenkörner
- 2 EL Koriandersamen
- 2 EL Kreuzkümmelsamen
- 2 EL Dillsamen
- 2 EL Sumach
- 2 TL Salz
- 1 TL scharfes Chilipulver (optional)

Ähnlich wie Za'atar ist auch Dukka eine Würzmischung, die mit Olivenöl und Brot serviert oder zum Würzen anderer Speisen genutzt wird. Sie stammt ursprünglich aus Ägypten. Für Dukka aus Gaza werden etwas andere Zutaten verwendet, die typisch palästinensisch sind.

Die Sesamsaat in einer großen trockenen Pfanne bei kleiner bis mittlerer Hitze 7–10 Minuten unter regelmäßigem Rühren goldbraun rösten. Zum Erkalten auf einen Teller geben.

Die Weizenkörner in die Pfanne geben und etwa 15 Minuten unter regelmäßigem Rühren rösten, bis sie schön gebräunt sind. Auf einem zweiten Teller erkalten lassen.

Koriander, Kreuzkümmel und Dillsamen in die Pfanne geben und etwa 3 Minuten unter ständigem Rühren rösten, bis die Gewürze zu duften beginnen. Zum Weizen auf den Teller geben und ebenfalls erkalten lassen.

Ein Drittel des Sesams mit Weizen, Gewürzen, Sumach, Salz und Chilipulver, falls verwendet, in einer Gewürzmühle pulvrig vermahlen. In eine große Schüssel füllen und den restlichen Sesam untermischen. In einem dicht schließenden Behälter hält sich die Mischung mehrere Monate bei Zimmertemperatur.

Der Vorratsschrank

مونة

Der palästinensische Vorratsschrank ist gefüllt mit Grundnahrungsmitteln wie Hülsenfrüchten, Oliven, Öl und Konfitüren sowie mit Gewürzen und Würzmitteln, eingelegtem Gemüse, getrockneten Kräutern und Saucen. Daraus kann sich eine Familie problemlos über Wochen ohne zugekaufte Lebensmittel ernähren. Das setzt natürlich voraus, dass der Schrank recht groß ist. In der folgenden Auflistung handelt es sich um Zutaten und Begriffe, die in der westlichen Welt vielleicht nicht so bekannt sind.

Links
Holzpaletten, auf denen Brot und andere Backwaren durch die Jerusalemer Altstadt transportiert werden.

Anis

Die kleinen Samen der krautigen Blühpflanze haben ein ausgeprägtes fenchel- und lakritzartiges Aroma. In der palästinensischen Küche wird Anis meist für Süßspeisen verwendet oder zu einem magenberuhigenden Tee aufgebrüht.

Bulgur

Das wichtigste Getreideprodukt in Palästina. Dabei handelt es sich um vorgekochten, gedarrten und dann fein bis grob geschroteten Weizen: Grober Bulgur wird für Salate und *mujadara*, mittelfeiner für Taboulé oder Pilaws und feiner Bulgur für Kibbeh verwendet. Daneben gibt es noch eine dunkle Bulgursorte, die sich geschmacklich aber nicht vom üblichen hellen Bulgur unterscheidet.

Dukka

Eine aus Ägypten stammende Gewürzmischung, die heute in Gaza auf palästinensische Art zubereitet wird und aus gemahlenen gerösteten Weizen, gemahlenem Koriander, Kreuzkümmel und Dillsamen, Sumach, Chili, Salz und geröstetem Sesam zubereitet wird. Wird auf dieselbe Art wie Za'atar verwendet.

Freekeh

Wichtiges Getreideprodukt, für das noch nicht reifer, grüner Weizen über offenem Feuer geröstet wird und dadurch ein rauchiges Aroma erhält. Die Körner werden dann entspelzt und geschrotet. Freekeh wird wie Reis zubereitet, enthält aber mehr Nährstoffe als Reis und ist in allen palästinensischen Supermärkten erhältlich.

Granatapfelsirup

Der Sirup wird durch das Einkochen von hochwertigem frischem Granatapfelsaft gewonnen. Der Sirup hat ein süßsäuerliches Aroma und eine dicke sirupartige Konsistenz. Er ist in der palästinensischen Küche nicht so gebräuchlich wie im Libanon, Syrien oder Iran, wird aber in einigen meiner Familiengerichte für ein bessere aromatische Tiefe eingesetzt.

Jibneh baida

Wörtlich übersetzt „weißer Käse" und das levantinische Pendant zu Halloumi. Es handelt sich um einen halbfesten weißen Käse mit salzigem Geschmack, häufig auch mit leichtem Mastixaroma. In der Regel wird er vor dem Verzehr gekocht.

Kardamom

Mit diesem Gewürz wird arabischer Kaffee aromatisiert. Kardamom wird aber auch gern mit Piment und anderen Gewürzen zur Verfeinerung vieler herzhafter palästinensischer Gerichte genutzt.

Knafeh-Teig

Gibt es fein *(na'ameh)* und grob *(khishneh)* im Angebot. Bei der Herstellung wird der recht dünnflüssige Grießteig wird zu langen feinen bis sehr feinen Fadennudeln verarbeitet. Außerhalb Palästinas sind die Teigfäden auch als *kataifi-* oder *kadayıf*-Teig bekannt und in allen türkischen Lebensmittelgeschäften erhältlich.

Kreuzkümmel

Ein Gewürz mit sehr erdigem, rauchigem Geschmack, das in fast allen palästinensischen Gerichten, die mit Zwiebeln zubereitet werden, verwendet wird, um die blähenden Eigenschaften der Zwiebeln zu mildern.

Maftoul

„Palästinensischer Couscous", bei dem es sich um feinen Bulgur, der in Weizenvollkornmehl gerollt wurde, handelt. Die so entstandenen Perlen haben einen nussigen Geschmack. *Maftoul* ist sehr vielseitig, wird aber meist gedämpft und mit Kichererbsen serviert. Traditionell wird er zu Hause gerollt und frisch verwendet. Getrockneter *maftoul* ist in vielen Supermärkten erhältlich.

Mastix

Das getrocknete Harz des Mastix-Pistazienstrauches oder -baumes, das im Nahen Osten insbesondere zum Verfeinern von Süßspeisen verwendet wird. Die 0,5 bis 2 cm großen Harzstücke werden vor Verwendung oft mit Zucker oder Salz zerstoßen. Bei Fleischgerichten werden häufig ein bis zwei ganze Stücke dazugegeben, um Gerüche zu binden.

Mloukhia

Mineral-, vitamin- und ballaststoffreiche Blätter der Langkapseligen Jute (oder Muskraut), die im ganzen Nahen Osten sehr oft für Suppen und Eintöpfe verwendet werden. Die Blätter sind im Sommer frisch, ganzjährig aber auch getrocknet oder als Tiefkühlware erhältlich. Im Westen findet man sie am ehesten in getrockneter Form.

Orangenblütenwasser

Durch Destillation der Blüten der Bitterorange gewonnenes Wasser, das im ganzen Nahen Osten verwendet wird, um insbesondere Süßspeisen und Sirupe zu verfeinern. Einige wenige Tropfen in kochendem Wasser aufgelöst, werden häufig zur Beruhigung eines nervösen Magens eingesetzt.

Piment

Eines der wichtigsten Gewürze in der palästinensischen Küche, das gern auch mit anderen Gewürzen kombiniert wird, um Gerichten eine geschmackliche Tiefe zu verleihen. Geschmacklich erinnert Piment an Pfeffer und Gewürznelken. Daher auch die alternative Bezeichnung „Nelkenpfeffer".

Pinienkerne	Die essbaren Samen der Pinie werden im ganzen Nahen Osten zur Garnierung von herzhaften wie süßen Speisen verwendet. Sie sorgen für einen feinen nussigen Geschmack und Textur. Europäische Sorten sind geschmacklich asiatischen Pinienkernen vorzuziehen, aber teurer. Beide Sorten werden je nach Verfügbarkeit in unserer Küche verwendet.
Rosenwasser	Durch Destillation der Blütenblätter von Duftrosen gewonnenes Wasser, das wie Orangenblütenwasser zur Aromatisierung von Sirupen und Süßspeisen genutzt wird. Beim Kauf sollten Sie darauf achten, dass es sich um ein echtes Destillat handelt und nicht um ein durch synthetische Duftstoffe aromatisiertes Wasser.
Schwarzkümmel	Die Samen der in der Levante heimischen Nigellapflanze erinnern an schwarzen Sesam, schmecken aber ganz anders und werden zur Verfeinerung von Käse, Teig und Desserts verwendet. Sie galten früher als Allheilmittel, daher auch der arabische Name *habbat al-baraka*: segensreicher Samen.
Sumach	Die getrockneten, gemahlenen Beeren des im Nahen Osten beheimateten strauchartigen Gerbersumachs (Färberbaumes). Das Gewürz hat eine braunrote Farbe und sorgt für ein feinsäuerliches Aroma. Beim Kauf sollten Sie auf eine vertrauenswürdige Marke achten und die Zutatenliste studieren, da Sumach oft noch Salz, Aroma- und Farbstoffe beigesetzt werden, die die Qualität des Gewürzes und des Gerichtes, für das es verwendet wird, negativ beeinflussen.
Tahini	Eine Paste aus geröstetem, gemahlenem Sesam, die für die palästinensische Küche unersetzlich ist. Sie ist wesentlicher Bestandteil von Hummus und *halaweh* (Halwa) und kann auch pur als Brotaufstrich verzehrt werden. Für Saucen wird Tahini (auch Tahin genannt) oft mit Joghurt und Zitronensaft gestreckt, um den bitteren Geschmack zu mildern.
Weinblätter	Die Blätter des Weinstocks, die in Palästina geerntet werden, sind meist weicher und aromatischer als in Lake eingelegte und werden häufig frisch verwendet. Zur Koservierung werden sie tiefgefroren oder vakuumverpackt. Außerhalb des Nahen Ostens bekommt man Weinblätter fast nur in Lake. Diese müssen vor der Verarbeitung 15 Minuten in heißem Wasser gewässert werden.
Za'atar	Arabische Bezeichnung für ein in der Levante beheimatetes Kraut sowie die damit hergestellte Gewürzmischung (auch Zatar oder Zaatar genannt). Za'atar erinnert geschmacklich an Oregano und wilden Thymian. Die Gewürzmischung besteht aus den getrockneten, gerebelten Blättern des Krautes, die mit Sumach, Salz und geröstetem Sesam gemischt werden, wobei jede Region ihre eigene Mischung hat.

Dankesworte

Während die Texte in diesem Buch mein geistiges Eigentum sind, gehören die Rezepte und Geschichten dahinter allen Palästinensern auf der ganzen Welt, und ich möchte mich bei all jenen bedanken, die mir dabei geholfen haben, das Wesen des palästinensischen Familiensinns, Essens und der Kultur auf so schöne Weise einzufangen. Ich möchte mich auch bei Ihnen, liebe Leserinnen und Leser, bedanken für Ihr Interesse an meiner Heimat und deren kulinarischen Traditionen. Ich hoffe, dass Sie Gefallen an den Rezepten und Geschichten gefunden haben.

Mein größter Dank gilt aber meinen Eltern, ohne die dieses Buch nicht vor Ihnen liegen würde. Mama, du bist die wahre Heldin dieses Buches. Du hast jedes einzelne Rezept mit mir probiert, die Fotoshootings überwacht und an meiner Seite gestanden. Ich danke dir von ganzem Herzen – dafür dass du mir beigebracht hast, wie man kocht, lebt und das Leben liebt. Du hast mich inspiriert und mich angespornt, an mich geglaubt, wenn ich Zweifel hatte, und dafür kann ich dir nie genug danken. Baba, durch dich weiß ich nicht nur den Wert von guten Zutaten zu schätzen und wie wichtig es ist, alles im Leben mit Sorgfalt zu tun, du hast mir auch Flügel gegeben, um die Welt zu sehen und meinen Weg zu gehen – ohne das alles wäre ich nicht in der Lage gewesen, unsere Kultur mit anderen zu teilen. Ihr beide habt mir eine so starke Bindung und Wertschätzung von Familie vermittelt, sodass die räumliche Trennung von euch jeden Tag das Schwierigste für mich ist. Aber durch das Kochen trage ich euch und unsere Familie in meinem Herzen, wo immer ich auch bin.

Najib, ich bin zurück in der Küche! Danke, dass du an diesen Traum geglaubt und alle meine Rezepte probiert hast. Du bist der beste Bruder und *khalo* (Onkel) der ganzen Welt.

Teta Fatima, Teta Asma (Gott hab sie selig) und Teta Salma (Gott hab sie selig): Ihr wart die wichtigste Inspiration für dieses Buch. Ihr habt dafür gesorgt, dass eure Familien ungeachtet der Umstände immer die beste Ernährung bekamen, und ich hoffe, dass ich unseren Familien, unserem Essen und unserer Heimat mit diesem Buch gerecht geworden bin.

Mein besonderer Dank geht an die Menschen in meinem Leben, deren Stimmen in diesem Buch immer wieder zu hören sind und die mir viel über gutes Essen und die Bedeutung für unsere Kultur beigebracht haben. Tante Juju, Amto Lamees, Amo Shawqi (Gott hab ihn selig), Tante Nadia, Maha und Iman, Khalto Alice und Khalo Yousef: Dieses Buch ist ebenso eures wie meines.

Ein großes Dankeschön an meine Freunde und Familie: Vickie Alvo, Hannah Venables, Sudarshan Venu, Khalto Noha und Amo Dawood, Vinita Chhay, Katie und Sruthi,

Denise Fernandes, Katya und Ilya, Ratna und Zack, Mai und Jon, Sudeep und Shivani, Lucy Jay Kennedy sowie Dianne Jacobs. Eure Ermutigung, Unterstützung und Freundschaft und in vielen Fällen eure Bereitschaft, euch von mir mästen zu lassen, weiß ich mehr zu schätzen, als in Worte auszudrücken ist.

Schreiben kann ein einsames Unterfangen sein, aber ein Buch zu veröffentlichen ist eine Teamarbeit, und ich bin den Menschen dankbar, die mit großem Engagement zum Erscheinen dieses Buches beigetragen haben. Jon Elek, was hatte ich für ein Glück. Danke, dass du es mit mir in Angriff genommen und meine Idee gegen alle Schwierigkeiten unterstützt hast. Ellie Smith, ich kann meine Dankbarkeit vermutlich gar nicht in einem Satz formulieren, deshalb einfach: Danke für alles! Eve O'Sullivan, du bist die tollste Redakteurin, und ich habe jede Minute der Zusammenarbeit mit dir genossen. Emilia Terragni, ohne dich wäre dieses Buch nicht erschienen, danke also dafür, dass du in dieser Idee gesehen hast, was daraus geworden ist. Dan Perez, danke dass du trotzt des engen Terminplans und der langen Stunden so tolle Fotos gemacht hast und dass du das Buch durch meine Augen sehen konntest. Ich kann dir nicht genug dafür danken.

Schließlich und vor allem möchte ich meinem Ehemann Aboud danken, dessen große Verbundenheit zu unserer Familie und Kultur dieses Buch erst möglich gemacht hat. Danke, dass du meinen Traum geteilt, dass du mich beim Schreiben des Buches immer wieder angespornt hast, wenn ich es beiseitelegen wollte, und dass du mein stärkster Kritiker und mein bester Freund bist. Yasmeen und Hala, meine Liebsten, durch euch habe ich erfahren, worauf es im Leben wirklich ankommt, und ihr gebt mir die Inspiration, um unsere Vergangenheit mit eurer Zukunft zu verbinden. Ich bete, dass euch Flügel wachsen, ihr aber nie eure Wurzeln vergesst. Dieses Buch soll für euch sein, damit ihr zusammen mit einem Stück meines Herzens und unseres Zuhauses unser Erbe weiterpflegen könnt, wo immer euch das Leben hinverschlägt.

REGISTER

Bei den Backofentemperaturen handelt es sich um Ober- und Unterhitze. Sollten Sie einen Umluftherd bevorzugen oder einen Gasofen, befolgen Sie bitte die Temperaturangaben des Herstellers gemäß der Anleitung.

Beim Zubereiten der Rezepte sollten Sie immer Vorsicht walten lassen, insbesondere, wenn Sie mit hohen Temperaturen oder offenen Flammen arbeiten. Achten Sie beim Frittieren immer darauf, langärmelige Kleidung zu tragen, und fügen Sie die Zutaten vorsichtig hinzu. Lassen Sie Pfanne oder Topf nie unbeaufsichtigt.

Bei Koch- und Vorbereitungszeiten handelt es sich um ungefähre Angaben, bei individuellen Herd- und Backofeneinstellungen können diese variieren.

Einige Rezepte enthalten rohe oder nur leicht gegarte Eier, Fleisch, Fisch und gegorene Produkte. Solche Gerichte sollten von Senioren, Kindern, Schwangeren, Rekonvaleszenten und anderen Personen mit geschwächtem Immunsystem vermieden werden

Wenn keine genaue Mengenangabe vorhanden ist, beispielsweise bei Öl, Salz und Kräutern zum Garnieren, können die Mengen nach Geschmack variiert werden.

Kräuter, Sprossen, Blattsalate und sonstige Blattgemüsesorten sollten immer frisch aus einer zuverlässigen Quelle stammen. Welkes Gemüse entsorgen.

Phaidon bei ZS
ZS Verlag GmbH
Ein Unternehmen der Edel AG, Hamburg

Deutsche Erstausgabe 2018
ZS Verlag GmbH
Kaiserstraße 14 b
80801 München
www.zsverlag.de

Titel der Originalausgabe:
The Palestinian Table

phaidon.com

This edition published by ZS Verlag GmbH
under licence from
Phaidon Press Limited
Regent's Wharf
All Saints Street
London N1 9PA

Layout: Hans Stofregen
Fotografien: Dan Perez

Projektkoordination der deutschen Ausgabe: Julia Sommer
Übersetzung: Lisa Heilig, Köln
Lektorat: Sebnem Yavuz, Köln
Satz und Redaktion der deutschen Ausgabe: trans texas publishing services GmbH, Köln

Der Verlag dankt Hilary Bird, Kate Calder und Clare Sayer für ihre Beiträge zu diesem Buch.

Printed in China

ISBN 978-3-947426-01-0